인공지능이 다 해주는
**브루 Vrew
영상 편집**

인공지능이 다 해주는 브루 Vrew 영상 편집

Copyright © 2024 by 지현이 All rights reserved.

초판 1쇄 발행 2024년 10월 10일
초판 3쇄 발행 2025년 7월 31일

지은이 지현이(디지털거북이)
펴낸이 송찬수
펴낸곳 시프트

출판등록 2024년 1월 26일 제2024-000016호
주소 경기도 파주시 청암로 82
팩스 050-4047-5587

기획·편집 송찬수 / **내지 디자인** 파피레드 / **표지 디자인** 이선영
문의 ask@shiftbook.co.kr
SNS instagram.com/shift.book
ISBN 979-11-986730-1-5 13000

책값은 뒤표지에 있습니다.

※ 이 책은 저작권법에 따라 보호를 받는 저작물이므로 무단 전재와 무단 복제를 금합니다.
※ 이 책의 내용 전부 또는 일부를 이용하려면 반드시 저작권자와 시프트의 동의를 받아야 합니다.
※ 잘못된 책은 구입처에서 교환해 드립니다.
※ 시프트에서는 여러분의 소중한 원고, 새로운 기획을 기다리고 있습니다.
　https://bityl.co/idea 에서 문항을 채우거나 offer@shiftbook.co.kr 로 아이디어 또는 주제를 보내 주세요.

유튜브, 숏폼 영상부터 버튜버, 인공지능 목소리 더빙까지
생성형 AI로 영상 콘텐츠 제작하기

인공찌능이 다 해주는
브루 Vrew
영상 편집

디지털거북이
지현이 지음

시프트

일러두기

1. 이 책의 내용을 기반으로 한 운용 결과에 대해 지은이 및 출판사에서는 일체의 책임을 지지 않으므로 양해 바랍니다.
2. 이 책의 집필 시점과 학습 시점에 따른 브루의 버전 차이, 사용하는 디바이스나 운영체제의 차이에 따라 일부 기능은 지원하지 않거나 책의 내용과 다를 수 있습니다.
3. 용어 표기는 실제 프로그램에 사용된 단어를 우선으로 하였습니다.
4. 시프트 출판사의 모든 도서 및 관련 자료는 https://bityl.co/shiftbook 에서 확인할 수 있습니다.
5. 책 내용과 관련된 문의는 지은이(digitalturtle@naver.com) 혹은 출판사(ask@shiftbook.co.kr)로 연락해 주시기를 바랍니다.

차례

이 책의 구성 ·· 10
예제 파일 및 브루 커뮤니티 안내 ··· 11
머리말 ·· 12

CHAPTER 01 브루 시작하기

LESSON 01 브루 설치 및 회원으로 가입하기 ··· 14
　　브루 다운로드 및 설치 ··· 14
　　브루 회원으로 가입하기 ··· 17

LESSON 02 브루 요금제 업그레이드 및 구독 해지하기 ······························ 20
　　브루 유료 요금제 업그레이드 ··· 20
　　　NOTE 구매 방식에 다른 따른 차이 살펴보기 ································ 21
　　유료 요금제 구독 해지 ··· 23

LESSON 03 브루 기본 화면 구성 살펴보기 ·· 24
　　각 영역 파악하기 ·· 24
　　편집 영역과 클립 ·· 26

LESSON 04 브루 프로그램 기본 환경 설정하기 ·· 27

CHAPTER 02 영상 제작을 위한 브루 영상 편집 기초 다지기

LESSON 01 새로운 영상 제작 프로젝트 시작하기 ···································· 32
　　컴퓨터에 저장된 영상 파일 불러오기 ··· 32
　　스마트폰에 저장된 영상 파일 불러오기 ··· 35

차례

LESSON 02 영상 편집의 기본, 컷 편집 · 38
잘라내기, 복사하기, 붙여넣기 · 38
클립 합치기, 나누기, 상세 편집하기 · 41
  NOTE 원본 영상을 이용해 복구하기 · 44
무음 구간 삭제하기 · 45
빈 워드 추가 후 캡쳐 화면으로 채우기 · 47
  NOTE 클립 추가하기 · 50
영상 파일 추가하여 하나로 합치기 · 51
  NOTE 씬 목록 살펴보기 · 54

LESSON 03 자막 내용 변경부터 서식 꾸미기 · 55
자막 내용 변경하기 · 55
다양한 서식으로 자막 꾸미기 · 56
  NOTE 자주 쓰는 서식 저장하기 · 60
자막에 애니메이션 효과 적용하기 · 60

LESSON 04 영상을 풍성하게 꾸며 줄 애셋 활용하기 · 62
기본 텍스트로 채널명 표시하기 · 62
  NOTE 자막 상자 확인하기 · 67
디자인 텍스트로 영상 제목 입력하기 · 68
  NOTE 원하는 스타일의 디자인 텍스트 찾기 · 70
추가 이미지, 비디오로 풍성한 영상 만들기 · 71
  NOTE 이미지로 특정 단어 강조하기 · 73
도형으로 텍스트 강조하기 · 74
애셋 크기 및 순서 변경, 애니메이션 효과 적용하기 · 76
분위기를 좌우할 배경 음악, 효과음 추가하기 · 78
  NOTE 애셋 아이콘과 적용 범위 · 82

LESSON 05 영상 보정, 속도 조절 등 다양한 편집 효과 · 84
영상의 색감을 보정하는 필터 · 84
영상을 빠르게, 혹은 느리게 배속 효과 · 85
그 밖의 다양한 편집 효과 살펴보기 · 86

LESSON 06 버츄얼 유튜버를 위한 나만의 캐릭터 만들기 ··· 88
    기본으로 제공되는 캐릭터 사용하기 ··· 88
    내가 원하는 스타일로 캐릭터 생성하기 ·· 91
        NOTE 나만의 캐릭터 입모양 움직이기 [Standard] ····························· 95

LESSON 07 [실전] 영상 비율 변경하여 3분할 영상 만들기 ···································· 96

CHAPTER 03 다양한 방법으로 영상 콘텐츠 제작하기

LESSON 01 브루 템플릿으로 빠르게 완성하는 숏폼 영상 ····································· 102
    쇼츠 프로젝트 시작하기 ·· 102
    영상에 적용된 템플릿 변경하기 ··· 111
    나만의 템플릿 저장하기 [Standard] ··· 114

LESSON 02 프레젠테이션 자료로 영상 제작하기 ·· 117

LESSON 03 브루에서 직접 촬영하여 영상 제작하기 ·· 124

LESSON 04 내 컴퓨터 화면을 녹화하여 영상 제작하기 ·· 129

LESSON 05 녹음한 음성에 영상 및 배경 음악 추가하여 완성하기 ························· 136

LESSON 06 브루의 기본 워터마크 변경하기 ·· 144

LESSON 07 완성한 영상을 다양한 방식으로 저장하기 ··· 148
    영상 파일(mp4) 내보내기 ··· 148
    자막 파일(srt) 내보내기 ··· 150
    다른 영상 편집 프로그램 파일로 내보내기 ··· 152
    오디오, 이미지 파일로 내보내기 ··· 153
    다른 사용자와 공유하는 프리뷰 ·· 154

LESSON 08 프로젝트 저장 및 불러오기 · 156
프로젝트 파일로 저장하기 · 156
프로젝트 파일 불러오기 · 158
클라우드에 저장하기 Light · 159

CHAPTER 04 영상 편집이 쉬워지는 브루 인공지능

LESSON 01 인공지능으로 이미지 생성하기 · 164
AI 이미지 생성하기 · 164
NOTE 생성된 이미지 미리보기 화면에 포함된 기능들 · 167
AI 이미지 자동 삽입하기 · 169

LESSON 02 인공지능 목소리로 영상 제작하기 · 171
AI 목소리로 프로젝트 시작하기 · 171
NOTE 한 클립에서 워드별로 이미지 추가하기 · 175
AI 목소리로 영상에 음성 더빙하기 · 176
나만의 AI 목소리 만들기 · 178
나만의 목소리 사용하기 · 185
NOTE 저장된 내 목소리 삭제하기 · 186

LESSON 03 실전 인공지능으로 리뷰 영상 콘텐츠 제작하기 · 187
인공지능으로 대본 및 영상 생성하기 · 187
NOTE GPT 3.5와 GPT 4.0 · 189
컷 편집 및 애셋 교체하기 · 193
애니메이션 설정 및 자막 서식 변경하기 · 197
NOTE 사용자 지정으로 줌인, 줌아웃 표현하기 · 198
NOTE 클립 선택 방법에 따른 자막 서식 적용 범위의 차이 · 201
효과음 추가 후 영상 내보내기 · 202
NOTE 브루의 인공지능으로 만드는 다양한 영상 스타일 살펴보기 · 205

LESSON 04 실전 인공지능으로 여행지 추천 숏폼 만들기 ············· 207
    인공지능으로 숏폼 영상 생성하기 ····························· 207
    컷 편집 및 자막 서식 변경하기 ······························· 212
    속도 조절 및 내보내기 ····································· 215

LESSON 05 나만의 비디오 스타일 만들기 ······················· 217

LESSON 06 긴 영상을 짧은 영상으로 리믹스하기 ················ 224
    프로젝트를 요약 영상으로 리믹스하기 ························· 224
    하이라이트 영상 만들기 ···································· 228

APPENDIX

APPENDIX 01 스마트폰에서 브루 활용하기 ····················· 232
    브루의 기본 프로젝트 화면 살펴보기 ·························· 232
    모바일 브루 시작하기 ····································· 234
    기본 컷 편집하기 ·· 235
    자막 스타일 및 배경 음악 설정 ······························ 237
    새로운 프로젝트 시작하기 ·································· 239

APPENDIX 02 작업 속도가 빨라지는 브루 단축키 ················ 240
    브루의 전체 단축키 ······································· 241

    찾아보기 ··· 243

이 책의 구성

누구나 쉽게 원하는 영상 콘텐츠를 제작할 수 있도록 친절하고 알차게 구성했습니다. 브루의 기본 컷 편집부터 인공지능을 이용한 콘텐츠 제작까지 차근차근 따라 하다 보면 여러분만의 콘텐츠를 뚝딱 완성할 수 있습니다.

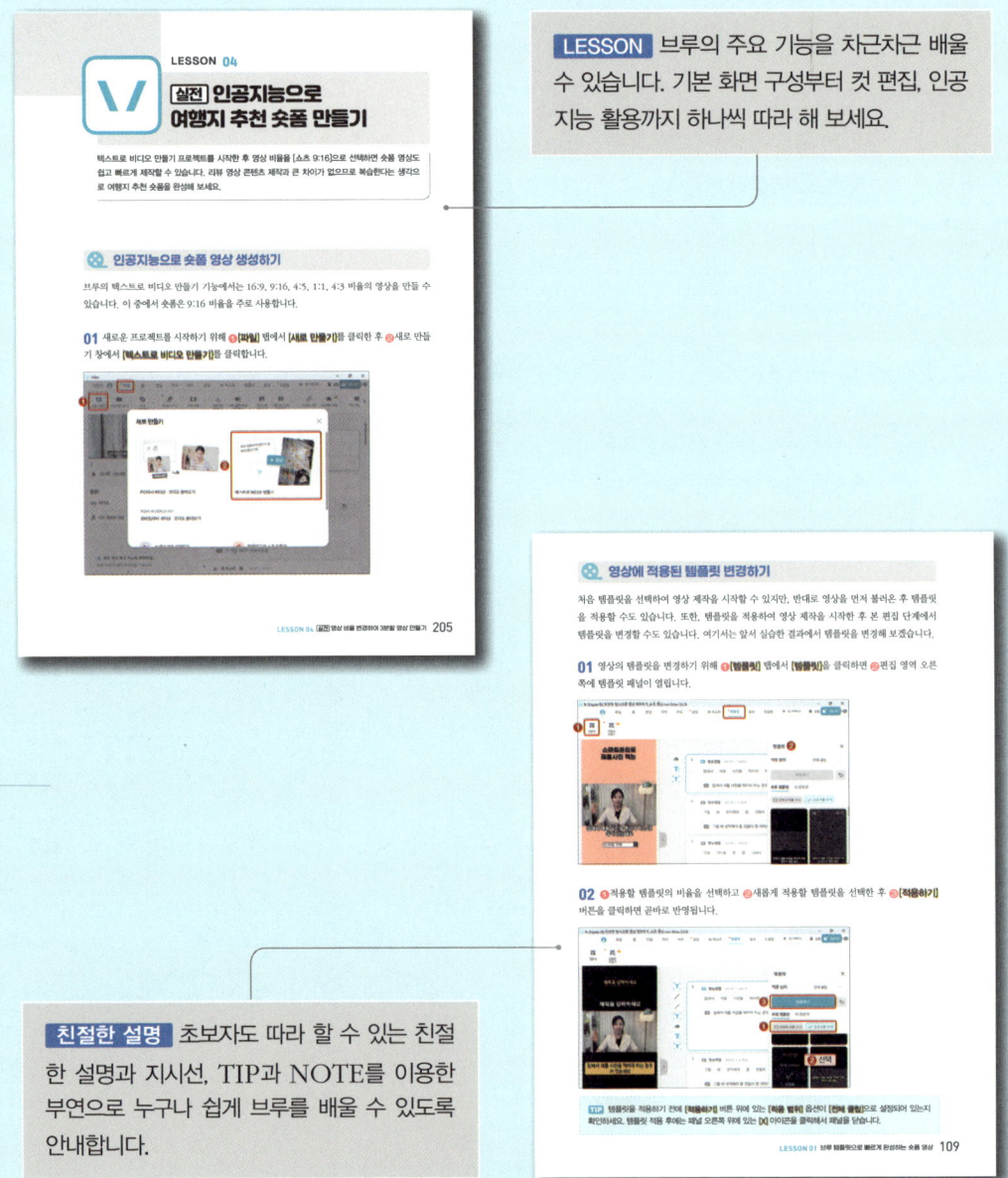

LESSON 브루의 주요 기능을 차근차근 배울 수 있습니다. 기본 화면 구성부터 컷 편집, 인공지능 활용까지 하나씩 따라 해 보세요.

친절한 설명 초보자도 따라 할 수 있는 친절한 설명과 지시선, TIP과 NOTE를 이용한 부연으로 누구나 쉽게 브루를 배울 수 있도록 안내합니다.

예제 파일 및 브루 커뮤니티 안내

예제 파일 제공

무작정 책만 보는 것보다 직접 실습해 보는 것이 좋습니다. 책에 있는 실습을 따라 해 볼 수 있도록 일부 예제 영상 및 프로젝트 파일을 제공합니다. 아래 URL에 접속한 후 도서의 상세 페이지로 이동하면 예제 파일을 다운로드할 수 있습니다. https://bityl.co/shiftbook

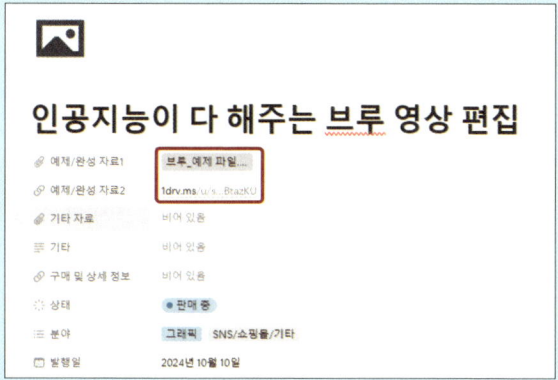

브루 사용자를 위한 커뮤니티

브루를 사용하면서 궁금한 점이 있다면 브루에서 운영하는 커뮤니티에 방문해 보세요. [공지사항] 게시판에서 최신 업데이트 소식을 빠르게 확인할 수 있고, [질문과 답변] 게시판에서 궁금한 내용을 질문하고 답변을 얻을 수 있습니다.

https://vrew.imweb.me/

또한, 브루 오픈톡방에서 여러 브루 사용자와 서로의 경험을 나눌 수도 있습니다. 카카오톡 오픈 채팅에서 'VREW 이야기'로 검색하거나 아래 URL로 입장할 수 있습니다. https://open.kakao.com/o/gGfFlKjb

머리말

안녕하세요. 디지털거북이 지현이입니다. 책으로는 처음 인사드립니다.

최근 다양한 콘텐츠 제작 도구와 생성형 인공지능의 등장으로 1인 크리에이터 시대가 활짝 열렸습니다. 누구나 콘텐츠 제작자가 될 수 있는 시대가 된 것이지요. 더욱이 유튜브를 비롯한 SNS 콘텐츠, 교육이나 홍보 등 다양한 분야에서 영상을 활용하게 되면서 영상 제작에 대해 궁금해 하는 분들이 점점 더 많아지고 있습니다. 이처럼 영상 콘텐츠가 필요하지만, 여전히 어려워 보이는 영상 편집의 벽을 선뜻 넘지 못했던 분들을 위해 이 책을 펴내게 되었습니다.

이 책에서 소개하는 브루는 텍스트 기반 영상 편집 프로그램으로 문서를 작성하듯이 쉽게 영상을 제작할 수 있습니다. 무엇보다 다양한 인공지능 기능이 더해져 대본만 입력하면 인공지능이 대본에 어울리는 영상을 제작해 주거나 사용자가 선택한 캐릭터로 대본에 더빙해 줍니다. 심지어 GPT가 탑재되어 있어, 주제만 입력하면 대본을 작성해 주기도 합니다.

이처럼 다양한 기능을 가진 브루 영상 편집의 매력에 푹 빠질 수 있도록 디지털거북이만의 쉽고 친절한 설명으로 누구나 쉽게 원하는 영상 콘텐츠를 제작할 수 있도록 구성했습니다. 그러니 더는 주저하지 말고 이번 기회에 크리에이터가 되어 보시는 건 어떨까요?

완벽하지 않아도 괜찮습니다. 시도하는 열정과 끈기가 결국 성과를 만든다고 믿습니다. 디지털거북이 유튜브 채널(https://www.youtube.com/@digital_turtle)에서도 브루 영상을 업로드하고 있으니 책과 함께 보시면 더욱 도움이 되실 겁니다. 여러분이 콘텐츠 제작에 도전하는 계기가 되고, 작게나마 보탬이 되길 바랍니다.

항상 건강하고 행복하세요.

모두를 위한 디지털, 디지털거북이

지현이 드림

CHAPTER
01

브루 시작하기

영상 편집 프로그램인 브루는 영상에서 음성을 인식하여 텍스트로 변환해 줍니다.
또한 누구나 쉽게 텍스트를 기반으로 영상을 편집할 수 있고,
인공지능 기반의 다양한 영상 제작 및
편집 기능을 제공하는 무척이나 편리한 도구입니다.

LESSON 01
브루 설치 및 회원으로 가입하기

대부분의 프로그램이 그렇듯 브루 역시 회원 가입 절차와 설치 과정이 필요합니다. 단, 다른 프로그램과 달리 다운로드 및 설치 후, 또는 웹페이지에서 체험판을 사용해 본 후 회원으로 가입할 수 있습니다.

브루 다운로드 및 설치

브루는 다양한 운영체제(맥, 윈도우, 우분투)에서 사용할 수 있습니다. 그러므로 현재 사용 중인 운영체제에 맞춰 설치 프로그램을 다운로드하고 설치를 시작하면 됩니다. 여기서는 윈도우를 기준으로 설명합니다.

브루를 사용하기 위해 필요한 최소 사양은 다음과 같습니다. 전문 영상 편집 프로그램에 비해 요구 사양이 높은 편은 아니지만 한 번쯤 확인해 본 후 설치 과정을 시작하는 것이 좋습니다. 최소 사양에서도 사용할 수는 있으나 원활한 사용을 위해서는 권장 사양 이상에서 사용하는 것을 추천합니다.

항목	최소 사양	권장 사양
OS	Window 10.64	Window 10.64 이상
CPU	i3 9세대 또는 ryzen 3200 이상	i5 10세대 또는 ryzen 5600 이상
GPU	내장 GPU (Intel Graphics)	GTX700 이상 또는 Radeon HD 7700이상
RAM	8GB	16GB이상
하드 디스크 공간	10GB 이상의 여유 공간	30GB 이상의 여유 공간
모니터 해상도	1024x768, 32-bit color	1920x1080, 32-bit-color
인터넷 연결	필수	필수

▲ 브루 사용을 위한 컴퓨터 사양

01 브루(https://vrew.ai/ko/)에 접속합니다. 다음과 같은 홈 화면이 열리면 [**다운로드**] 버튼을 클릭합니다.

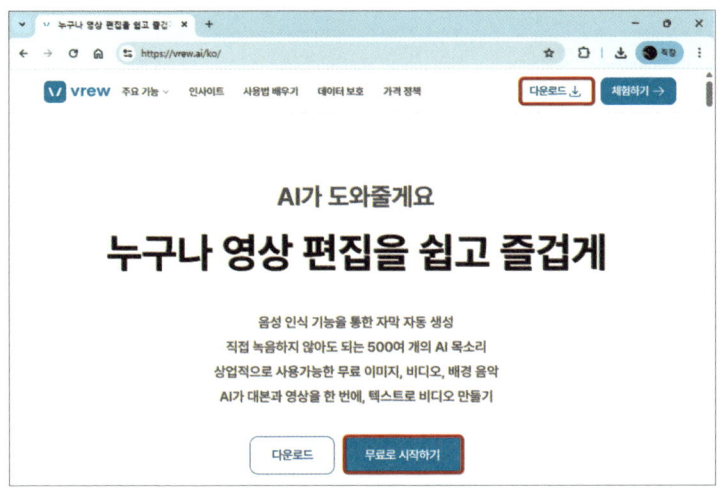

> **TIP** [**무료로 시작하기**] 또는 [**체험하기**] 버튼을 클릭하면 브루를 설치하지 않고, 웹에서 기본적인 사용 방법을 체험해 볼 수 있습니다.

02 설치 파일 다운로드가 끝나면 파일(Vrew-Installer-버전.exe)을 찾아 더블 클릭해서 설치를 시작합니다. 대부분 다음과 같이 웹브라우저 오른쪽 위에서 파일 다운로드 과정을 확인할 수 있으며, 다운로드가 완료되면 팝업 형태로 안내됩니다.

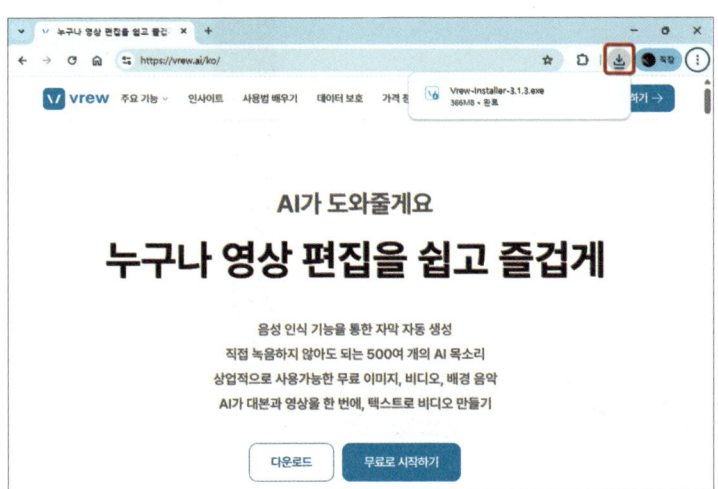

> **TIP** 웹브라우저에서 설치 파일을 찾을 수 없다면 윈도우에서 [**파일 탐색기**]를 열고 [**다운로드**] 폴더로 이동하면 설치 파일을 확인할 수 있습니다.

03 설치가 완료되면 이용약관 및 개인정보처리방침 창이 열립니다. 여기서 **[동의하고 시작]** 버튼을 클릭합니다.

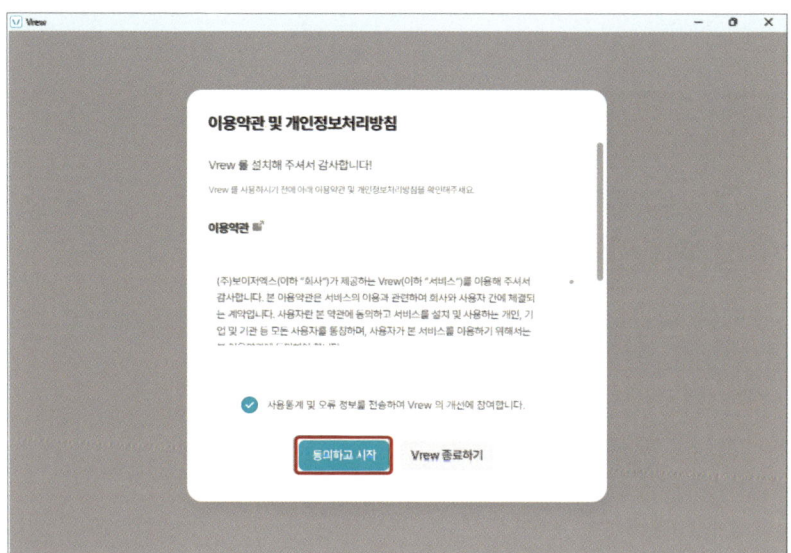

04 브루를 처음 실행하면 환영 메시지와 함께 **[시작하기]** 버튼이 표시됩니다. 버튼을 클릭하면 예시 영상이 나타나고 계속해서 **[다음]** 버튼을 클릭하면 기본 사용 방법이 안내됩니다.

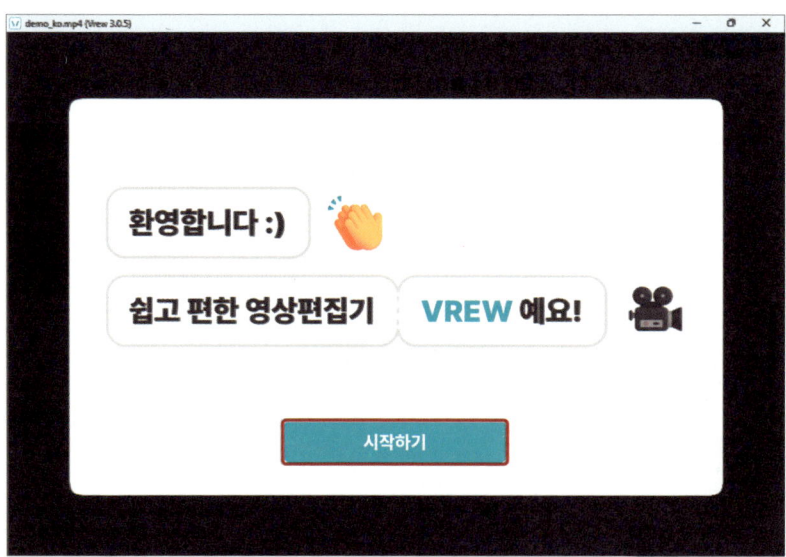

TIP 브루를 소개하는 동영상이 팝업 창으로 열리면 한 번쯤 시청해 보는 것을 추천합니다.

브루 회원으로 가입하기

브루를 설치하고 실행한 후에는 곧바로 간단한 기능들을 체험해 볼 수 있습니다. 단, 새로운 영상 프로젝트를 시작하려면 반드시 브루 회원으로 가입해야 합니다. 브루 회원은 누구나 무료로 가입할 수 있으나, 무료 사용자는 영상에 워터마크가 표시됩니다.

01 브루 화면의 왼쪽 위에 있는 ❶**[내 브루]**로 마우스 커서를 옮기면 다음과 같이 **[로그인]** 및 **[회원가입]** 버튼이 나타납니다. ❷**[회원가입]** 버튼을 클릭합니다.

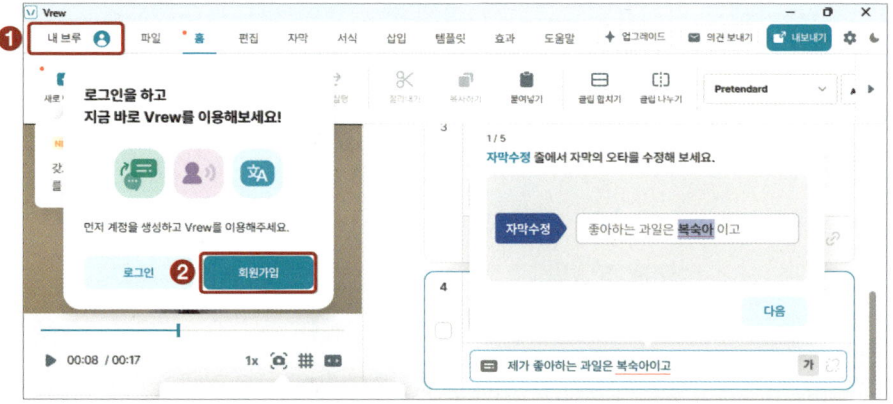

TIP 팝업 창을 확인하지 않고 곧바로 **[내 브루]**를 클릭하면 곧바로 회원가입 화면으로 이동합니다.

02 회원가입 화면이 열리면 구글 계정을 이용하거나 이름, 이메일 주소 등을 입력한 후 **[회원가입]** 버튼을 클릭합니다. 여기서 입력한 이메일 주소는 이후 로그인 ID가 됩니다.

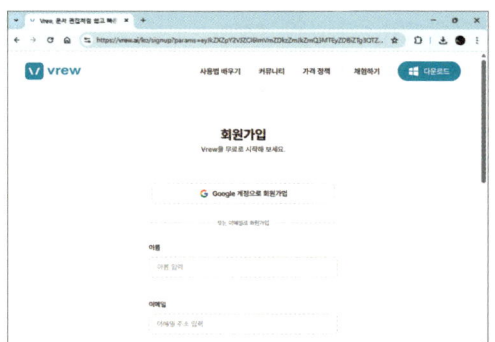

03 회원가입 후 브루를 실행하면 다음과 같이 이메일 주소가 실제 사용 중인지 확인하는 과정을 안내합니다.

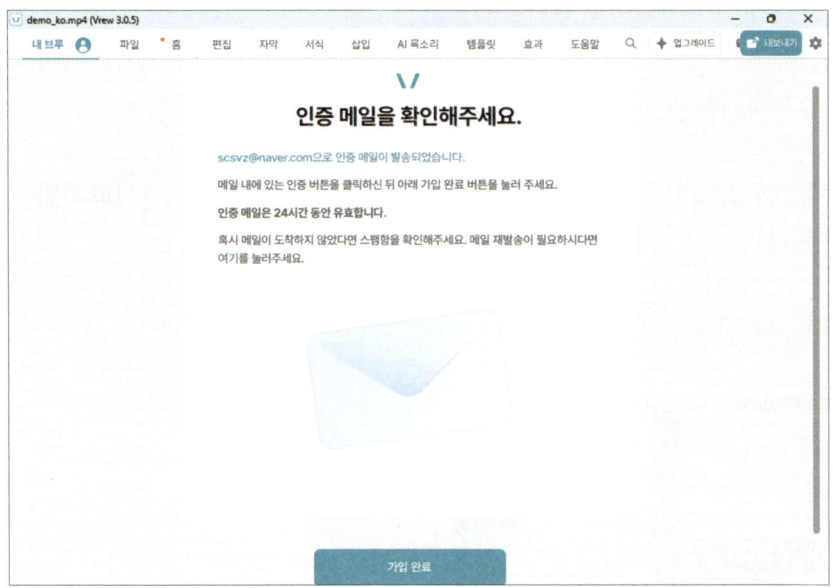

04 다음과 같이 브루에서 발송된 메일을 열고 **[메일 주소 인증하기]** 버튼을 클릭합니다. 만약 받은 메일함에 브루에서 발송된 메일이 없다면 스팸함을 확인하거나 위 브루 화면에 있는 **[여기]** 링크를 클릭하여 재발송 요청을 합니다.

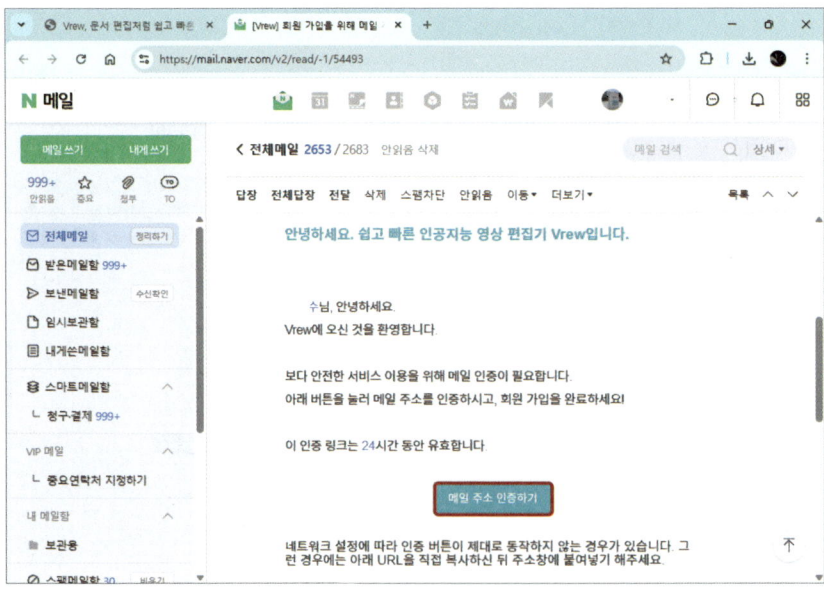

05 이메일에서 인증이 끝났다면 다시 브루 화면에서 **[가입 완료]** 버튼을 클릭합니다.

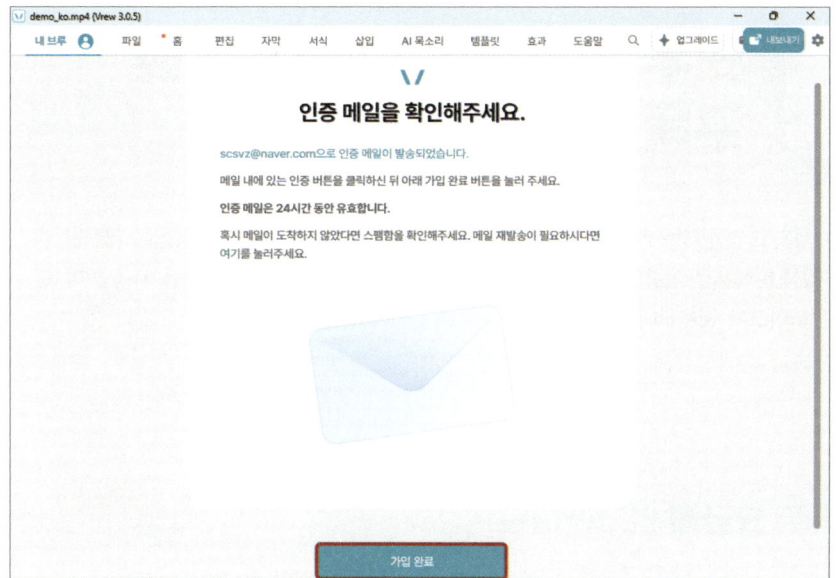

> **TIP** 인증 완료가 제대로 진행되지 않았다면 이메일 내용 중 **[메일 주소 인증하기]** 버튼 아래에 있는 링크를 복사한 후 웹브라우저의 주소 입력란에 붙여 넣고 실행해 보세요.

06 사용자 정보 화면이 열리며 각종 정보 및 분석 내용이 표시됩니다. 또한 브루 왼쪽 위에 있던 **[내 브루]** 버튼이 사용자 이름으로 변경된 것을 확인할 수 있습니다.

LESSON 02
브루 요금제 업그레이드 및 구독 해지하기

브루의 무료 사용자도 인공지능 기능을 포함한 대부분의 기능을 활용하여 원하는 영상을 제작할 수 있습니다. 단, 음성 분석 시간이나 인공지능 목소리, 번역, 이미지 생성 등 일부 기능을 사용할 때 제한이 있으며, 워터마크가 표시됩니다.

브루 유료 요금제 업그레이드

무료로 브루를 사용할 때 가장 큰 제약을 하나 꼽으라면 영상에 표시되는 워터마크일 것입니다. 워터마크만 제외하면 무료 사용자도 충분히 편리하게 영상을 제작할 수 있습니다. 그러므로 처음에는 무료로 사용해 보고, 본격적으로 사용할 필요성을 느끼면 다음 과정을 참고하여 유료로 업그레이드합니다.

01 브루 화면에서 오른쪽 위에 있는 **[업그레이드]** 버튼을 클릭하면 다음과 같은 요금제 안내 페이지로 이동합니다. ❶**[월 구독 / 연 구독 / 기간 이용권]** 중 구매 방식을 선택하고, ❷적절한 요금제를 찾아 **[시작하기]** 버튼을 클릭합니다. 무료(Free)를 제외한 요금제에서 워터마크가 삭제됩니다.

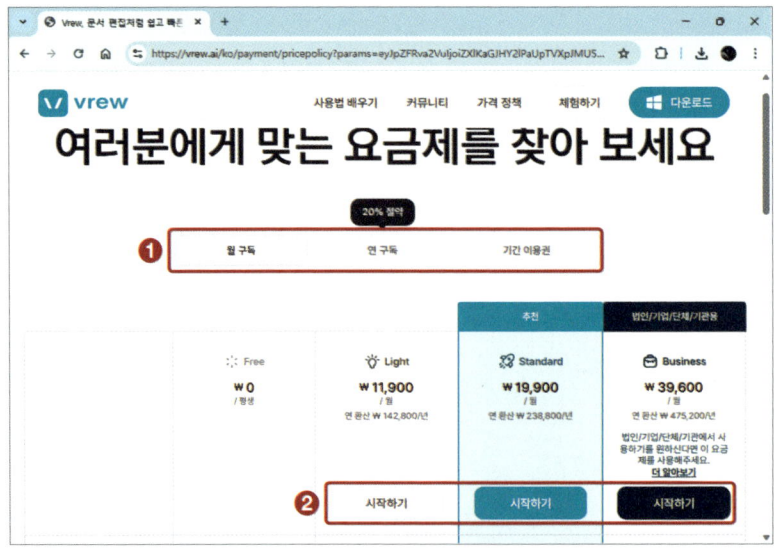

 **NOTE** 구매 방식에 다른 따른 차이 살펴보기

구매 방식은 월 구독, 연 구독, 기간 이용권으로 3가지가 있습니다. 만약 계속해서 유료 요금제를 사용한다면 [연 구독] 방식이 월로 계산했을 때 좀 더 저렴합니다.

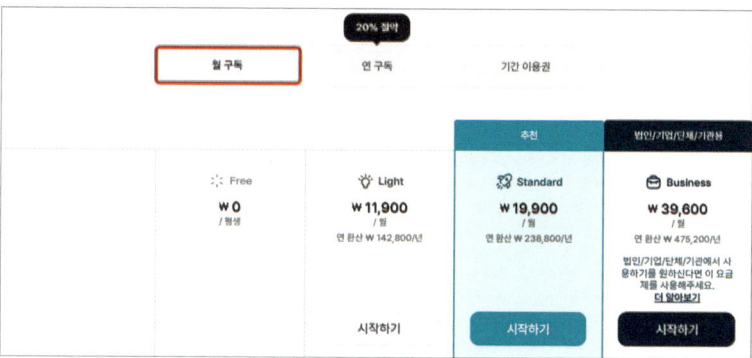

▲ 월 구독 시 요금

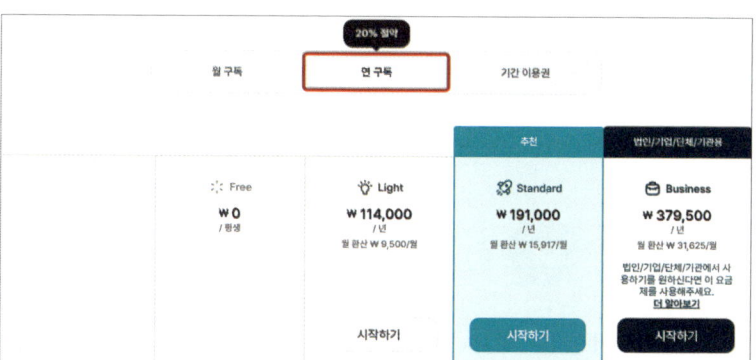

▲ 연 구독 시 요금

월 구독과 연 구독은 각각 매월, 매년 자동으로 결제가 진행되는 요금제이며, 위에서 알 수 있듯이 Standard 기준 연 구독 방식을 선택하면 월 구독으로 1년 동안 사용했을 때(238,800원)보다 20% 저렴한 191,000원에 브루를 사용할 수 있습니다.

기간 이용권은 구독 방식과 달리 주기적으로 자동 결제가 진행되지 않습니다. 그러므로 최초 결제를 진행하면 이후 1년 동안만 사용할 수 있고, 이후 추가로 유료 요금제를 사용하고 싶을 때 다시 결제를 진행하는 방식입니다.

03 주문 / 결제 화면이 열리면 계정 유형(개인/법인)을 선택하고, 이어서 개인 정보, 결제 방법, 서비스 약관 동의, 환불 안내 등을 작성하거나 확인하고 **[결제하기]** 버튼을 클릭합니다.

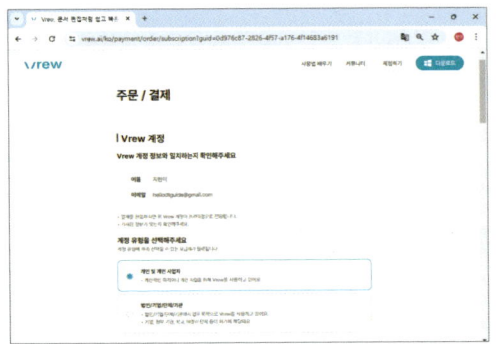 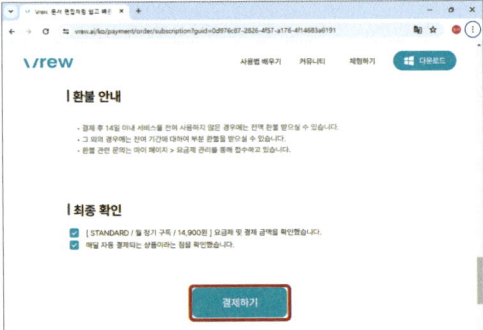

04 이어서 결제에 필요한 인증 및 정보 입력 과정을 거치고, 최종 결제가 진행되면 다음과 같이 결제 완료 메시지가 표시됩니다. 브루 화면으로 이동해 보면 브루에서도 유료 요금제가 적용된 것을 확인할 수 있습니다.

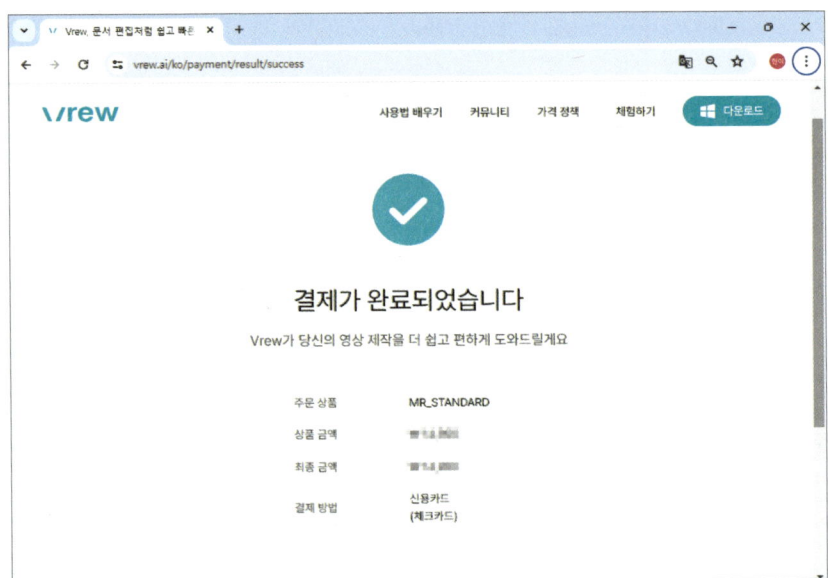

유료 요금제 구독 해지

월 구독이나 연 구독을 사용하다가 더는 사용하지 않게 되었을 때 반드시 구독 해지를 실행해야 합니다. 그렇지 않으면 매월, 또는 매년 계속해서 요금이 지불됩니다. 구독을 해지하려면 ❶왼쪽 위에 있는 [사용자] 버튼을 클릭하여 사용자 페이지로 이동한 다음 ❷[요금제 관리] 버튼을 클릭합니다.

요금제 관리 팝업 창이 열리면 [구독 해지] 버튼을 클릭하면 됩니다. 이때 [구독 해지] 버튼을 클릭한다고 곧바로 유료 사용이 종료되는 것은 아니고, 요금제 관리 창에 표시된 다음 결제일 이전까지는 계속해서 유료로 사용할 수 있습니다.

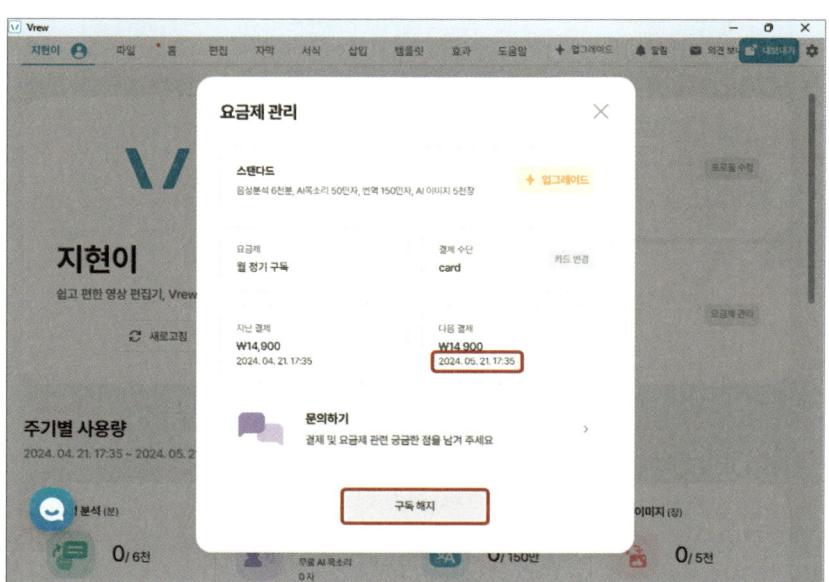

> **TIP** 요금제 관리 팝업 창에서 [업그레이드] 버튼을 클릭하여 요금제를 변경할 수 있고, [카드 변경] 버튼을 클릭하여 결제 수단(카드)을 변경할 수 있습니다.

LESSON 03
브루 기본 화면 구성 살펴보기

브루의 기본 화면을 보면 영상 편집 프로그램보다는 워드와 같은 문서 작성 프로그램처럼 보이기도 합니다. 텍스트 기반 영상 편집에 최적화되어 있기 때문입니다. 여기서는 브루의 기본 화면 구성에 대해 간단히 살펴보겠습니다.

각 영역 파악하기

브루를 처음 실행하면 아무것도 없는 빈 화면이 아닌, 예시 영상이 열려 있습니다. 그러므로 처음 브루를 사용한다면 이 데모 영상을 이용해 브루의 다양한 기능을 테스트해 볼 수 있습니다. 데모 영상이 열려 있는 브루의 기본 화면을 보면서 화면의 각 영역을 알아보겠습니다.

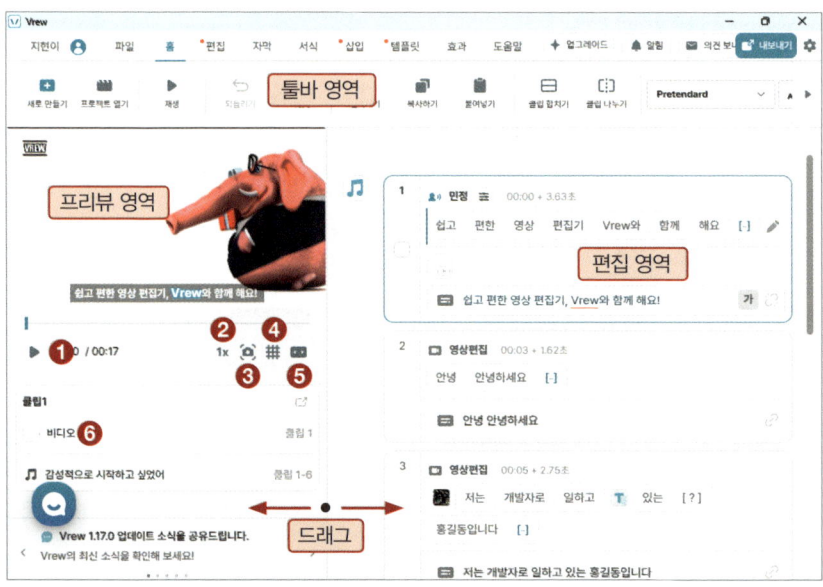

TIP 브루에서 영상을 편집하는 도중에 종료했다. 다시 시작하면 이전에 진행 중이던 프로젝트가 그대로 열리므로 편하게 이어서 작업할 수 있습니다.

- **툴바 영역:** 메뉴 탭과 아이콘으로 구성되어 있습니다. 메뉴 탭을 클릭하면 메뉴에 따라 포함된 기능이 직관적인 아이콘 형태로 표시되어 브루의 기능을 실행할 수 있습니다.

- **프리뷰 영역:** 현재 편집 중인 영상을 확인할 수 있는 영역입니다. 위쪽에 미리보기 화면이 표시되며, 그 아래로 영상을 재생할 때 사용할 수 있는 기능 아이콘이 나열되어 있습니다.

  ❶ **재생:** 영상을 재생하거나 멈출 수 있습니다.

  ❷ **재생 속도 조절:** 미리보기 영상의 재생 속도를 조절합니다. 실제 완성된 영상의 속도에 영향을 주지는 않습니다.

  ❸ **화면 캡쳐:** 현재 미리보기 화면이 캡쳐되어 클립보드에 저장됩니다. 원하는 위치에서 Ctrl+V를 눌러 붙여 넣을 수 있습니다.

  ❹ **편집 가이드 표시:** 미리보기 화면에 격자 모양의 가이드라인이 표시됩니다. 이후 이미지 등의 요소를 원하는 위치에 배치할 때 편리합니다.

  ❺ **최대화:** 미리보기 영상을 좀 더 큰 화면으로 확인할 수 있습니다.

  ❻ **선택 중인 클립:** 현재 미리보기 화면에 표시된 클립과 해당 클립에 사용된 요소 등을 확인할 수 있습니다.

- **편집 영역:** 브루의 특징인 텍스트 기반 영상 편집이 실제로 진행되는 영역입니다. 편집 영역의 각 요소는 이어서 자세히 설명합니다.

> **TIP** 왼쪽 프리뷰 영역과 오른쪽 편집 영역의 중간에 마우스 커서를 올린 후 파란색 세로선이 표시되면 클릭한 채 좌우로 드래그하여 각 영역의 크기를 조절할 수 있습니다.

편집 영역과 클립

브루에서 새로운 프로젝트를 시작하고 영상을 불러오면 인공지능이 음성을 분석하여 텍스트로 변환해 줍니다. 그렇게 분석된 텍스트는 문장 단위로 구분되어 편집 영역에 표시됩니다. 이때 각 문장 단위로 구분된 단위를 클립이라고 하며, 클립 내의 각 단어를 워드라고 표현합니다.

Link 클립 및 워드를 이용한 영상 편집 방법은 이후 38쪽에서 자세히 소개합니다.

❶ **배경 음악:** 배경 음악을 확인하고 볼륨 및 적용 범위 등을 변경할 수 있습니다.

❷ **클립:** 문장으로 구분된 브루의 영상 편집 단위입니다. 현재 편집 중인(선택 중인) 클립에는 파란색 테두리가 활성화되어 있습니다.

❸ **영상편집 줄:** 클립에서 영상을 편집하는 영역으로, 워드라고 부르는 최소 단위의 텍스트 상자를 삭제하거나 추가하면서 영상을 편집할 수 있습니다.

❹ **자막수정 줄:** 클립에서 영상에 표시될 자막을 편집할 수 있습니다.

> **TIP** 영상편집 줄에 있는 워드를 삭제하면 실제 영상에서 해당 내용이 삭제됩니다. 하지만 자막수정 줄에 있는 내용은 말 그대로 자막을 수정하는 것이므로, 영상의 내용이 변경되지는 않습니다.

❺ **링크 연결 상태:** 링크 연결 상태에서는 영상편집 줄에서 수정한 내용이 자막수정 줄에 자동으로 반영됩니다.

❻ **링크 해제 상태:** 자막수정 줄을 임의로 변경하면 링크가 끊어지며, 이 상태에서는 영상편집 줄에서 내용을 수정해도 자막수정 줄에 반영되지 않습니다.

❼ **섬네일:** 현재 클립의 길이 및 섬네일을 확인할 수 있습니다.

브루 프로그램 기본 환경 설정하기

브루를 사용하면서 작은 실수를 방지하거나, 좀 더 효과적으로 활용하기 위해 몇 가지 설정해 놓으면 좋은 기능이 있습니다. 이러한 설정은 언제든 변경할 수 있으니 변경해서 사용해 보고, 불편하면 다시 처음으로 되돌려도 무방합니다.

브루의 기본 환경 설정은 **[도움말]** 탭에서 **[설정]**을 클릭하면 확인할 수 있습니다.

다음과 같은 설정 창이 열리며, **[일반]** 탭의 다양한 옵션이 표시됩니다. 위에서부터 하나씩 살펴보겠습니다.

❶ **언어:** 브루 화면에 표시되는 기본 언어를 변경할 수 있습니다.

❷ **테마:** [라이트 / 다크 / 클래식] 중 브루에 적용할 테마를 선택할 수 있습니다. 좀 더 간편하게는 브루의 메뉴 탭 오른쪽 끝에 있는 아이콘을 이용해도 됩니다.

❸ **프리뷰 위치:** 미리보기 화면의 위치를 변경할 수 있습니다.

❹ **클립 썸네일:** 편집 영역 오른쪽 끝에 썸네일 표시 여부를 설정할 수 있습니다.

다음으로 **[편집]** 탭을 클릭하여 텍스트 기반으로 영상을 편집할 때 유용한 편집 관련 환경을 설정합니다. 파란색으로 표시된 옵션은 활성화 상태이며, 회색으로 표시된 옵션은 비활성화 상태입니다.

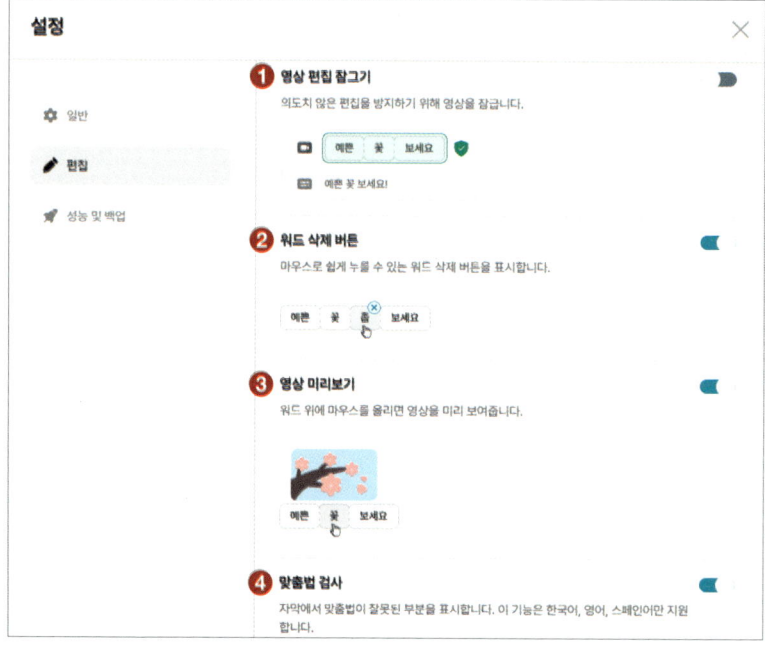

❶ **영상 편집 잠그기:** 영상 잠그기가 활성화되어 있으면 영상을 편집할 수 없습니다. 완성한 영상을 살펴볼 때 사용하면 좋은 옵션으로, **[편집]** 탭에서도 설정할 수 있습니다.

❷ **워드 삭제 버튼:** 워드에 마우스 커서를 올렸을 때 해당 워드를 삭제할 수 있는 X 모양의 삭제 버튼 표시 여부를 결정합니다. 이 옵션이 비활성화되어 있어도 워드를 선택한 후 Delete 를 눌러 삭제할 수 있습니다.

❸ **영상 미리보기:** 각 워드에 마우스 커서를 올리면 영상의 미리보기가 표시될지 여부를 결정할 수 있습니다.

❹ **맞춤법 검사:** 자막수정 줄에서 맞춤법이 잘못된 부분의 표시 여부를 결정합니다. 이 기능은 한국어, 영어, 스페인어에서만 사용할 수 있습니다.

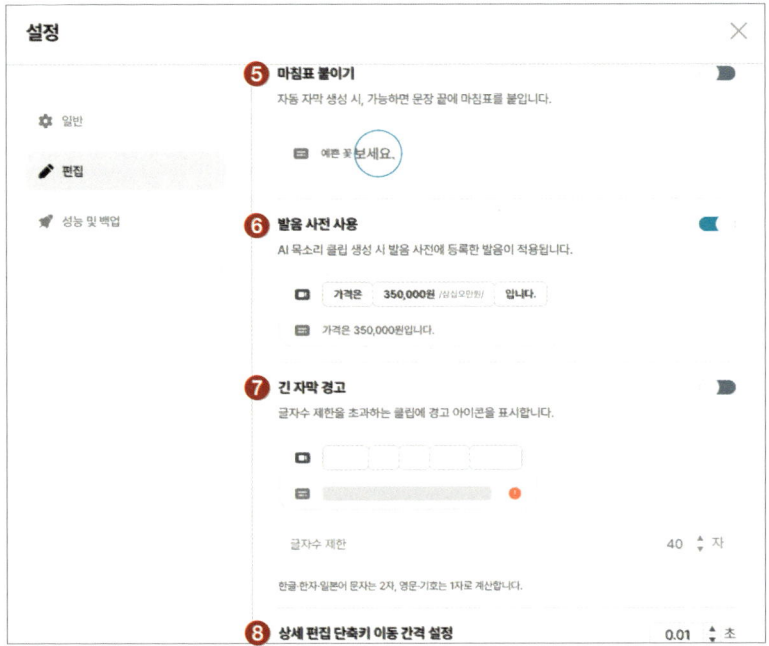

❺ **마침표 붙이기:** 인공지능이 영상을 분석하여 자동으로 생성된 자막에 마침표가 표시될지 여부를 결정합니다. 활성화 상태일 때 마침표가 표시됩니다.

❻ **발음 사전 사용:** [AI 목소리] 탭의 [발음 사전] 기능 사용 여부를 결정합니다.

❼ **긴 자막 경고:** 클립별 글자 수 제한은 기본값이 40자이며, 40자가 넘을 때 경고 표시 여부를 결정합니다. 경고는 자막수정 줄에 빨간색 느낌표로 표시되며 한글, 한자, 일본어는 2자, 영문이나 기호는 1자로 계산합니다.

❽ **상세 편집 단축키 이동 간격 설정:** 상세 편집 기능 사용 시 단축키를 이용하여 이동하는 간격을 설정합니다.

계속해서 [성능]과 [자동 백업 파일] 탭을 각각 클릭하면 하드웨어(그래픽 카드) 가속 항목과 자동 백업 파일 항목 옵션을 설정할 수 있습니다.

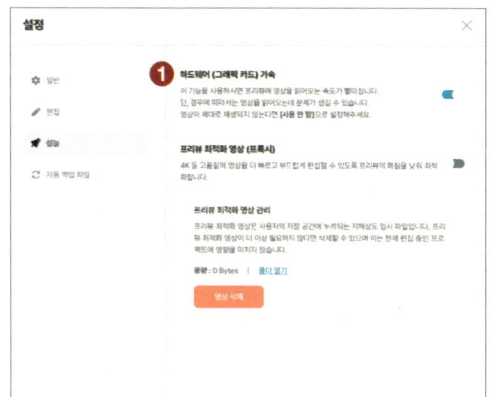 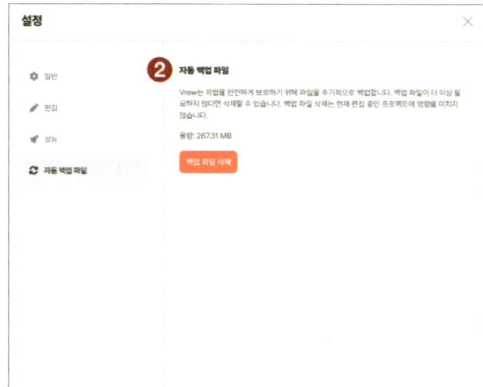

❶ 플레이어 설정: 미리보기(프리뷰) 영상을 좀 더 빠르게 확인할 수 있습니다. 컴퓨터의 사양 등의 이유로 [플레이어 설정]을 활성화했을 때 미리보기 영상이 제대로 재생되지 않을 수도 있습니다. 이럴 때는 비활성 상태로 변경하고 사용하는 것이 좋습니다.

❷ 자동 백업 파일: 브루에서는 안전한 작업을 위해 자동으로 백업하는 기능이 활성화되어 있습니다. [백업 파일 삭제] 버튼을 클릭하면 현재 저장된 백업 파일들을 일괄 삭제할 수 있습니다. 백업 파일은 [파일 탐색기]를 실행한 후 경로 입력란에 다음 주소를 입력하여 이동할 수 있습니다.

%APPDATA%₩vrew₩autosave_backup

> TIP [도움말] 탭에서 [정보]를 클릭하면 현재 사용 중인 Vrew의 버전과 최신 출시된 버전을 확인할 수 있습니다.

CHAPTER
02

영상 제작을 위한
브루 영상 편집 기초 다지기

보통 영상 편집은 컷 편집부터 자막 편집, 오디오 편집 순서로 진행됩니다.
브루에서도 마찬가지입니다. 차이라고 하면 컷 편집을 텍스트로 할 수 있다는 점이죠.
또한, 애셋 기능으로 배경 음악 및 다양한 효과도 추가할 수 있습니다.

LESSON 01
새로운 영상 제작 프로젝트 시작하기

영상 편집을 시작하려면 먼저 편집할 영상을 불러와야겠죠? 브루 영상 편집의 첫 과정으로 편집할 영상을 불러오는 2가지 방법을 알아보겠습니다.

> **TIP** 브루의 가장 큰 특징은 텍스트를 기반으로 영상을 편집하는 것입니다. 영상을 불러오면 브루에서 영상에 포함된 오디오를 분석하여 자동으로 자막을 생성하고, 생성된 자막을 바탕으로 영상을 편집하는 것이죠. 그러므로 브루를 효과적으로 활용하려면 오디오(대화 내용)가 포함된 영상을 사용해야 합니다.

컴퓨터에 저장된 영상 파일 불러오기

우선 사용자의 컴퓨터에 저장되어 있는 영상을 불러와서 자동으로 분석된 자막을 확인해 보겠습니다. 가지고 있는 영상을 이용하거나 예제 파일로 제공하는 **[Chapter 02_ 브루 기본기 다지기]** 파일을 이용해서 실습해 보세요.

01 ❶ **[파일]** 탭에서 **[새로 만들기]** 버튼을 클릭합니다. ❷ 새로 만들기 팝업 창이 열리면 **[PC에서 비디오 · 오디오 불러오기]**를 클릭합니다.

02 불러오기 창이 열리면 ❶사용할 영상 파일을 찾아 선택하고 ❷[열기] 버튼을 클릭합니다. 여기서는 예제 파일로 제공한 [Chapter 02_ 브루 기본기 다지기]를 선택했습니다.

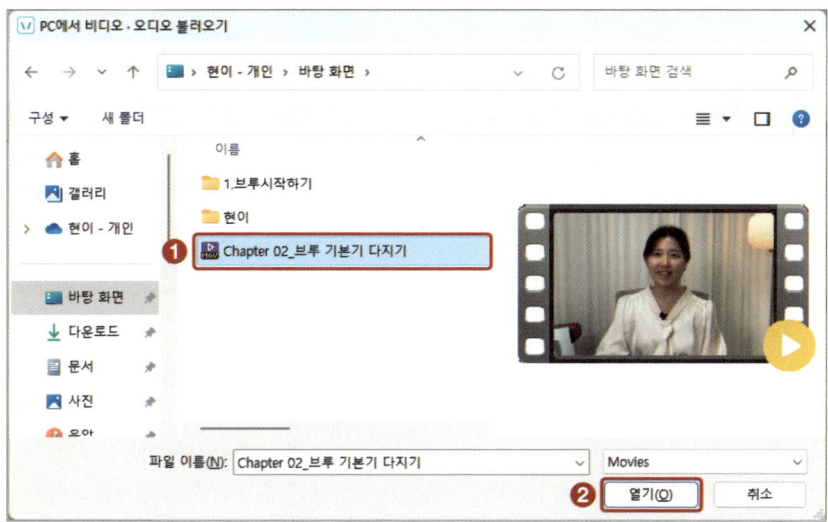

03 영상 불러오기 창이 열리고 ❶[음성 분석]이 활성화되 있습니다. 브루에서 영상의 음성을 분석하여 자막을 생성해 주는 기능입니다. 고급 설정 영역에서는 인공지능으로 분석할 기준 등을 설정할 수 있습니다. 여기서는 ❷[클립 나누기]를 클릭해 봅니다.

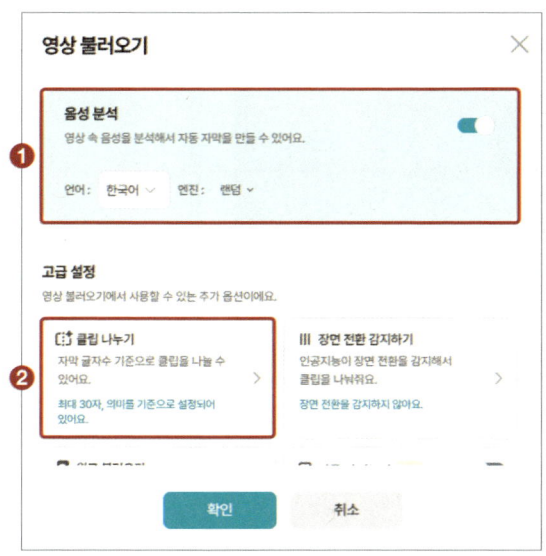

TIP 고급 설정에서 **[장면 전환 감지하기]**는 장면 전환이 있을 경우 자동으로 나눠 주고, **[자동 씬 나누기]**는 AI가 맥락에 맞게 씬을 나눠주는 기능입니다.

TIP 고급 설정을 하지 않고 곧바로 **[확인]** 버튼을 클릭해도 됩니다. 브루의 인공지능이 최적의 상태로 음성을 분석하고 클립을 구성해 줍니다.

04 클립 나누기 창이 열리면 ❶클립별 최대 글자수와 ❷클립을 어떤 기준으로 나눌지 선택할 수 있습니다. 여기서는 [**최대 글자수: 23**], [**의미 기준**]으로 설정했습니다. 설정이 끝나면 ❸[**뒤로 가기**] 아이콘을 클릭하여 앞의 창으로 이동한 다음 [**확인**] 버튼을 클릭합니다.

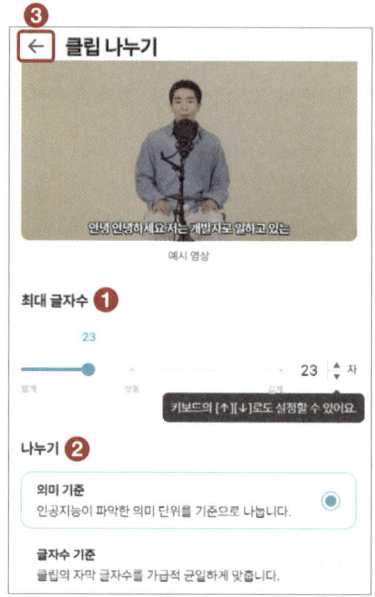

05 다음과 같이 영상 분석이 진행되고, 설정에 따라 분석된 음성을 바탕으로 편집 영역이 구성됩니다.

> **TIP** 무료 사용자는 인공지능 음성 분석 기능을 매월 120분 사용할 수 있습니다. 위와 같이 음성 분석을 진행하면 현재까지 사용한 분석 시간을 확인할 수 있습니다.

스마트폰에 저장된 영상 파일 불러오기

흔히 스마트폰을 이용해 영상을 촬영합니다. 이렇게 촬영한 영상을 컴퓨터로 옮겨 놓은 상태라면 앞서의 방법으로 브루에서 영상을 불러오면 됩니다. 만약, 스마트폰에 있는 영상을 이용해 바로 편집하고 싶다면 다음과 같은 방법을 이용합니다.

01 ❶[파일] 탭에서 [새로 만들기] 버튼을 클릭하고 ❷[모바일에서 미디어 불러오기]를 클릭합니다.

02 팝업 창이 열리고 QR코드가 표시됩니다. 영상이 저장된 스마트폰에서 카메라 앱을 실행한 후 QR 코드를 스캔한 후 링크가 표시되면 터치합니다.

LESSON 01 새로운 영상 제작 프로젝트 시작하기

03 전송 화면이 표시되면 ①[**영상 보내기**]를 터치하고 ②불러올 영상을 선택한 후 [**추가**] 버튼을 터치합니다. 이때 여러 개의 영상을 선택해서 보낼 수도 있습니다. ③파일 전송 진행 상황이 표시되면 100%가 될 때까지 기다립니다.

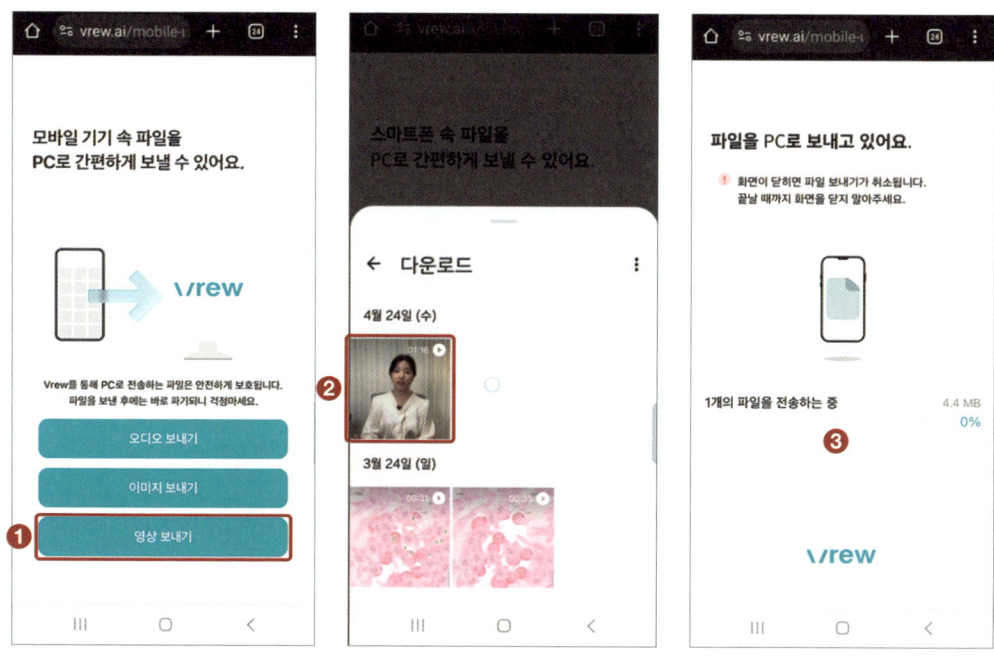

04 다시 컴퓨터 화면을 보면 스마트폰에서 전송한 파일의 저장 위치를 선택할 수 있습니다. 원하는 위치를 선택한 후 [**저장**] 버튼을 클릭합니다.

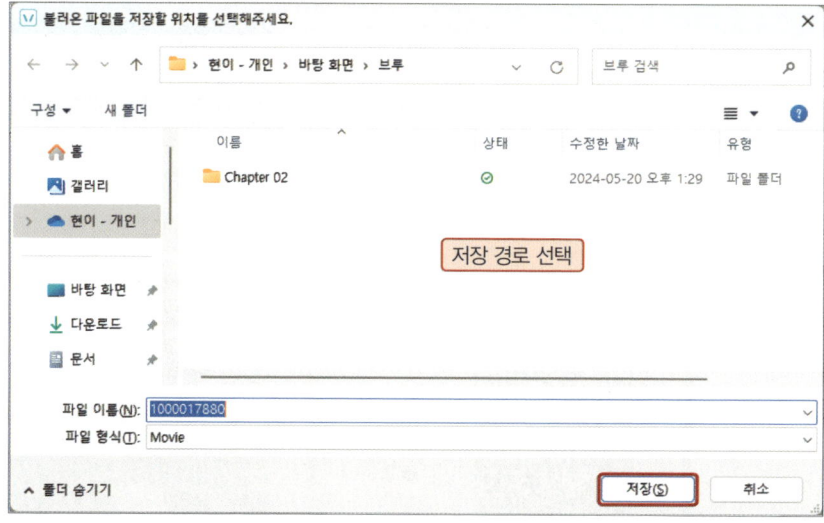

05 저장이 완료되면 컴퓨터에 있는 영상 불러오기와 같은 과정이 진행됩니다. ❶[클립 나누기]를 클릭한 후 ❷[최대 글자수: 23], ❸[의미 기준]으로 설정합니다. ❹[뒤로 가기] 아이콘을 클릭한 후 ❺[확인] 버튼을 클릭합니다.

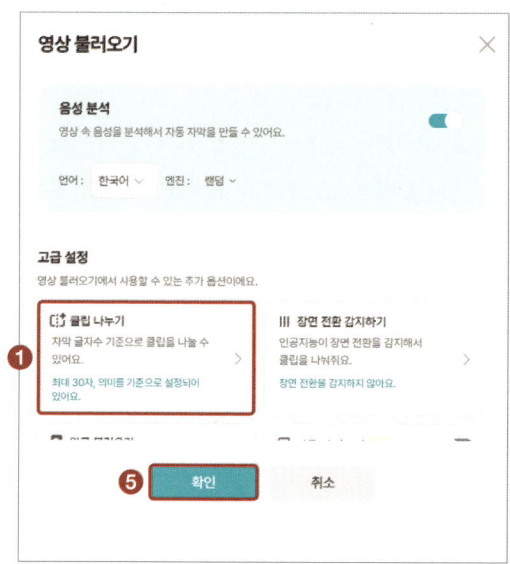
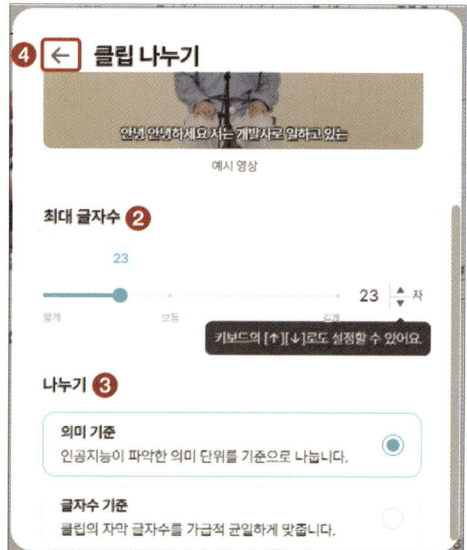

06 영상 분석 과정을 거쳐 프리뷰 영역과 편집 영역이 구성됩니다.

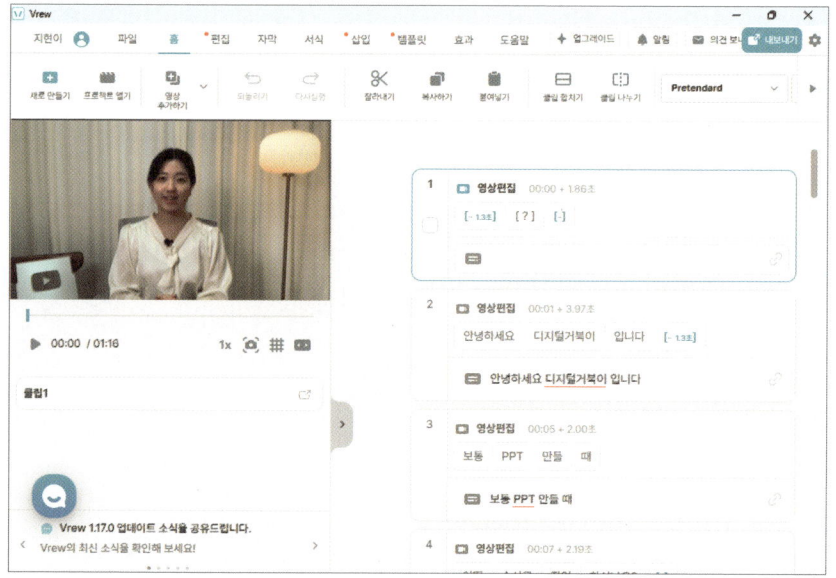

LESSON 02
영상 편집의 기본, 컷 편집

컷 편집은 영상 편집의 기본이자 핵심입니다. 필요 없는 구간을 잘라내고, 영상을 자연스럽게 다듬는 작업입니다. 브루에서 영상을 불러오면 인공지능이 음성을 분석하고, 분석한 음성을 바탕으로 클립이 구성됩니다. 이 클립을 이용해 컷 편집을 진행합니다.

[파일] 탭에서 [프로젝트 열기]를 클릭한 후 [Chapter 02_ 브루 기본기 다지기] 예제 파일을 불러와서 실습을 진행해 보세요. Link 예제 파일을 불러오는 방법은 32쪽에서 확인할 수 있습니다.

잘라내기, 복사하기, 붙여넣기

편집 영역의 각 클립은 영상편집 줄과 자막수정 줄로 구성되어 있습니다. 여기서는 영상편집 줄을 이용한 기본적인 컷 편집 방법을 소개합니다. 컷 편집은 음성이 없거나 영상에서 필요 없는 구간을 잘라내고, 강조하고 싶은 구간은 복사해서 붙여 넣는 등의 과정입니다.

클립 잘라내기_ 불러온 영상에서 텍스트가 없는 구간이라면 아직 대화나 이야기가 시작되지 않은 필요 없는 구간일 가능성이 높습니다. 영상을 재생해서 확인해 보고 필요 없는 구간이라면 삭제해 줍니다. 예제에서는 첫 번째 클립이 비어 있는 구간이므로 ❶클립의 체크박스에 체크한 후 ❷팝업 창 또는 [편집] 탭에서 [잘라내기] 아이콘을 클릭합니다.

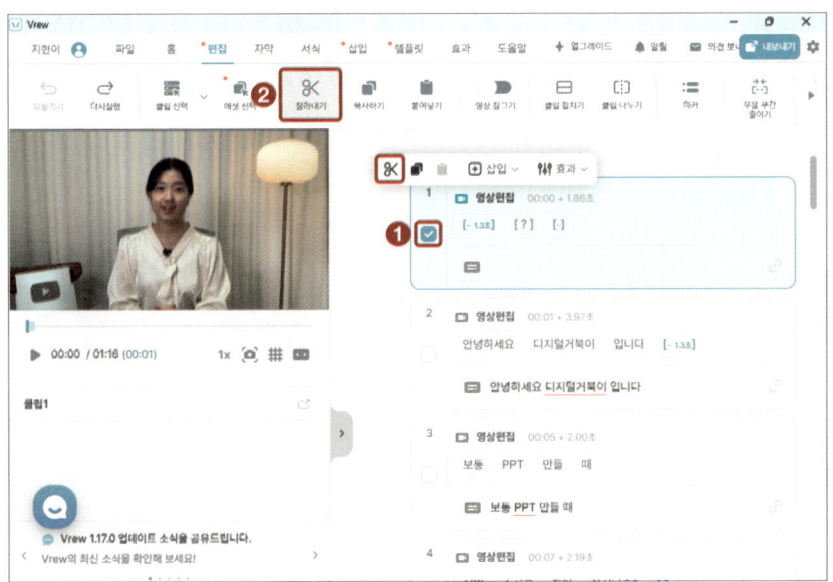

1번 클립을 잘라냈더니 기존 2번 클립이 1번 클립으로 당겨졌습니다.

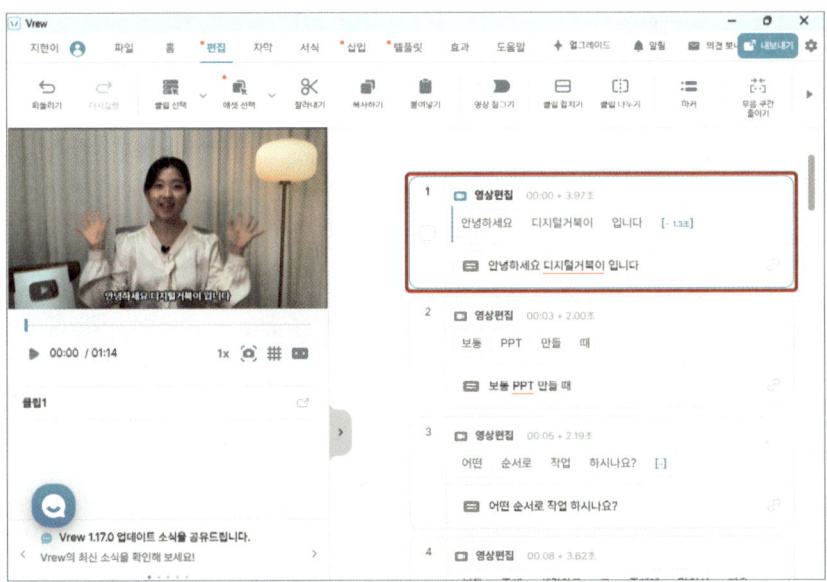

> **TIP** 각 클립의 체크박스를 클릭하거나 마우스로 범위를 드래그하여 여러 개의 클립에 일괄 체크한 후 잘라낼 수도 있습니다. 만약 특정 클립에 체크하지 않고 **[잘라내기]**를 클릭하면 현재 마우스 커서가 깜박이는 위치에서 바로 뒤에 있는 워드가 잘라내기 됩니다.

LESSON 02 영상 편집의 기본, 컷 편집

복사하기 및 붙여넣기_ 특정 클립에 체크되어 있는 상태에서 **[편집]** 탭이나 팝업 창의 **[복사하기]**를 클릭하면 해당 클립이 클립보드에 복사됩니다. 이어서 **[붙여넣기]**를 클릭하면 선택 중인 클립 아래에 복사했던 클립이 붙여넣기됩니다. 이 방법을 이용하면 강조하거나 재미 요소로 동일한 내용을 반복해서 재생할 수 있습니다.

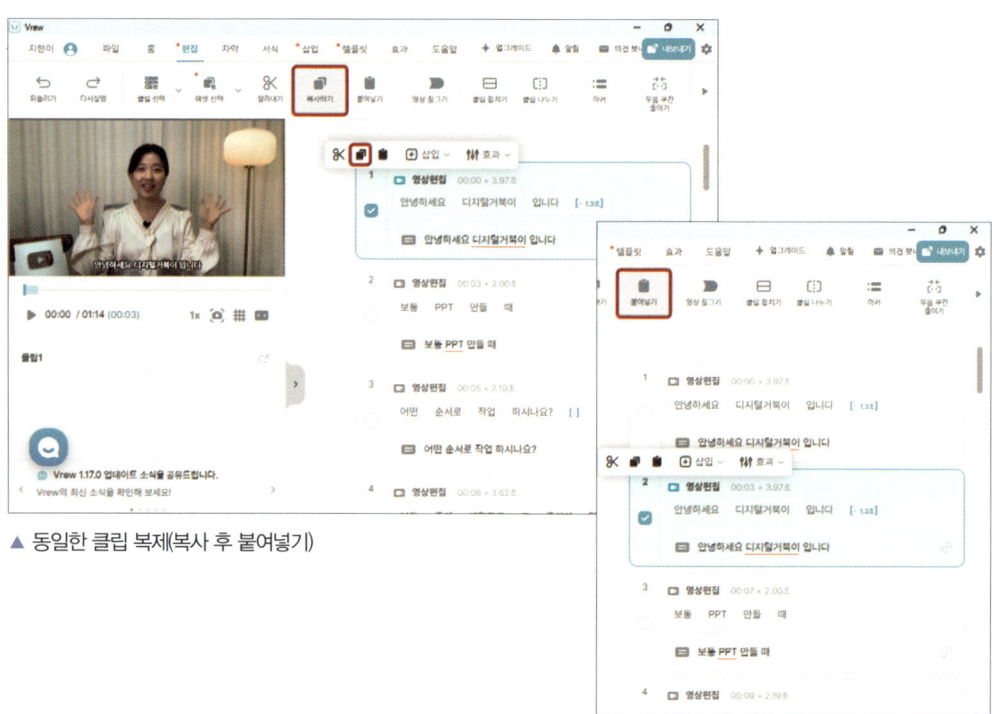

▲ 동일한 클립 복제(복사 후 붙여넣기)

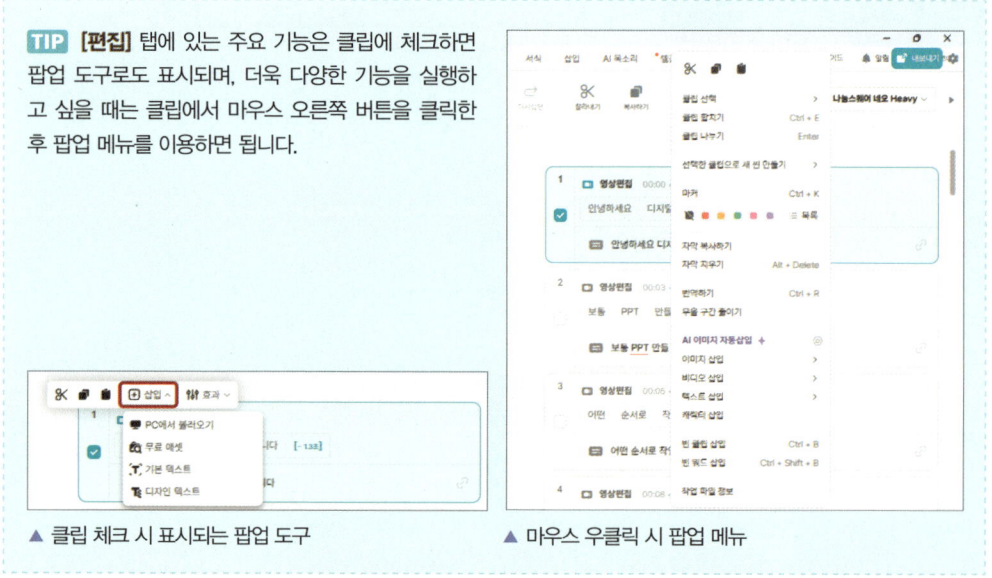

▲ 클립 체크 시 표시되는 팝업 도구   ▲ 마우스 우클릭 시 팝업 메뉴

TIP **[편집]** 탭에 있는 주요 기능은 클립에 체크하면 팝업 도구로도 표시되며, 더욱 다양한 기능을 실행하고 싶을 때는 클립에서 마우스 오른쪽 버튼을 클릭한 후 팝업 메뉴를 이용하면 됩니다.

클립 합치기, 나누기, 상세 편집하기

클립 합치기는 여러 개로 분할되어 있는 클립을 하나의 클립으로 통합하는 것이며, 반대로 나누기는 한 개의 클립을 여러 개의 클립으로 분할하는 것입니다. 이 외에도 워드 단위로 편집할 수 있는 상세 편집하기 기능까지 자세히 살펴보겠습니다.

클립 합치기_ 인공지능이 분석하여 구분한 클립 중 연속된 여러 개의 클립을 하나의 클립으로 합칠 수 있습니다. 편집 영역에서 ❶합칠 클립에 모두 체크한 후 ❷[편집] 탭 또는 팝업 도구에서 [클립 합치기]를 클릭합니다.

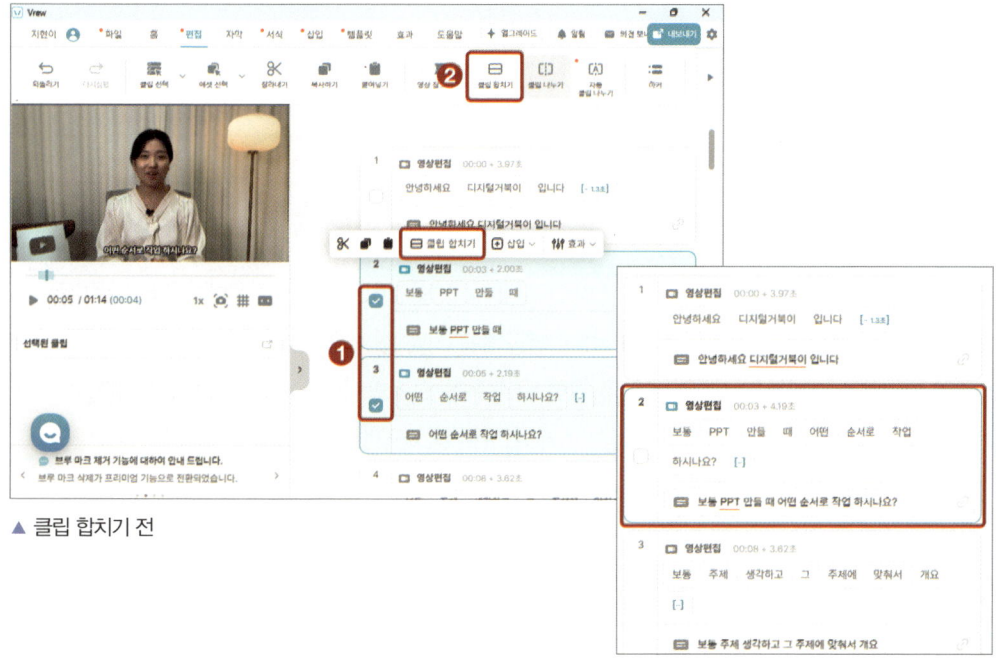

▲ 클립 합치기 전

▲ 클립 합치기 후

또 다른 방법으로는 뒤쪽에 있는 클립에서 맨 앞에 있는 워드 앞쪽을 클릭해서 커서를 배치한 후 [Backspace]를 누릅니다. 그러면 앞쪽에 있는 클립으로 합쳐집니다

클립 나누기_ 하나의 클립에 너무 많은 내용이 담겨 있다면 클립을 2개로 나눌 수도 있습니다. ❶클립에 체크하여 선택한 후 ❷[편집] 탭에서 [클립 나누기]를 클릭하면 현재 클립의 내용이 둘로 나눠집니다. 만약, 원하는 위치에서 클립을 나누고 싶다면 나눠질 워드를 클릭해서 선택하거나 워드 바로 앞 경계를 클릭해서 커서를 배치한 후 [Enter]를 누릅니다.

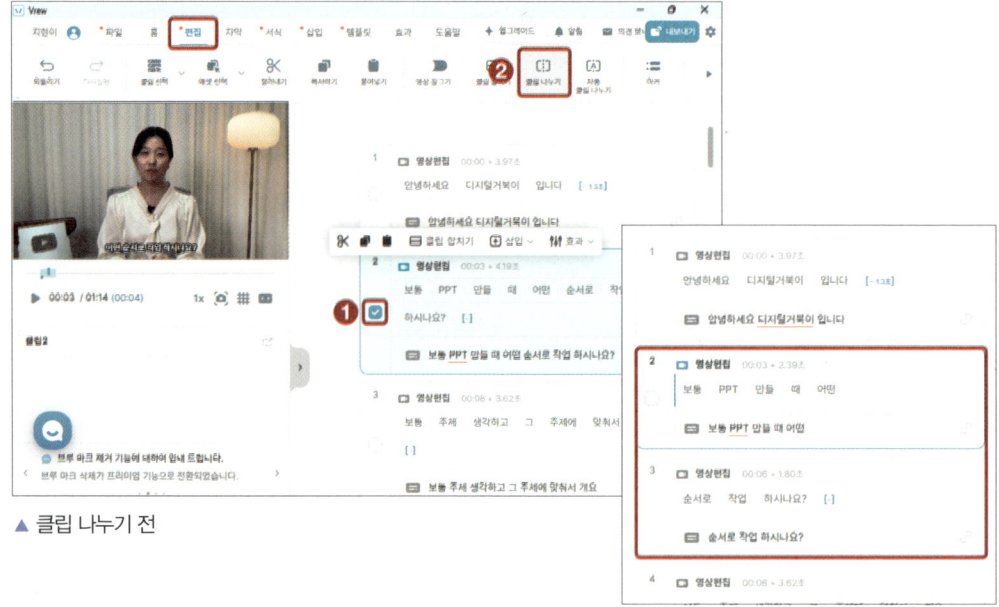

▲ 클립 나누기 전

▲ 클립 나누기 후

자동 클립 나누기_ 영상의 길이가 짧다면 사용자가 일일이 원하는 위치에서 클립을 나눌 수 있습니다. 하지만 영상이 길다면 편리하게 인공지능 기능을 이용해 보세요. **[편집]** 탭에서 **[자동 클립 나누기]**를 클릭한 후 적용 범위와 최대 글자수를 설정합니다. 나누기는 **[의미 기준]**을 선택하고 **[나누기]** 버튼을 클릭해 보세요. 이렇게 설정하면 인공지능이 영상의 내용을 파악한 후 지정한 글자 수를 참고해서 자동으로 클립을 나눠 줍니다.

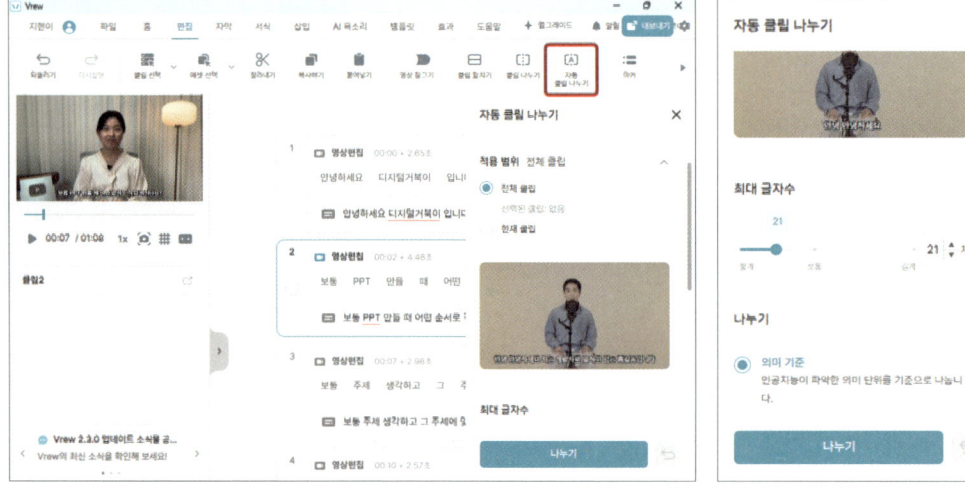

▲ 인공지능이 문맥을 파악하여 나눠 주는 자동 클립 나누기

상세 편집_ 클립에 있는 각 워드를 세부적으로 편집할 수 있는 기능입니다. 상세 편집할 워드를 클릭해서 선택한 후 팝업 도구에서 **[상세 편집]**을 클릭하거나, 워드를 더블 클릭해서 실행할 수 있습니다. 상세 조절 막대가 표시되면 양쪽에 있는 핸들을 좌우로 드래그하면서 해당 워드에 포함되는 영상의 재생 영역을 조절합니다. 상세 편집이 끝나면 편집 영역에서 빈 공간을 클릭해서 상세 조절 막대를 닫습니다.

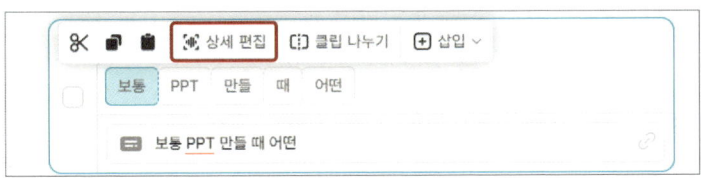

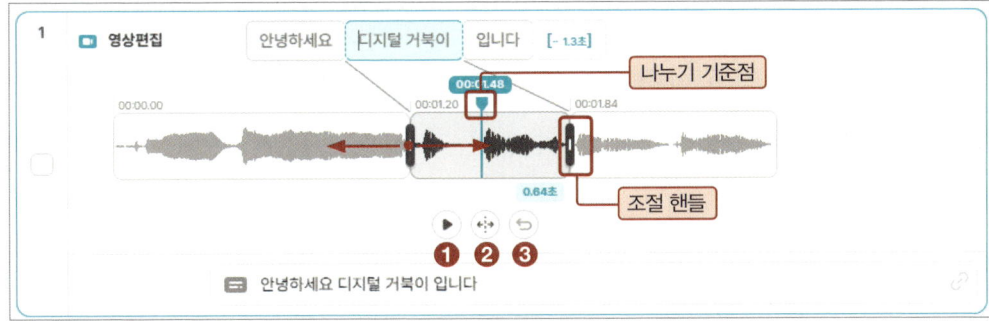

▲ 구간 나누기 전

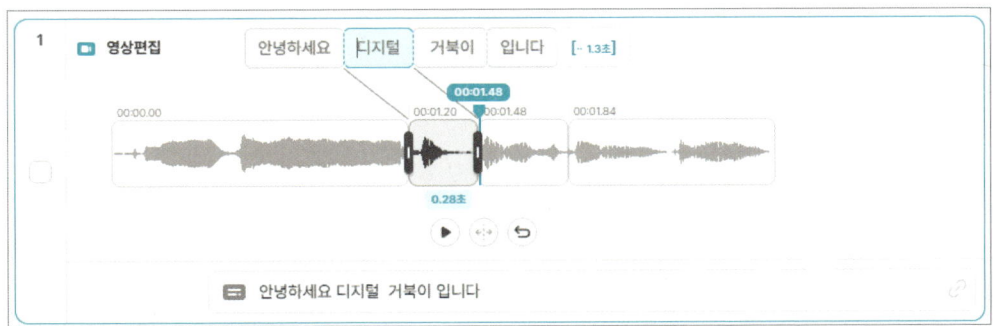

▲ 구간 나누기 후

❶ **재생하기:** 현재 워드에 포함된 영상을 재생해 봅니다.

❷ **구간 나누기:** 하나의 워드를 여러 개의 워드로 나눌 수 있습니다. 워드의 포함된 영상을 재생해 보고 나눌 위치를 클릭하여 기준점을 표시한 후 **[구간 나누기]** 아이콘을 클릭합니다.

❸ **구간 되돌리기:** 상세 조절 막대를 닫기 전까지 변경한 내용을 되돌릴 수 있습니다. 한 번 클릭할 때마다 하나씩 되돌려집니다.

 **NOTE 원본 영상을 이용해 복구하기**

컷 편집을 진행하다 보면 삭제한 클립을 되돌리고 싶을 때가 있습니다. 직전에 삭제한 클립이라면 Ctrl+Z를 누르거나 **[편집]** 탭에서 **[되돌리기]**를 클릭하면 되지만, 이미 오래 전에 삭제한 클립이라면 되돌리기 기능을 이용하기 어렵습니다.

이럴 때 원본 보기 기능을 이용하면 됩니다. **[편집]** 탭에 있는 **[원본 보기]**를 클릭하면 다음과 같이 원본 영상의 모든 클립이 표시됩니다. 여기서 복구하고 싶은 클립을 선택한 후 Ctrl+C를 눌러 복사합니다. 원본 보기 상태에서 **[나가기]**를 클릭하여 편집 중인 화면으로 돌아가면 Ctrl+V를 눌러 복사한 원본 클립을 붙여 넣을 수 있습니다. 이러한 원본 보기 활용은 워드 단위도 복사해서 붙여 넣을 수 있습니다.

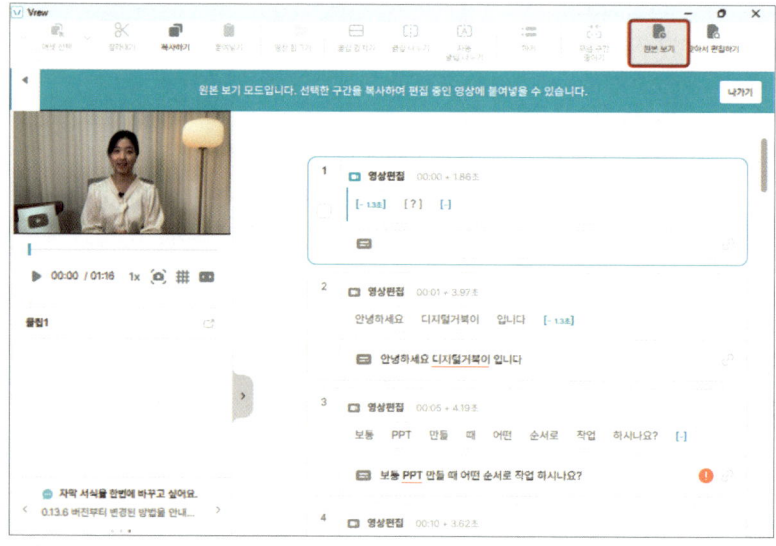

▲ 원본 보기

> **TIP** **[편집]** 탭에 있는 **[찾아서 편집하기]**를 클릭하면 영상에 있는 텍스트를 검색하여 찾을 수 있습니다.

무음 구간 삭제하기

무음 구간은 영상에서 잠시 머뭇거리거나 진행 중에 말이 막혀서 멈춘 부분 등 인공지능이 영상에서 텍스트를 인식하지 못한 부분입니다. 의도한 무음이라면 그대로 유지하면 되지만, 필요 없는 구간이라면 삭제하여 전체 재생 시간을 줄일 수 있습니다.

특정 무음 구간 삭제_ 영상편집 줄에서 [⋯]으로 표시된 워드가 무음 구간입니다. 해당 워드를 클릭해서 선택한 후 [Delete]를 누르거나 마우스 커서를 올리면 표시되는 [X]를 클릭해서 삭제합니다. 해당 워드를 선택하면 표시되는 팝업 도구나 [편집] 탭에서 가위 모양의 [잘라내기]를 클릭해도 됩니다.

▲ 무음 구간 삭제 전

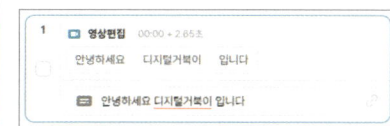
▲ 무음 구간 삭제 후

전체 무음 구간 줄이기_ 여러 클립에 무음 구간이 있다면, 그리고 그 무음 구간이 모두 필요 없는 구간이라면 한 번에 삭제할 수 있습니다. [편집] 탭에서 [무음 구간 줄이기]를 클릭합니다.

무음 구간 줄이기 ❶ 패널이 열리면 전체 영상에 포함된 무음 구간의 개수를 확인하고, 몇 초 이상의 무음 구간을 어떻게 조정할지 설정합니다. 무음 구간의 길이를 최댓값인 0.0초로 설정한 후 ❷[n개의 무음 구간 줄이기] 버튼을 클릭해 봅니다. 조정한 후 영상을 재생해 보면 무음 구간 없이 깔끔한 영상으로 재생되는 것을 확인할 수 있습니다.

[음성 미인식 구간도 함께 줄이기] 옵션은 브루 인공지능 분석 시 음성으로 인식되지 않은 구간이거나 소음이라고 판단된 구간입니다. 이 옵션은 인공지능 분석 오류로 음성이 포함되어 있을 수 있으므로, 반드시 재생하여 확인해 보고 삭제하는 것이 좋습니다.

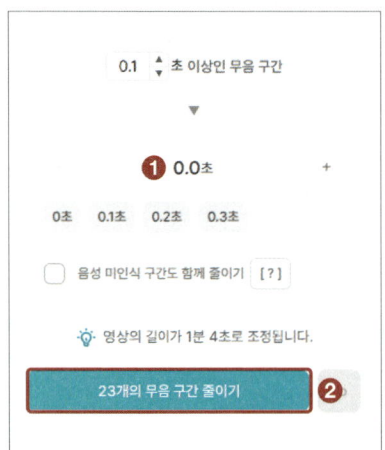
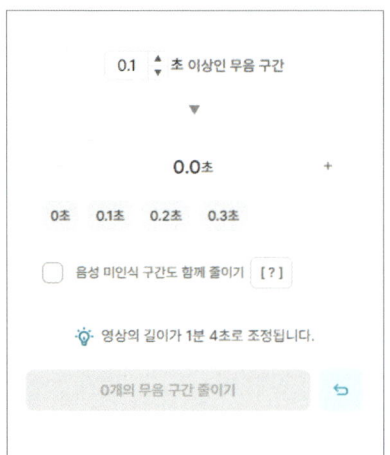

TIP 무음 구간 줄이기 패널에서 [n개의 무음 구간 줄이기] 버튼을 클릭하면 바로 오른쪽에 있는 [되돌리기] 아이콘이 활성화됩니다. 이 버튼을 클릭하면 무음 구간 줄이기를 실행하기 전으로 되돌릴 수 있습니다.

무음 구간 줄이기를 실행하더라도, 무음 구간이 포함된 워드가 삭제되지는 않습니다. 다음과 같이 [] 형태로 빈 워드가 유지됩니다. 그러므로 이후 필요에 따라 해당 워드를 클릭해서 선택한 후 직접 삭제해 줍니다.

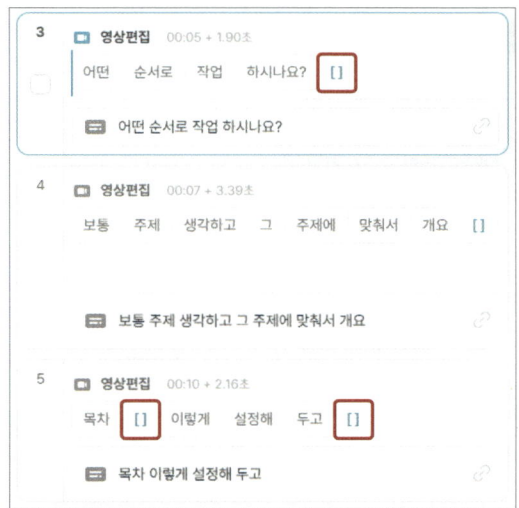

▲ 0.0초로 조정한 무음 구간의 워드

빈 워드 추가 후 캡쳐 화면으로 채우기

특정 화면이 나오는 시간을 늘리거나 중간에 다른 이미지 혹은 영상을 추가하려면 우선 빈 워드를 추가해야 합니다.

01 예제 영상에서 '검색을~ 하겠습니다'라는 내용의 클립은 검색하는 화면이 너무 빠르게 지나갑니다. 이 화면을 더욱 길게 유지하기 위해 ❶[?]와 [자] 사이를 클릭해서 커서를 배치하고 ❷[삽입] 탭의 [빈 클립] 펼침 버튼을 클릭한 후 ❸[빈 워드]를 클릭합니다.

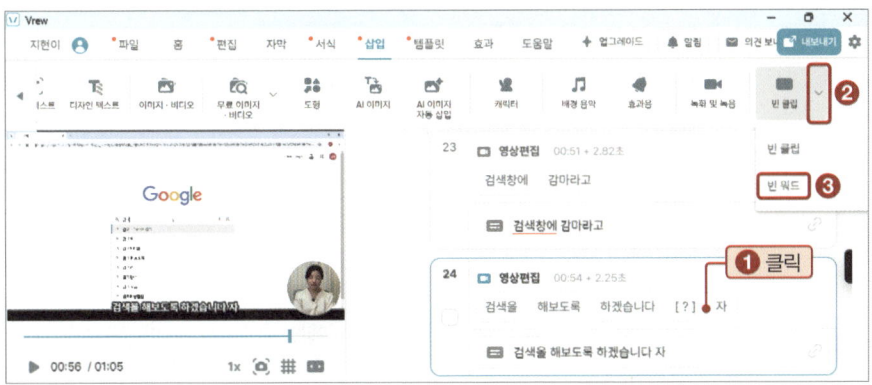

02 다음과 같이 커서 위치에 [⋯]으로 표시된 빈 워드가 추가됩니다. 미리보기 화면을 보면 아무런 내용이 없으므로 검은색 화면이 표시됩니다.

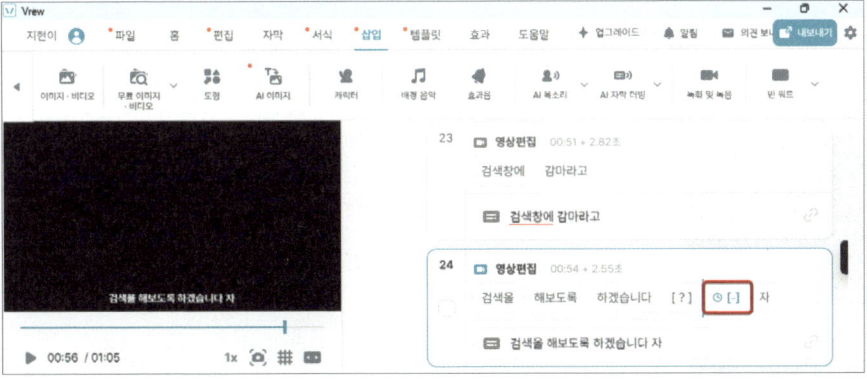

03 추가한 빈 워드에는 바로 앞에 있는 장면을 캡쳐해서 넣어 보겠습니다. ❶[하겠습니다] 워드를 클릭해서 선택한 후 ❷프리뷰 영역에 있는 [화면 캡쳐] 아이콘을 클릭합니다.

> **TIP** 처음 캡쳐를 실행하면 확장 프로그램 설치 안내 팝업 창이 열립니다. [예]를 클릭해서 설치를 진행하면 됩니다.

04 팝업 창이 열리고, ❶캡쳐 화면(스크린샷)이 클립보드에 복사되었다는 안내 메시지가 표시됩니다. ❷앞서 추가한 빈 워드를 클릭해서 선택한 후 Ctrl + V 를 눌러 붙여 넣습니다.

05 ❶미리보기 화면에 붙여넣기된 캡쳐 이미지가 나타나고, ❷빈 워드에 팝업 메뉴가 열리면 **[채우기]**를 선택합니다.

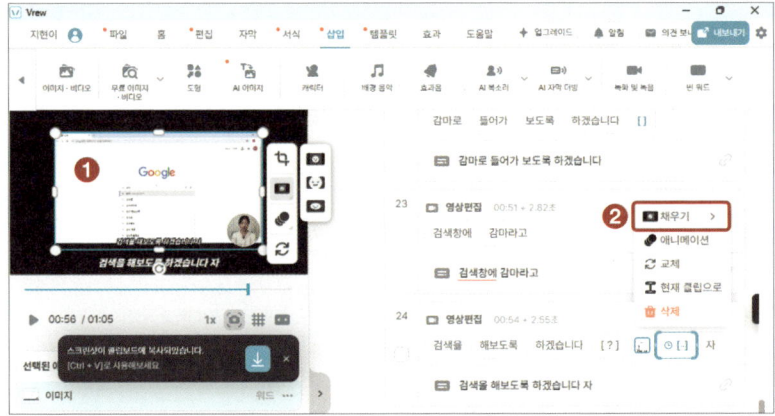

06 이어서 ❶**[비율 유지하여 채우기]**를 선택합니다. ❷미리보기 화면 가득 캡쳐 이미지가 채워지는 것을 확인할 수 있습니다.

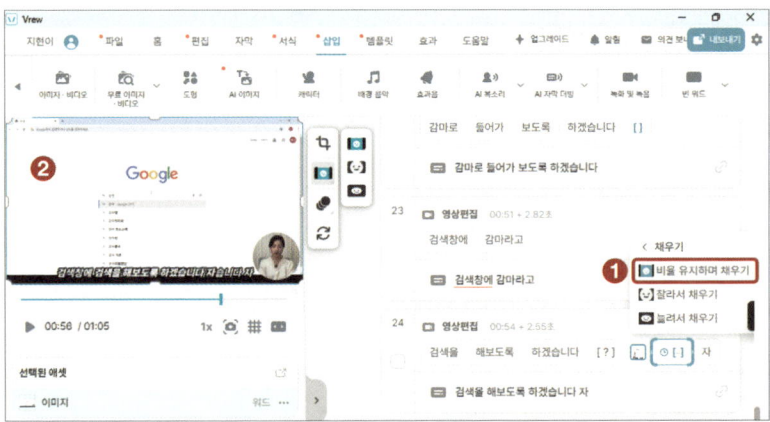

07 캡쳐 이미지를 추가한 ❶워드를 다시 클릭한 후 ❷팝업 도구에서 유지 시간을 **[3초]**로 변경합니다. 이제 캡쳐한 이미지 화면이 3초간 유지됩니다. 즉, **[하겠습니다]** 워드부터 추가한 워드까지 총 3초 이상 같은 화면이 표시됩니다.

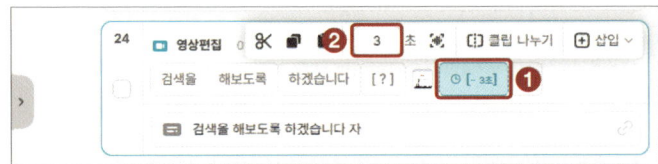

 **클립 추가하기**

워드를 추가하는 것과 유사하게 원하는 위치에 클립을 추가하여 이미지나 또 다른 비디오를 삽입할 수 있습니다.

다음과 같이 클립과 클립 사이에 마우스 커서를 옮기면 나타나는 **[클립 추가]** 버튼을 클릭한 후 용도에 따라 원하는 항목을 선택하면 됩니다.

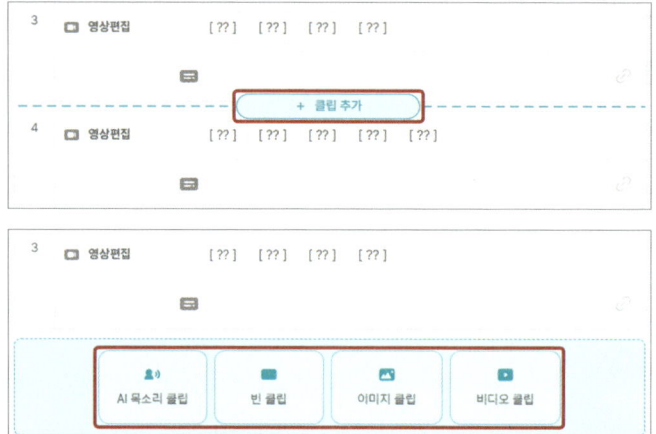

예를 들어 **[이미지 클립]**을 선택하면 팝업 창이 열리며, 여기서 이미지를 선택하거나 **[PC에서 불러오기]** 버튼을 클릭하여 원하는 이미지를 가져옵니다. 선택한 이미지는 5초간 재생되며, 워드의 유지 시간을 변경하는 방법으로 이미지의 재생 시간을 변경할 수 있습니다.

영상 파일 추가하여 하나로 합치기

지금까지 하나의 영상을 불러와서 편집했으나, 실제 영상 편집 중에는 여러 개의 영상을 불러와서 하나로 합칠 때도 많습니다. 여기서는 씬 패널을 이용해 여러 영상을 불러온 후 하나의 영상으로 합쳐서 재생 시간을 늘려 보겠습니다. **[홈]** 탭에서 **[프로젝트 열기]**를 클릭한 후 **[Chapter 02_브루 기본기 다지기_여행영상]** 프로젝트 파일을 열고 실습해 보세요.

01 **[Chapter 02_브루 기본기 다지기_여행영상]** 프로젝트는 17초 영상입니다. 여기에 새로운 영상을 추가하여 전체 재생 시간을 늘려 보겠습니다. ❶**[홈]** 탭에서 **[영상 추가하기]**를 클릭한 후 ❷**[PC에서 불러오기]**를 선택합니다.

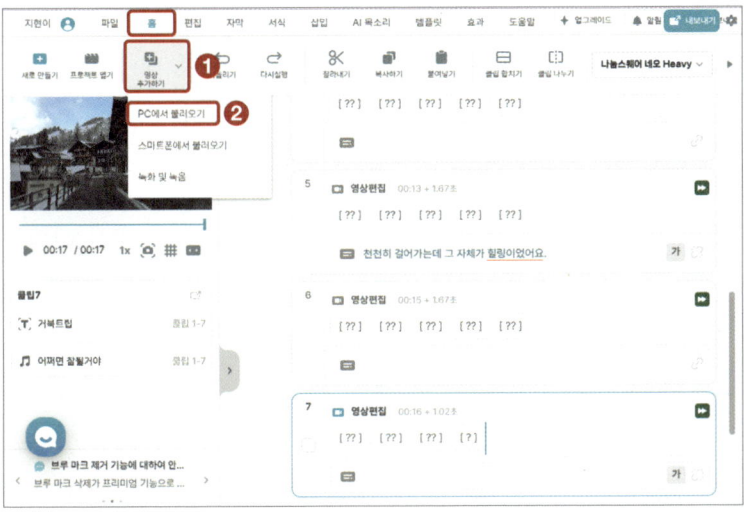

02 영상 추가하기 창이 열리면 ❶예제 파일에서 **[Chapter 02_브루 기본기 다지기_여행영상2_Pixabay©Meditation_hypnosis]** 영상 파일을 찾아 선택한 후 ❷**[열기]** 버튼을 클릭합니다.

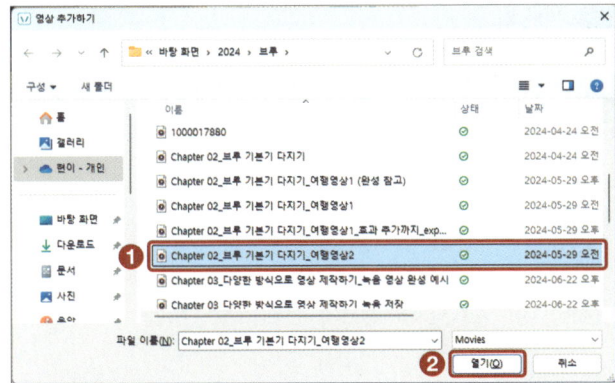

03 영상 불러오기 창이 열리면 음성이 없는 영상이므로 ❶[음성 분석] 옵션을 비활성화하고 ❷[확인] 버튼을 클릭합니다.

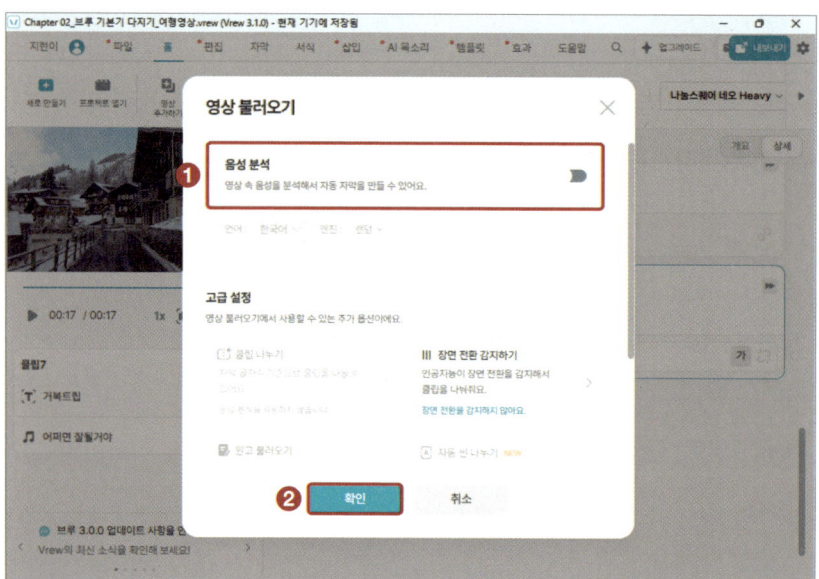

04 프리뷰 영역 오른쪽으로 씬 목록이 열리고 추가한 영상이 [#2]로 배치된 것을 확인할 수 있습니다.

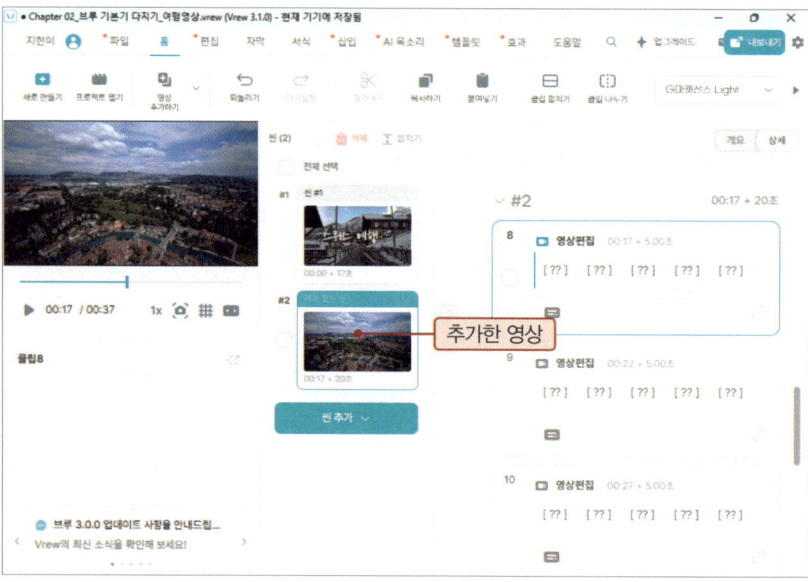

05 여러 씬을 하나로 합치기 위해 ❶합칠 씬에 모두 체크한 후 ❷**[합치기]**를 클릭합니다. 여기서는 **[#1]**과 **[#2]**에 모두 체크했습니다.

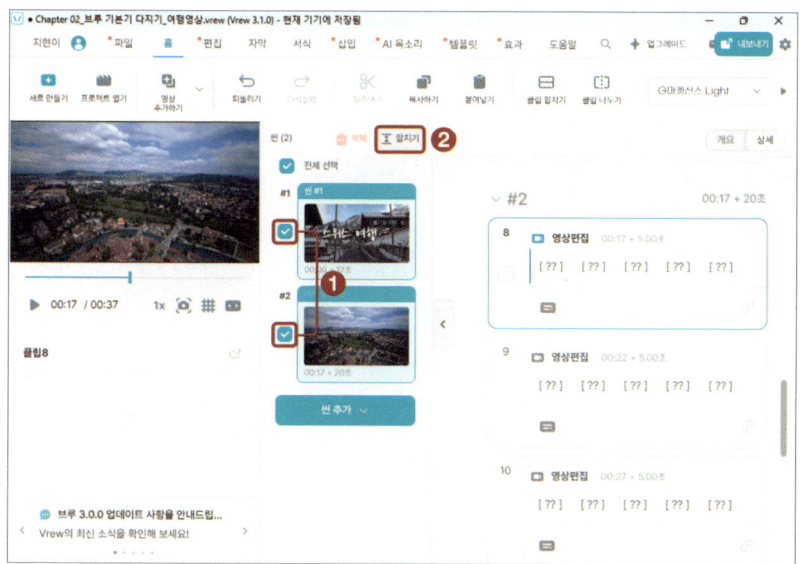

> **TIP** **[선택]** 버튼을 클릭하지 않고, 곧바로 씬으로 마우스 커서를 옮기면 표시되는 체크박스에 체크해도 됩니다.

06 2개였던 씬이 하나로 합쳐지면서 영상의 재생 시간과 클립 수가 변경된 것을 확인할 수 있습니다.

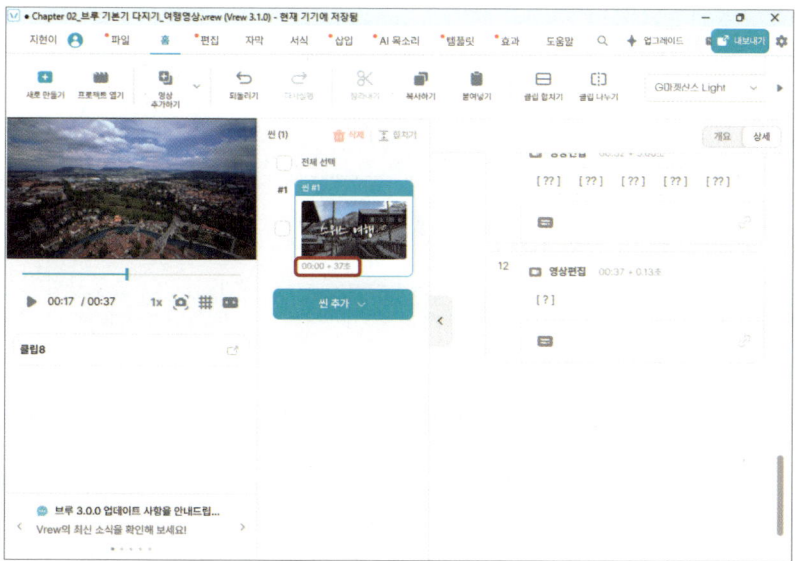

 **NOTE** 씬 목록 살펴보기

씬 목록은 하나의 프로젝트에서 여러 개의 영상을 이어서 재생하거나 관리할 때 활용합니다. 기본 값으로는 닫혀 있으며, 다음과 같이 프리뷰 영역과 영상 편집 영역 사이의 버튼을 클릭하여 열고 닫을 수 있습니다.

▲ 씬 목록이 닫혀 있을 때

▲ 씬 목록이 열려 있을 때

씬 목록에 여러 개의 영상이 추가되어 있을 때 영상을 재생하면 위에서부터 순차적으로 재생되며, 특정 영상(씬)을 선택한 상태에서 재생하면 해당 영상부터 재생이 시작됩니다.

씬 목록에서 [**씬 추가**] 버튼을 클릭하면 다양한 방법으로 새로운 영상을 추가할 수 있고, 추가된 여러 영상에 체크한 후 [**합치기**] 버튼을 클릭하면 하나의 영상으로 합칠 수 있습니다. 씬 추가는 [**파일**] 탭에서 [**영상 추가하기**]를 클릭해도 됩니다.

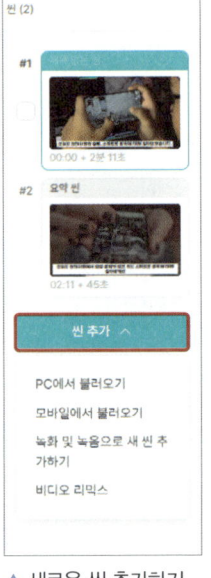

▲ 새로운 씬 추가하기

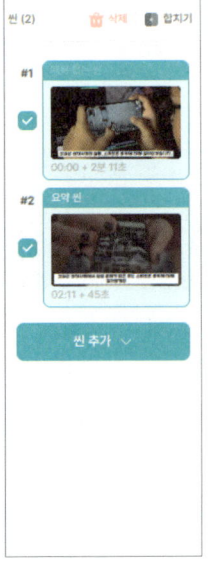

▲ 여러 씬 하나로 합치기

LESSON 03
자막 내용 변경부터 서식 적용하기

영상 콘텐츠의 자막은 정확한 내용을 전달하는 용도도 있지만, 재미 요소로 활용되기도 합니다. 인공지능이 자동으로 분석해서 작성해 준 자막을 살펴보면서 틀린 곳을 고치고, 다양한 서식을 적용하여 보기 좋게 꾸밀 수 있습니다.

자막 내용 변경하기

각 클립의 아래쪽 줄인 자막수정 줄에는 브루의 인공지능이 분석하여 자동으로 생성해 준 자막이 입력되어 있습니다. 여기서 자유롭게 오탈자나 띄어쓰기 등을 수정하면 됩니다. 또한, 한 줄로 길게 표시된 자막의 중간에서 Enter 를 눌러 줄바꿈을 하면 실제 화면에서도 여러 줄 자막으로 표시됩니다. 반대로 여러 줄로 표시된 자막을 한 줄로 수정하는 것도 가능합니다.

자막 내용 수정하기_ 자막 수정은 간단합니다. 보통의 문서 작성 프로그램을 이용하는 것처럼 클립에서 자막수정 줄을 클릭한 후 내용을 변경하면 됩니다. 아래 예시와 같이 '채 GPT처럼'이라고 입력된 자막을 '챗 GPT'로 수정했더니 곧바로 미리보기 화면에 표시되는 자막도 변경되는 것을 확인할 수 있습니다.

자막 여러 줄로 표시하기_ 기본적으로 하나의 클립에서는 자막도 한 줄로 표시됩니다. 만약 자막이 너무 길거나 텍스트의 호흡을 구분하기 위해 여러 줄로 표시하고 싶다면 줄바꿈할 위치를 클릭한 후 [Enter]를 누릅니다. 다음과 같이 자막수정 줄에서 자막이 두 줄로 표시되면, 미리보기 화면에서도 자막이 두 줄로 표시되는 것을 확인할 수 있습니다.

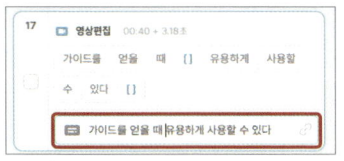 

> **TIP** 자막 내용은 길지만, 여러 줄로 표시하고 싶지 않다면 클립 나누기를 이용하면 됩니다. **Link** 클립 나누기는 41쪽을 참고하세요.

🎬 다양한 서식으로 자막 꾸미기

자막 내용 수정이 끝나면 이제 자막을 보기 좋게 꾸며 봅니다. 자막 작업은 대부분 **[서식]** 탭에서 진행됩니다. 이때 한 영상에 너무 다양한 서식이 적용되어 있으면 오히려 역효과가 날 수 있으므로, 전체적으로 통일된 서식을 적용하고, 중요하거나 강조할 내용만 부분적으로 서식을 적용하는 것이 좋습니다.

기본 서식_ 영상 전체적으로 일관된 기본 서식을 적용하려면 편집 영역에서 어떤 클립도 선택하지 않은 채 서식을 변경해야 하며, **[서식]** 탭을 선택했을 때 '기본 서식'이라고 표시되어야 합니다. 특정 클립을 선택 중이라면 클립 번호가 표시되며, 여러 클립을 선택 중이라면 '여러 클립'이라고 표시됩니다.

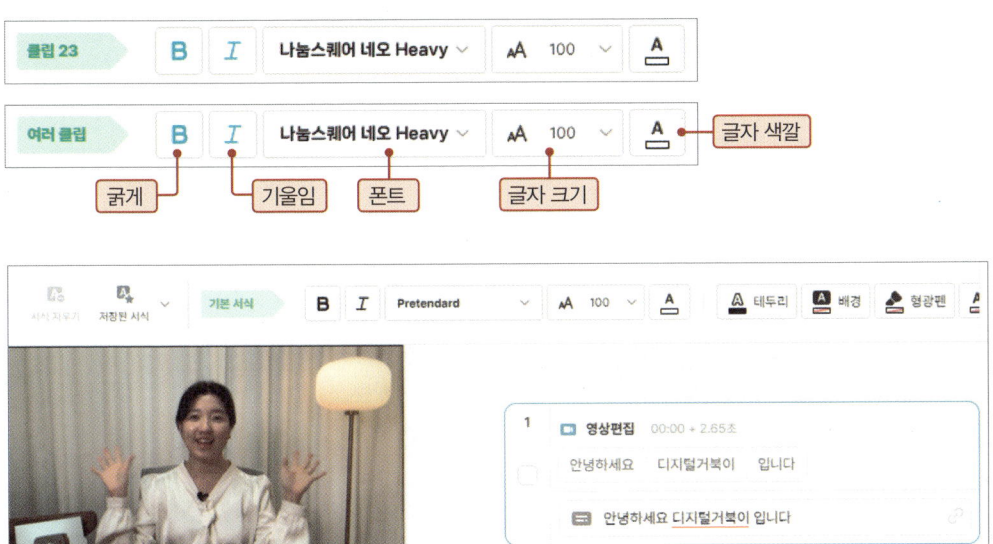

▲ 기본값으로 설정된 자막

▲ 폰트와 색을 변경한 자막

TIP 폰트 목록을 펼친 후 자주 사용하는 폰트의 오른쪽에 별 모양 아이콘을 클릭하여 [**즐겨찾는 폰트**]로 등록해 둡니다. 이후 [**폰트**] 옵션을 클릭한 후 [**즐겨찾는 폰트**] 탭에서 빠르게 찾아 선택할 수 있습니다.

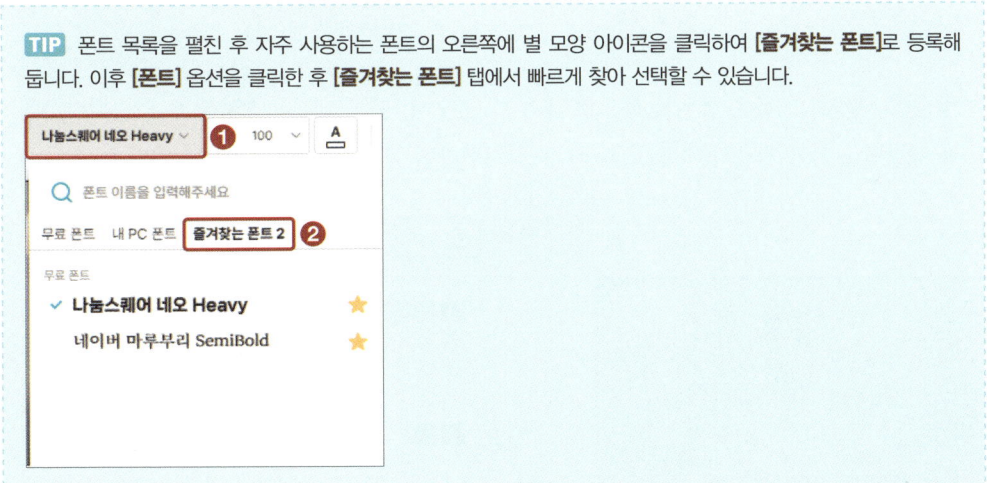

눈에 띄는 서식 적용하기_ 자막에 테두리를 적용하거나, 배경색을 넣는 등 좀 더 화려한 서식을 적용하여 꾸밀 수도 있습니다.

- **테두리:** 자막에 테두리를 적용하고, 테두리 색상과 두께를 변경할 수 있습니다.

- **배경:** 자막에 배경을 적용하고, 배경의 색상과 불투명도를 설정할 수 있습니다.

- **형광펜:** 배경보다 좁은 범위를 색으로 채울 수 있으며, 불투명도를 조절할 수 없습니다. 배경과 형광펜을 함께 적용한 후 서로 다른 색을 지정하면 확실히 구분할 수 있습니다.

- **그림자:** 그림자를 적용하면 자막을 좀 더 입체적으로 표현할 수 있습니다.

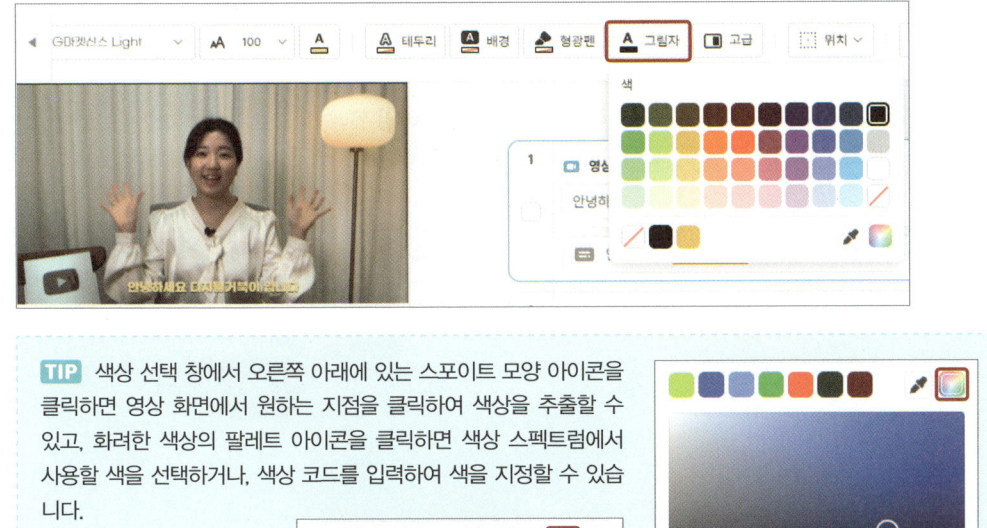

TIP 색상 선택 창에서 오른쪽 아래에 있는 스포이트 모양 아이콘을 클릭하면 영상 화면에서 원하는 지점을 클릭하여 색상을 추출할 수 있고, 화려한 색상의 팔레트 아이콘을 클릭하면 색상 스펙트럼에서 사용할 색을 선택하거나, 색상 코드를 입력하여 색을 지정할 수 있습니다.

자막 위치 변경_ 자막 위치의 기본값은 아래쪽 중앙입니다. 특별한 이유가 없다면 자막의 위치는 기본값을 유지하는 것이 좋습니다. 단, 특정 클립에서 자막을 강조하는 등의 이유로 위치를 변경하고 싶다면 해당 클립에 체크해서 선택한 후 **[서식]** 탭의 **[위치]**를 클릭합니다.

위치 창이 열리면 좌우 기준 위치와 상하 기준 위치를 각각 선택할 수 있으며, 조절바를 이용하여 좀 더 세부적인 위치를 조절할 수 있습니다.

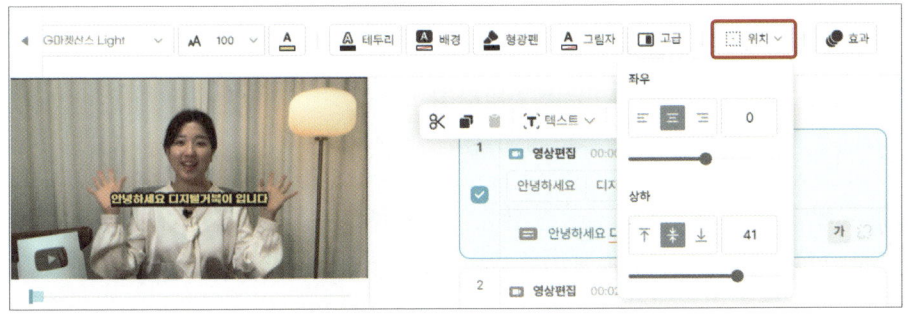

 **NOTE 자주 쓰는 서식 저장하기**

자막의 색상, 크기 등 영상 편집 시 자주 사용하는 서식이 있다면 이를 저장해 두고 사용할 수 있습니다. 먼저 자주 사용할 서식을 적용합니다. 그런 다음 ❶[서식] 탭에서 [고급]을 클릭하여 서식 패널이 열리면 ❷위 또는 아래에 있는 [현재 서식 저장]을 클릭합니다. ❸현재 선택한 클립 또는 전체 클립에 적용된 서식의 세부 정보가 표시되며, 저장됩니다.

▲ 서식 저장하기 전

▲ 서식 저장 후

추후 다른 영상을 편집하거나, 같은 영상의 다른 클립에 같은 서식을 적용하고 싶을 때 [서식] 탭의 [고급]을 클릭하여 서식 패널을 열고 저장된 서식 버튼을 클릭하면 바로 적용됩니다.

자막에 애니메이션 효과 적용하기

밋밋하게 고정된 자막보다는 자막이 날아오거나 점점 커진다면 좀 더 활기찬 느낌의 영상을 제작할 수 있습니다. 브루에서는 자막에 애니메이션을 적용하는 것도 클릭 몇 번으로 간단하게 완성할 수 있습니다. 단, 하나의 클립에 등장, 퇴장, 강조 중 한 가지 효과만 적용할 수 있습니다.

등장/퇴장_ ❶애니메이션을 적용할 클립을 선택한 후 ❷[서식] 탭의 [효과]를 클릭합니다. 애니메이션 패널이 열리면 ❸[등장/퇴장] 탭에서 원하는 효과를 클릭하고, ❹효과에 따른 세부 옵션을 변경합니다. 여기서는 [다가오기]를 클릭했습니다. 미리보기 화면에서 선택한 효과의 애니메이션을 확인할 수 있습니다.

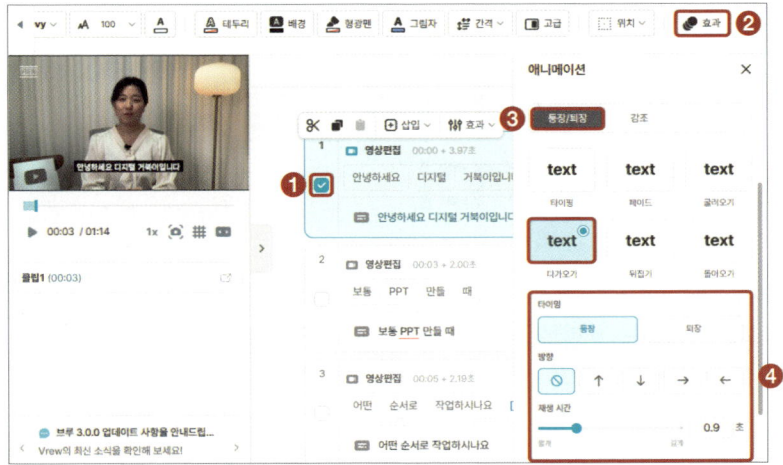

> **TIP** [타이밍] 옵션에서 [등장]을 클릭하면 해당 클립이 시작될 때, [퇴장]을 클릭하면 해당 클립이 끝날 때 효과가 적용됩니다.

강조_ 애니메이션 패널에서 [강조] 탭을 클릭하면 자막을 강조할 수 있는 효과 목록이 표시됩니다. 여기서 원하는 효과와 효과의 세부 옵션을 설정합니다. 강조 효과는 한 번만 실행할지 반복해서 실행할지 선택할 수 있습니다.

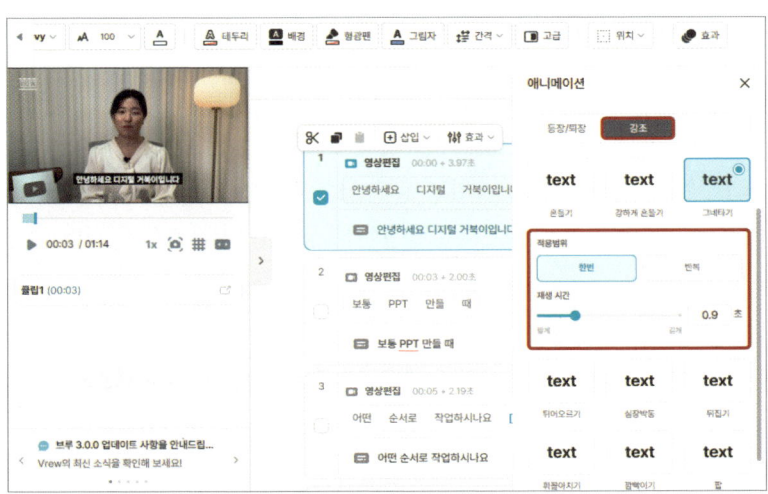

> **TIP** 적용한 효과를 취소하고 싶다면 다음과 같이 애니메이션 패널 위쪽에 표시된 선택된 효과 영역에서 [초기화] 버튼을 클릭합니다.

LESSON 03 자막 내용 변경부터 서식 적용하기 **61**

영상을 풍성하게 꾸며 줄 애셋 활용하기

영상을 편집할 때는 메인 영상 이외에도 텍스트나, 이미지, 오디오, 심지어 영상 속 영상까지 다양한 작업 소스가 필요합니다. 브루에서는 이런 소스들을 애셋이라고 표현하며, 무료로도 마음껏 활용할 수 있습니다. 브루에서 애셋을 활용하여 보다 멋진 영상을 완성해 보세요.

[홈] 탭에서 [새로 만들기] 버튼을 클릭하고, [PC에서 비디오·오디오 불러오기]를 클릭한 후 [Chapter 02_브루 기본기 다지기_여행영상1_Pixabay©Matthias_Groeneveld]을 불러와서 실습을 진행해 보세요. 예제 영상은 음성이 포함되어 있지 않으므로, 영상 불러오기 과정 중에 [음성 분석 안함]을 선택한 후 진행하면 됩니다. 파일을 불러올 때 변환 권장 파일 안내 창이 열리면 [예] 버튼을 클릭한 후 진행하세요.

기본 텍스트로 채널명 표시하기

영상에서 텍스트는 정보를 전달하는 중요한 요소입니다. 간단한 인사말이나 설명, 채널 이름 등을 추가하여 내용을 전달할 수 있습니다. 여기서는 영상이 재생되는 내내 표시될 채널 이름을 추가해 보겠습니다.

01 예제 영상을 불러온 후 ❶첫 번째 클립을 선택한 상태로 ❷[삽입] 탭의 [기본 텍스트]를 클릭합니다. ❸미리보기 화면 중앙에 텍스트 상자가 추가되면 '거북트립'이라고 입력합니다.

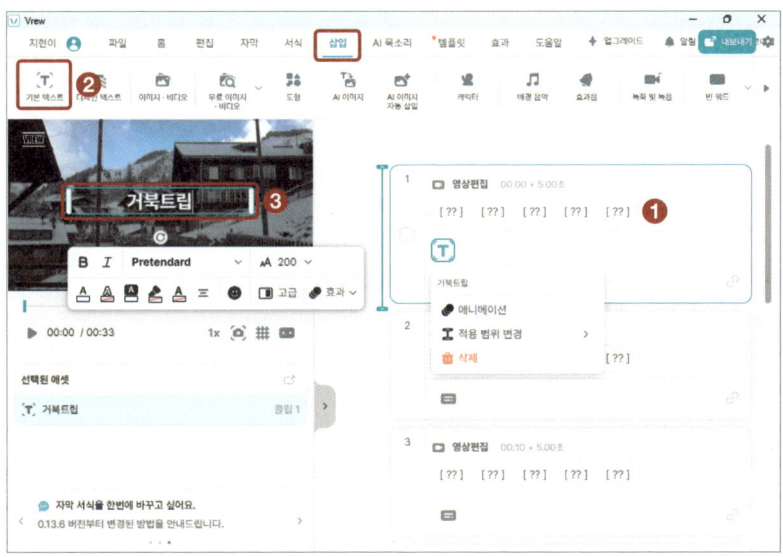

> **TIP** 클립을 선택한 채 애셋을 삽입하면 해당 클립에 해당하는 영상에 지속해서 애셋이 표시되며, 워드를 선택한 후 애셋을 추가하면 해당 워드에 해당하는 영상에서만 애셋이 표시됩니다.

02 텍스트의 팝업 도구에는 **[서식]** 탭과 같은 아이콘들이 배치되어 있습니다. ❶**[테두리 색깔]** 아이콘을 클릭하여 ❷**[검정]**을 선택하고, ❸**[형광펜 색깔]** 아이콘을 클릭한 후 ❹**[팔레트]** 아이콘을 클릭하여 ❺색상 코드에 **[#AFEFE6]**을 입력합니다. `Link` 텍스트 서식에 대한 자세한 설명은 56쪽을 참고하세요.

> **TIP** 색상 코드는 6자리 숫자로 색상을 표기하는 방식입니다. 색상 코드값을 이용해 정확히 원하는 색을 지정하거나 팔레트에서 원하는 색상을 클릭하여 적용할 수 있습니다.

03 다음과 같이 ①검은색 테두리와 녹색 계열 형광펜 효과가 적용된 것을 확인할 수 있습니다. 계속해서 적용한 서식을 저장해 놓기 위해 ②[고급] 버튼을 클릭합니다.

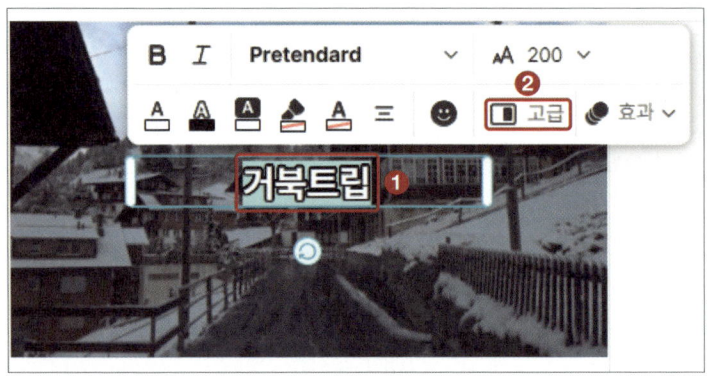

04 편집 영역 오른쪽에 기본 텍스트 서식 패널이 열리면 ①[현재 서식 저장] 버튼을 클릭하여 저장합니다. ②저장된 서식 버튼을 확인한 후 ③기본 텍스트 서식 패널 오른쪽 위에 있는 [X]를 클릭하여 패널을 닫습니다.

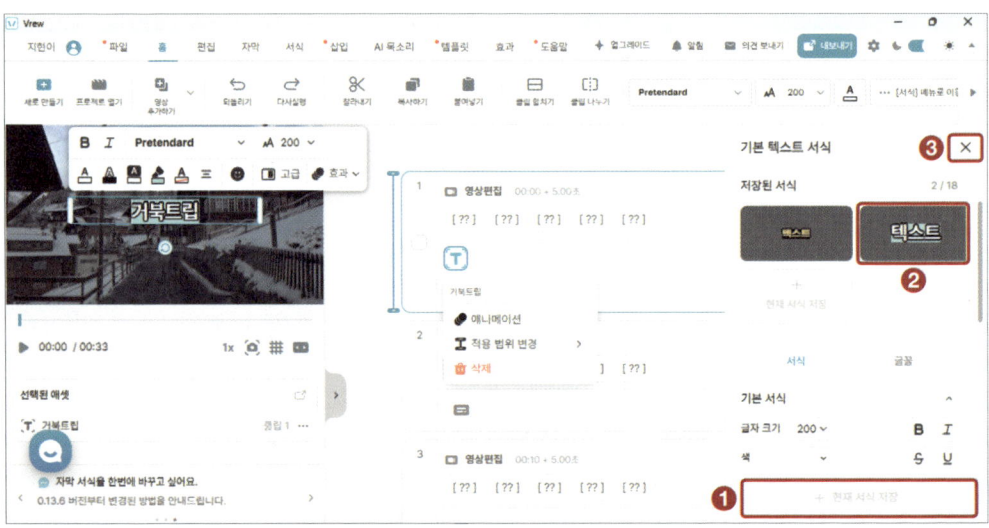

> **TIP** 이후 다른 텍스트 상자나 자막을 선택한 후 기본 텍스트 서식 패널을 열고 저장된 서식에 있는 버튼을 클릭하면 빠르게 같은 서식을 적용할 수 있습니다.

05 서식 적용이 끝났으니 이제 텍스트 상자의 위치와 크기를 조정해 보겠습니다. ❶텍스트 상자 좌우에 표시된 흰색 핸들을 드래그하여 텍스트 길이에 맞춰 크기를 줄이고, ❷텍스트 상자의 테두리 부분을 클릭한 채 화면 오른쪽 위로 드래그해서 옮깁니다.

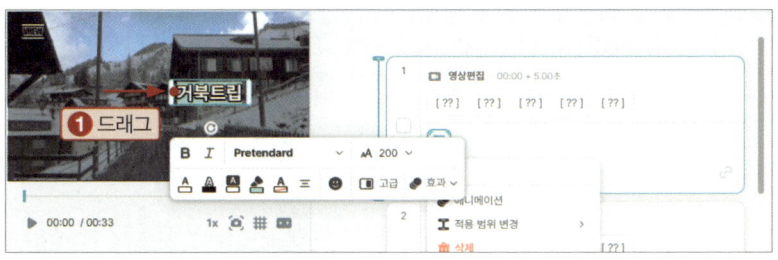

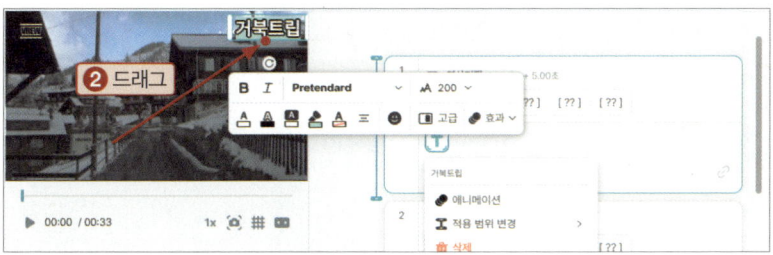

06 화면 오른쪽 위로 옮긴 후 다시 보니 채널 이름이 다소 크게 보입니다. 팝업 도구에서 ❶**[글자 크기]**를 **[100]**으로 줄이고, ❷**[정렬]** 아이콘을 클릭하여 **[오른쪽 정렬]**로 변경합니다.

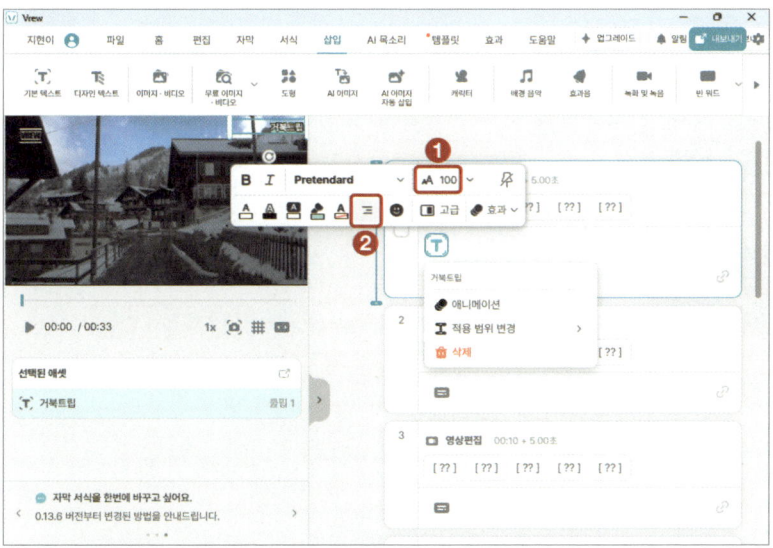

TIP **[정렬]** 아이콘은 클릭할 때마다 **[오른쪽 정렬]** – **[왼쪽 정렬]** – **[중앙 정렬]** 순서로 변경됩니다.

07 완성한 채널 이름을 영상이 재생되는 내내 표시되도록 적용 범위를 변경해야 합니다. 편집 영역에 있는 ❶[텍스트 애셋] 아이콘의 팝업 메뉴에서 [적용 범위 변경]을 선택한 후 ❷[전체 클립으로]를 선택합니다.

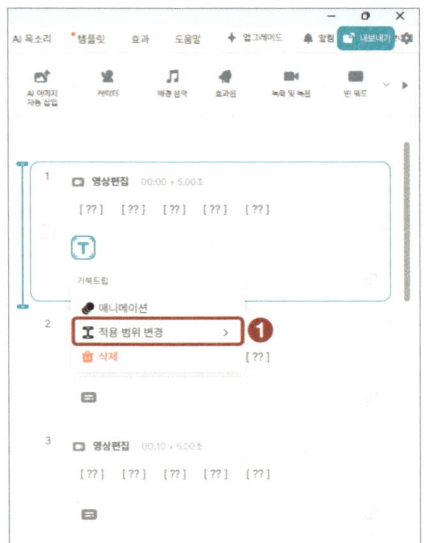 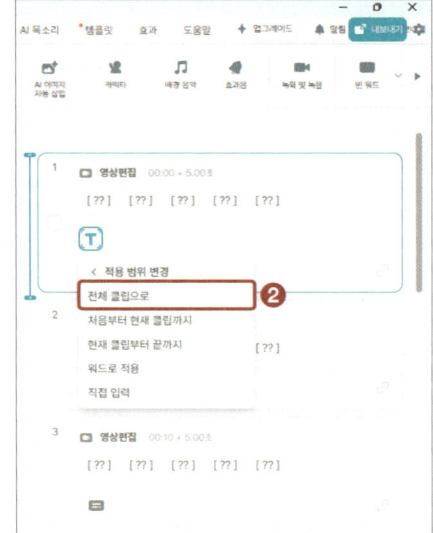

08 자막표시 줄에 있던 [텍스트 애셋] 아이콘이 클립 밖으로 옮겨지며, 다음과 같이 모든 트랙 선택 상태로 변경됩니다.

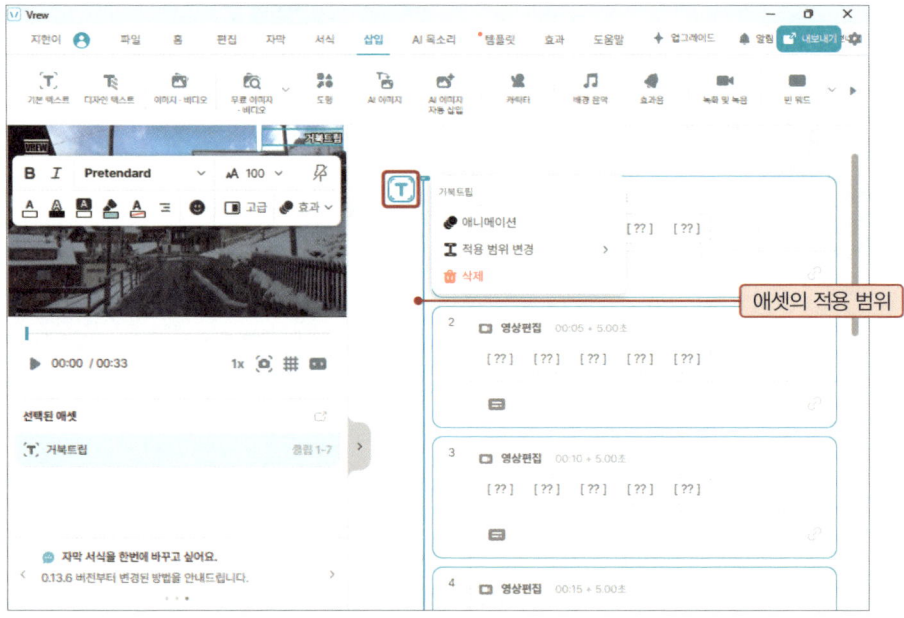

 **NOTE** 자막 상자 확인하기

음성 분석을 하지 않아서 자막이 자동으로 생성되지 않은 영상이라도 미리보기 화면에서 아래쪽으로 마우스 커서를 옮겨 보면 자막 상자가 나타납니다.

▲ 미리보기 화면에서 마우스 커서를 옮기면 표시되는 빈 자막 상자

미리보기 화면에서 자막 상자를 클릭하고 내용을 입력하면 영상의 자막으로 인식되어 자막수정 줄에도 같은 내용이 표시됩니다. 반대로, 자막수정 줄을 클릭한 후 내용을 입력해도 미리보기 화면의 자막 상자에 그대로 반영됩니다.

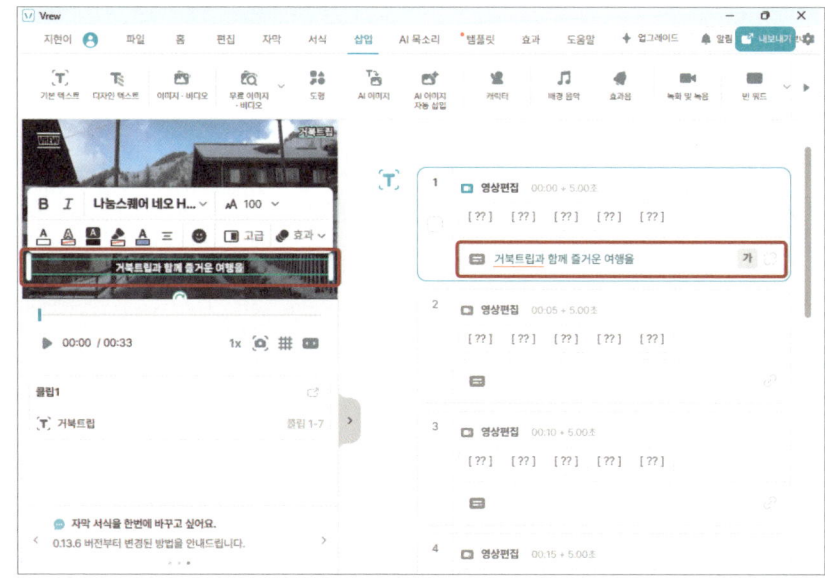

▲ 미리보기 화면의 자막 상자와 자막표시 줄은 서로 연동되어 있습니다.

또한, 자막 상자를 드래그하여 자막의 위치를 변경할 수도 있습니다.

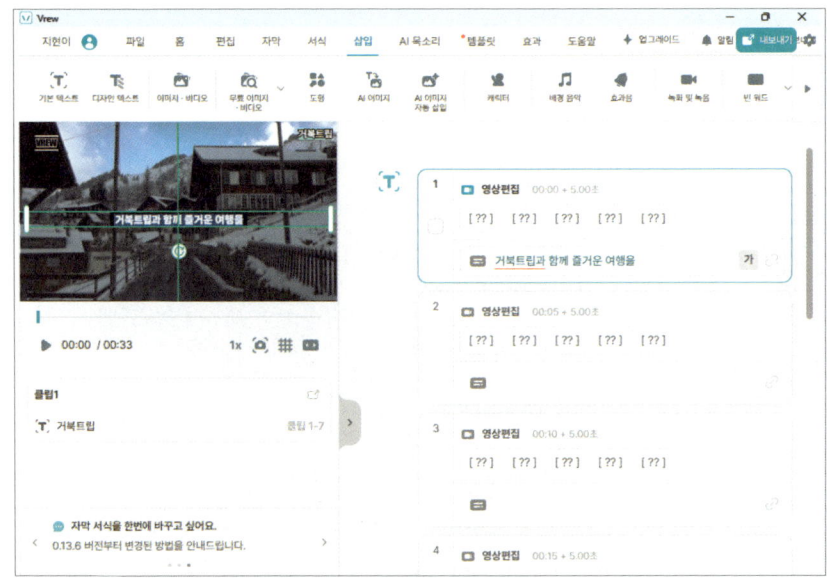

만약 자막을 아예 사용하지 않는다면 **[자막]** 탭에서 **[자막 표시]** 옵션을 비활성 상태로 변경하여 자막 상자를 없앨 수 있습니다.

디자인 텍스트로 영상 제목 입력하기

디자인 텍스트는 시각적으로 더욱 매력적인 서식이 적용된 텍스트를 입력할 수 있는 기능입니다. 다양한 요소가 포함된 텍스트부터 애니메이션이 적용된 텍스트, 말풍선 스타일의 텍스트 등 다채롭게 준비되어 있으니 선택해서 내용만 입력하면 됩니다. 영상의 제목 혹은 특정 내용을 강조할 때 사용하면 효과적입니다.

01 영상의 제목을 입력할 것이므로 ❶첫 번째 클립을 선택한 후 ❷[삽입] 탭의 [디자인 텍스트]를 클릭합니다. ❸디자인 텍스트 패널이 열리면 원하는 스타일을 선택합니다. 여기서는 종이 비행기가 있는 스타일을 선택했습니다.

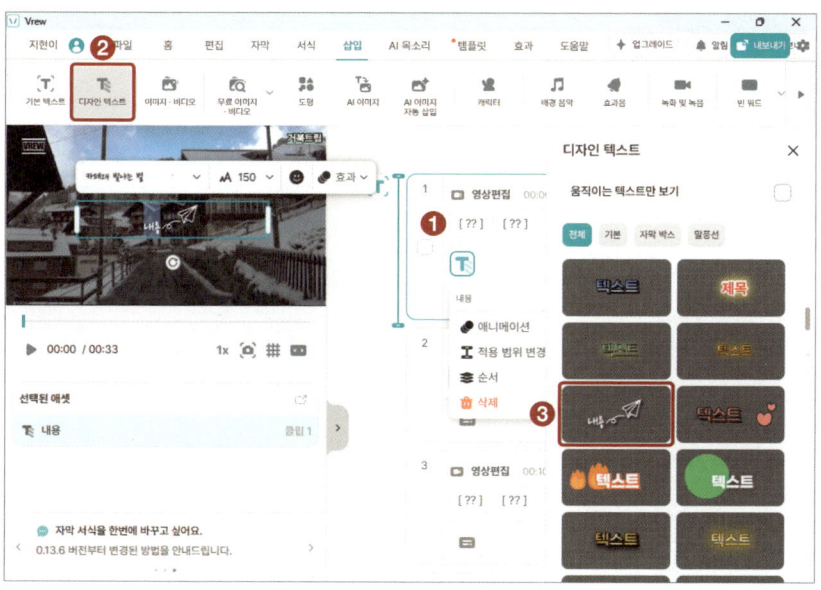

02 미리보기 화면 중앙에 ❶스타일이 적용된 텍스트 상자가 표시되면 기본으로 입력된 내용을 지우고, '스위스 여행'을 입력해 봅니다. ❷제목을 크게 표현하기 위해 팝업 도구에서 [글자 크기]를 [450]으로 변경하고, ❸글자 크기에 맞춰 텍스트 상자의 크기도 조절합니다.

> **TIP** 텍스트 상자 양쪽 끝에 있는 핸들을 드래그해서 화면 양 끝으로 맞추고, [중앙 정렬]로 설정하면 손쉽게 화면 중간에 제목을 배치할 수 있습니다.

LESSON 04 영상을 풍성하게 꾸며 줄 애셋 활용하기 **69**

 **NOTE** 원하는 스타일의 디자인 텍스트 찾기

디자인 텍스트 패널이 열리면 기본값으로 모든 스타일의 디자인 텍스트가 나타납니다. 이때 **[움직이는 텍스트만 보기]**에 체크하면 애니메이션이 적용된 텍스트만 확인할 수 있습니다. 다시 모든 스타일의 디자인 텍스트를 확인하려면 체크를 해제하세요.

TIP 멈춰 있는 텍스트에 애니메이션을 직접 적용해서 사용해도 됩니다.

▲ 움직이는 텍스트만 보기 확인하기

이 외에도 **[기본]**, **[자막 박스]**, **[말풍선]** 버튼을 클릭하여 해당 스타일의 디자인 텍스트만 필터링해서 볼 수도 있습니다.

▲ [자막 박스] 스타일

▲ [말풍선] 스타일

추가 이미지, 비디오로 풍성한 영상 만들기

하나의 영상만으로 아쉽다면 추가로 이미지나 영상을 불러와서 배치하거나 브루에서 제공하는 다양한 이미지 및 비디오를 추가하여 영상을 풍성하게 꾸밀 수 있습니다. 이때 새로운 영상을 별도의 클립으로 추가하여 전체 재생 시간을 늘릴 수 있고, 특정 워드나 클립에 애셋으로 추가하여 영상 속 영상 효과를 낼 수도 있습니다.

무료 애셋 활용하기_ 내가 가지고 있는 이미지나 영상이 부족하다면 브루에서 제공하는 다양한 무료 애셋을 활용해 볼 수 있습니다. 2번 클립에 이미지를 추가해 보겠습니다.

01 ①2번 클립을 선택한 후 ②[삽입] 탭의 [무료 이미지·비디오] 버튼을 클릭합니다. ③무료 애셋 패널이 열리면 '스위스'를 입력한 후 Enter 를 눌러 검색합니다.

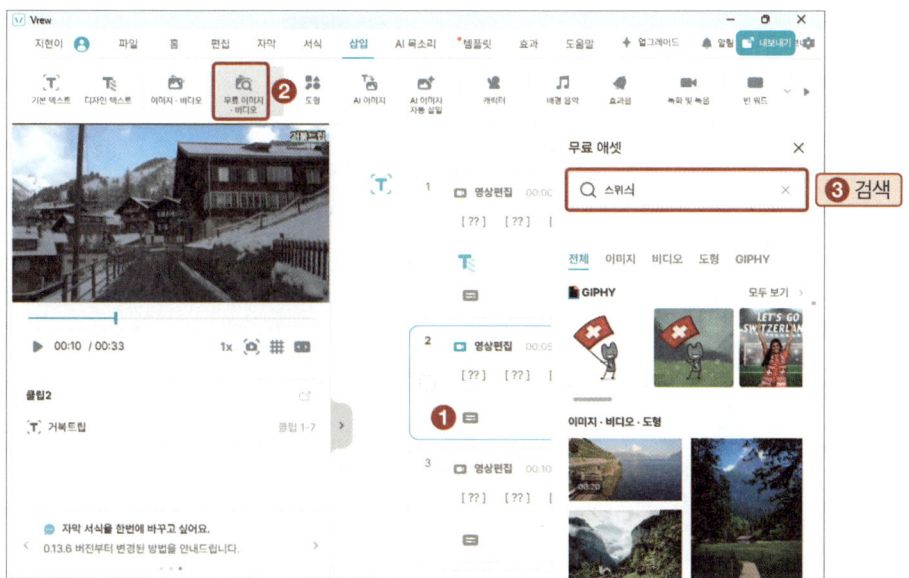

TIP 무료 애셋 패널에서 [GIPHY] 탭을 클릭한 후 [배경이 투명한 이미지만 보기]에 체크하면 배경이 투명한 이미지만 확인할 수 있습니다. 단, [GIPHY] 탭의 움직이는 이미지는 상업적인 목적으로 수정하거나 사용하지 않는 것이 좋습니다.

02 검색 결과에서 ❶ 원하는 이미지를 찾아 선택하면 ❷ 곧바로 미리보기 화면에 표시됩니다. 미리보기 화면에 배치된 이미지 오른쪽에 표시된 팝업 도구에서 ❸ **[채우기]** 아이콘을 클릭한 후 ❹ **[늘려서 채우기]**를 클릭합니다.

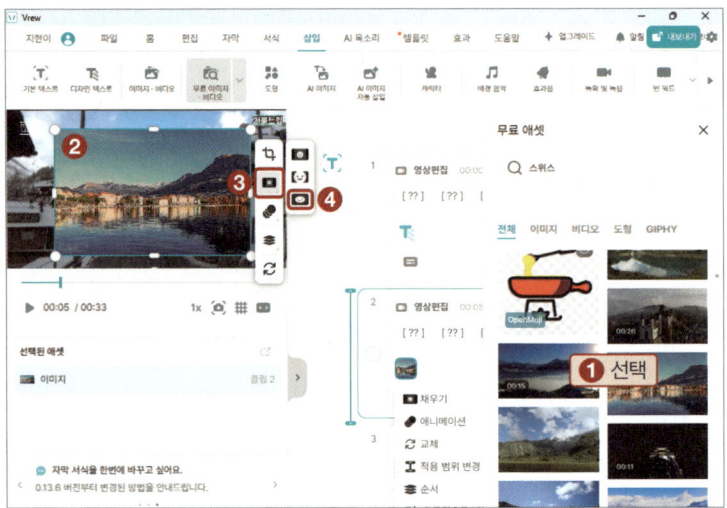

> **TIP** 자막수정 줄에 추가된 **[이미지 에셋]** 아이콘에서 **[채우기]** - **[늘려서 채우기]**를 선택해도 됩니다.

03 이미지가 미리보기 화면 가득 채워집니다.

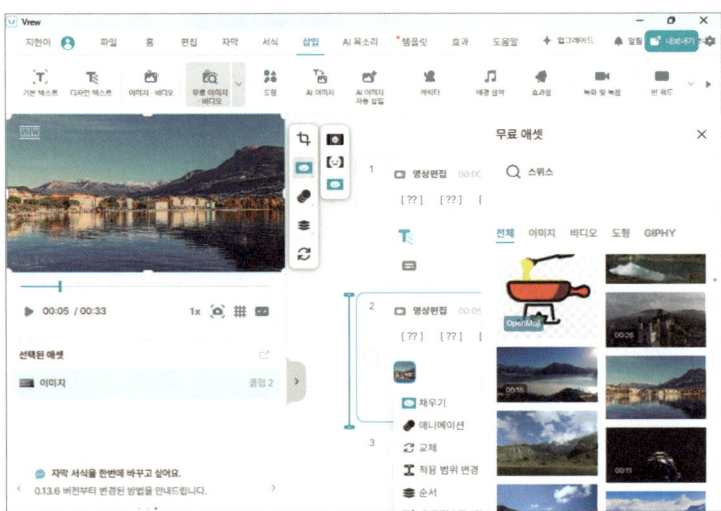

> **TIP** 2번 클립에서 새로운 애셋을 추가하면 오른쪽 위에 있던 채널명이 가려집니다. 이럴 때는 채널명이 입력된 **[텍스트]** 애셋 아이콘을 클릭한 후 **[순서]** - **[맨 앞으로 가져오기]**를 선택해서 배치 순서를 조정합니다.

 **NOTE** 이미지로 특정 단어 강조하기

전체 클립이 아닌 특정 워드가 재생되는 동안만 이미지를 추가하여 강조할 수 있습니다. ❶ 마우스로 드래그하거나 Shift 를 누른 채 연속된 워드를 선택합니다. ❷ 팝업 도구에서 [삽입]을 클릭한 후 ❸ [무료 애셋]을 선택하거나 [PC에서 불러오기]를 선택한 후 이미지를 불러옵니다.

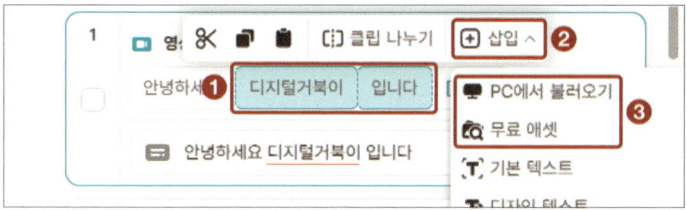

여기서는 '디지털거북이입니다.'라는 내용을 강조하기 위해 거북이 이미지를 추가했습니다. 미리보기 화면에서 애셋의 크기 및 위치를 적당하게 조정한 후 영상을 재생해 보세요. 선택한 워드의 영상이 재생되는 동안만 거북이 이미지가 나타났다 사라집니다.

추가된 애셋 아이콘을 클릭한 후 워드에 표시된 선택 핸들의 좌우를 드래그하여 애셋이 표시될 범위를 변경할 수 있으며, 팝업 메뉴에서 [삭제]를 선택하여 애셋을 삭제할 수도 있습니다.

도형으로 텍스트 강조하기

브루에서 제공하는 도형 애셋에는 다양한 화살표와 사각형, 삼각형 등의 기본 도형이 있습니다. 이런 도형을 잘 활용하면 영상에서 특정 영역이나 위치로 시선을 모을 수 있습니다. 여기서는 텍스트의 배경으로 도형을 활용해 보겠습니다.

01 이미지로 가득 채운 2번 클립에 도형을 추가하겠습니다. ❶2번 클립을 선택한 후 ❷[삽입] 탭의 [도형]을 클릭합니다. ❸무료 애셋 패널의 [도형] 탭이 열리면 파란색 사각형을 찾아 선택합니다.

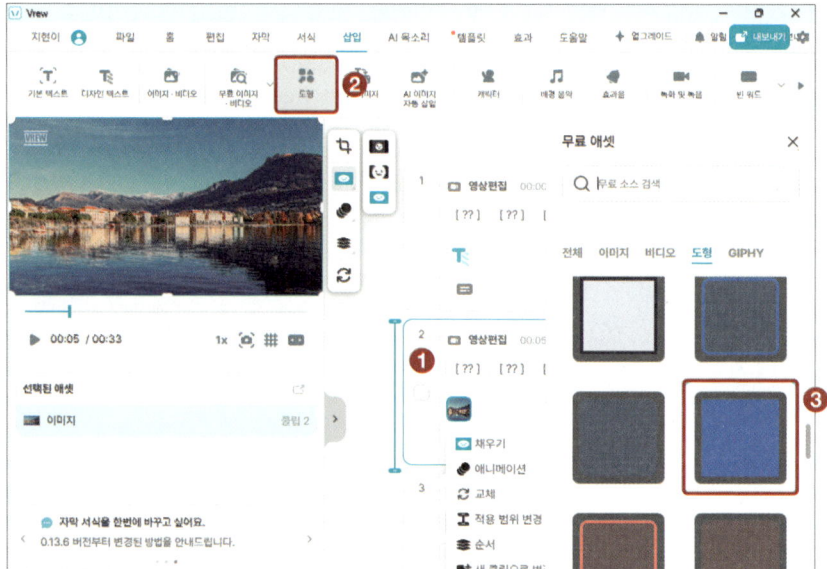

> **TIP** 앞서 실습으로 무료 애셋 패널에서 '스위스'를 검색한 기록이 남아 있다면 도형이 바로 표시되지 않을 수 있습니다. 이럴 때는 검색창을 클릭한 후 검색창 오른쪽 끝에 표시되는 [X] 버튼을 클릭하여 검색어를 지웁니다.

02 ❶ 미리보기 화면 중앙에 사각형이 추가되고, ❷ 도형 서식 패널이 열립니다.

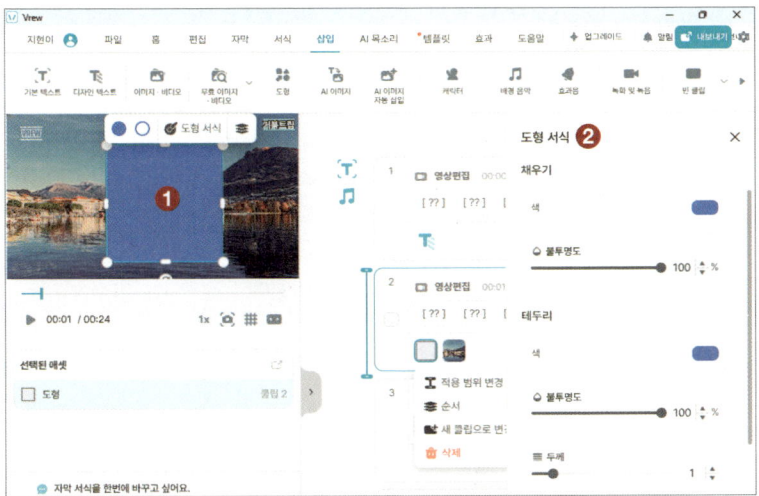

> **TIP** 도형 서식 패널이 열리지 않으면 미리보기 화면에서 도형을 선택하고, 도형 위의 팝업 도구에서 **[도형 서식]**을 클릭하면 됩니다.

03 도형 서식 패널에서 ❶ '채우기' 영역의 **[색]**을 **[흰색]**, **[불투명도]**를 **[70%]**로 변경하고, ❷ '테두리' 영역에서도 **[색]**을 **[흰색]**으로 변경합니다. ❸ 미리보기 화면에서 도형 주변의 흰색 핸들을 드래그하여 다음과 같이 크기와 위치를 변경합니다.

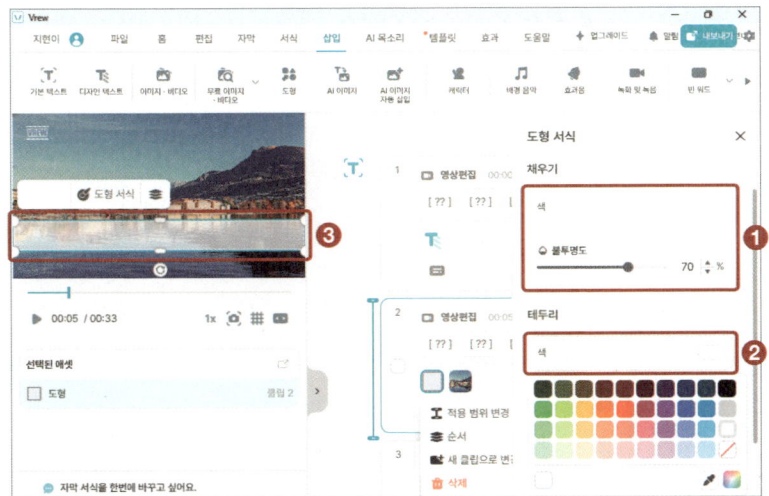

> **TIP** 선택한 도형에 따라 도형 서식의 영역 이름 및 옵션이 다르게 표시됩니다. 예를 들어 화살표나 선을 선택했다면 '색'과 '모양' 영역으로 구분됩니다.

04 이제 ❶기본 텍스트 애셋을 추가한 후 'V-log'를 입력하고 적절하게 서식을 변경하여 도형에 겹치게 배치하면 완성입니다. 이렇게 ❷2번 클립에는 이미지, 도형, 텍스트 3개의 애셋이 추가되었습니다. `Link` 기본 텍스트 애셋 사용 방법은 62쪽에서 자세히 설명합니다.

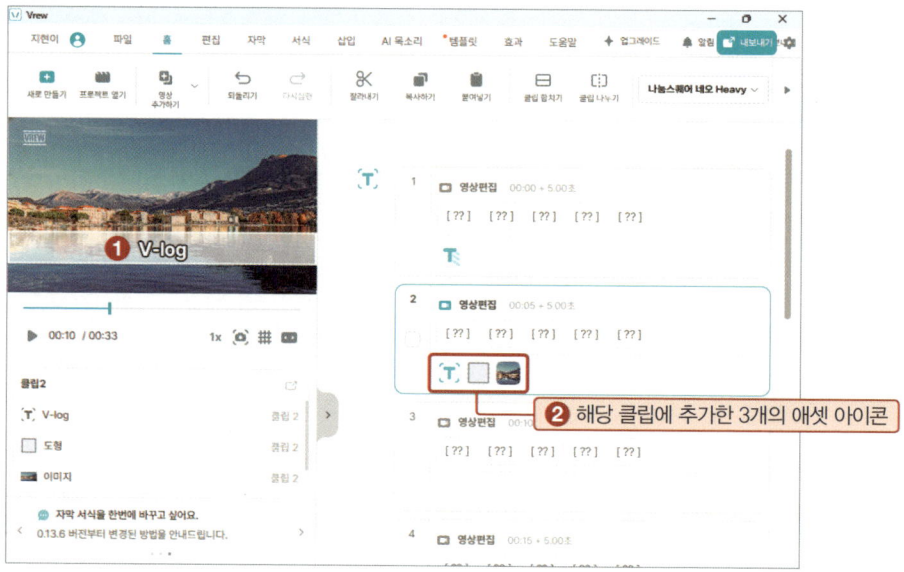

애셋 크기 및 순서 변경, 애니메이션 효과 적용하기

애셋 크기 조절_ 임의의 클립에 이미지 애셋을 삽입해 보세요. 다음과 같이 미리보기 화면에 배치되고 이미지 주변에 8개의 핸들이 표시됩니다. 이때 모서리에 있는 흰색 둥근 핸들을 드래그하면 가로세로 비율을 유지한 채 이미지의 크기를 변경할 수 있고, 가로나 세로에 있는 막대형 핸들을 드래그하면 가로세로 비율을 무시한 채 한쪽 방향으로 크기를 변경할 수 있습니다. 또한 클릭한 채 드래그하면 이미지의 위치를 변경할 수 있습니다.

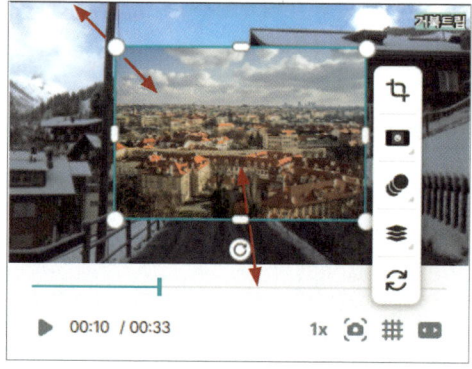

◀ 이미지 크기를 조절할 수 있는 핸들

애셋 순서 조절_ 한 화면에 여러 개의 애셋이 배치되어 있을 때 여러 애셋이 겹쳐져 있으면 위쪽에 있는 애셋만 온전하게 보입니다. 예를 들어 다음과 같이 3개의 도형이 서로 겹쳐 있다면 원이 가장 아래, 삼각형이 가장 위에 있는 상황입니다.

▲ 원 - 사각형 - 삼각형 순서로 겹친 도형

이 상태에서 원을 선택한 후 팝업 도구에서 **[순서]** 아이콘을 클릭한 다음 **[앞으로 가져오기]**를 클릭하면 두 도형 중간으로 이동하고, **[맨 앞으로 가져오기]**를 클릭하면 전체 모양이 보이게 됩니다. 이처럼 애셋의 배치 순서에 따라 화면에 표시되는 영역이 달라질 수 있으니 적절하게 순서를 조절해야 합니다. 기본값은 나중에 추가한 애셋일수록 위로 배치됩니다.

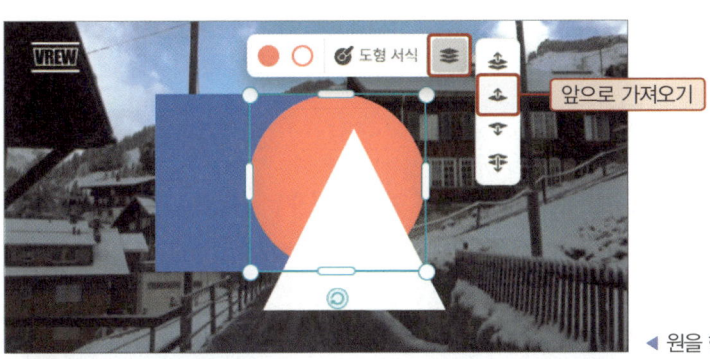

◀ 원을 한 단계 위로 올렸을 때

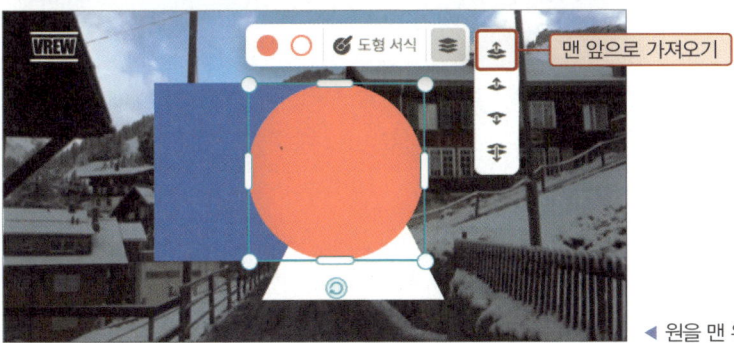

◀ 원을 맨 위로 올렸을 때

애니메이션 적용_ 움직임이 없는 이미지나 텍스트 등의 애셋에 애니메이션 효과를 적용하면 조금 더 생동감 있는 영상을 만들 수 있습니다. 애니메이션을 적용할 애셋을 선택한 후 팝업 도구에서 [애니메이션] 아이콘을 클릭하고 원하는 효과를 선택하면 됩니다. 이때 적용한 효과에 따라 방향이나 적용 범위 등의 추가 옵션을 선택할 수 있습니다. 단, 비디오 애셋에는 애니메이션 효과를 적용할 수 없습니다.

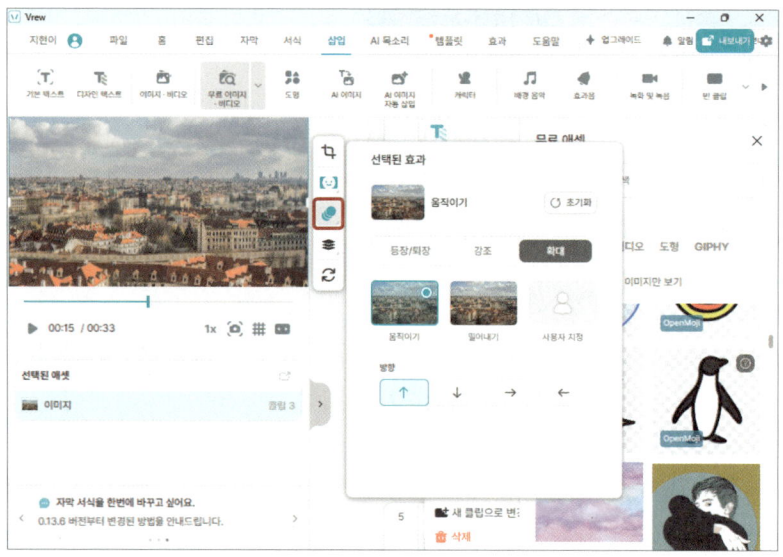

▲ [확대] 탭의 [움직이기] 효과, 방향은 위로 적용

분위기를 좌우할 배경 음악, 효과음 추가하기

영상의 분위기에 어울리는 배경 음악이나 효과음을 추가하면 영상의 몰입도를 높일 수 있습니다. 단, 내레이션이 들리지 않을 정도로 크게 사용하거나 과할 정도로 많은 효과음을 사용한다면 오히려 영상 시청에 방해가 되므로 주의가 필요합니다.

배경 음악 추가하기_ 영상의 처음부터 끝까지 배경 음악을 추가해 보겠습니다. 배경 음악이 시작될 때는 조금씩 볼륨이 커지고, 끝날 때는 조금씩 볼륨이 낮춰지는 페이드 인, 페이드 아웃 효과를 함께 적용하면 자연스러운 배경 음악이 됩니다.

01 ❶ [삽입] 탭의 [배경 음악]을 클릭합니다. ❷ 배경 음악 패널이 열리면 무료 음악 목록에서 검색 및 필터 버튼을 이용해 어울리는 배경 음악을 찾습니다. 마우스 커서를 옮기면 표시되는 [재생] 아이콘을 클릭하여 미리 들어볼 수 있습니다.

> **TIP** 가지고 있는 배경 음악을 사용하려면 배경 음악 패널에서 '내 음악' 영역에 있는 **[PC에서 불러오기]** 버튼을 클릭한 후 선택하면 됩니다.

02 배경 음악 패널에서 ❶**[역동적]** 버튼을 클릭하여 필터링한 후 ❷**[어쩌면 잘될거야]**를 선택하고, ❸**[삽입하기]** 버튼을 클릭합니다. ❹편집 영역을 보면 전체 범위로 애셋이 추가되었습니다. ❺볼륨을 조정하기 위해 애셋 아이콘에서 **[볼륨 조절]**을 선택합니다.

> **TIP** 배경 음악을 삽입하면 어디를 선택하고 있든 자동으로 전체 범위에 적용됩니다.

LESSON 04 영상을 풍성하게 꾸며 줄 애셋 활용하기

03 볼륨 조절 창이 열리면 핸들을 드래그하여 적절하게 조정합니다. 이번 실습은 음성이 없는 영상이므로 **[55]**로 설정했습니다. 음성이 있는 영상이라면 좀 더 낮게 설정하는 것이 좋습니다.

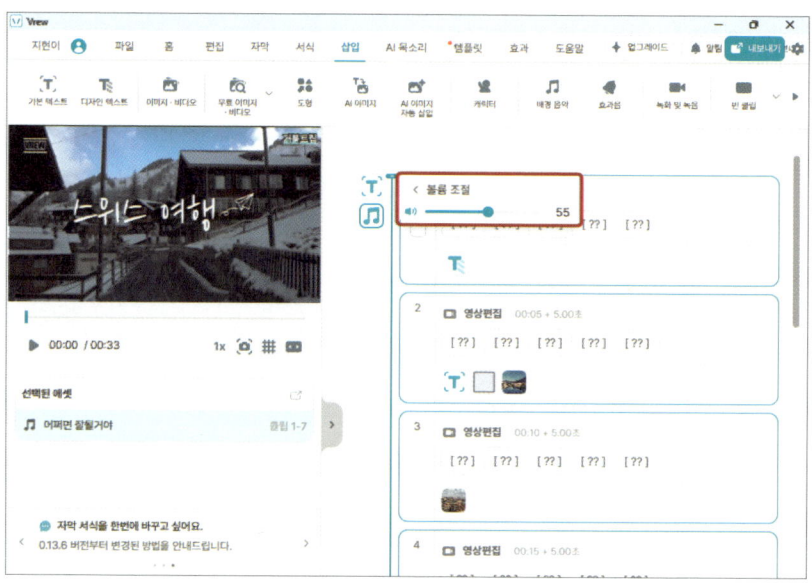

04 다시 한번 ❶**[배경 음악 애셋]** 아이콘을 클릭한 후 **[페이드인/아웃]**을 선택하면 ❷다음과 같이 시작할 때 소리가 점점 커지는 **[페이드 인]**과 끝날 때 소리가 점점 작아지는 **[페이드 아웃]**을 활성화할 수 있습니다. 여기서는 **[페이드 아웃]**만 활성화했습니다.

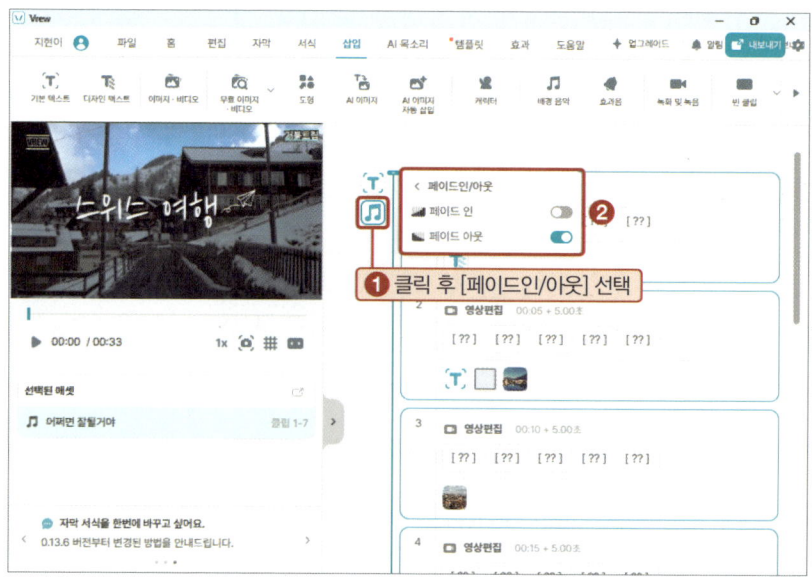

효과음 추가하기_ 이미지 애셋으로 가득 채웠던 2번 클립에 간단한 카메라 셔터음을 추가해 보겠습니다.

01 ❶2번 클립을 선택한 후 ❷**[삽입]** 탭의 **[효과음]**을 클릭합니다. ❸효과음 패널이 열리면 배경 음악과 마찬가지로 적절한 효과음을 찾아 선택합니다. 여기서는 **[카메라 셔터 띠릭 찰칵찰칵]**을 선택한 후 ❹**[삽입하기]** 버튼을 클릭했습니다.

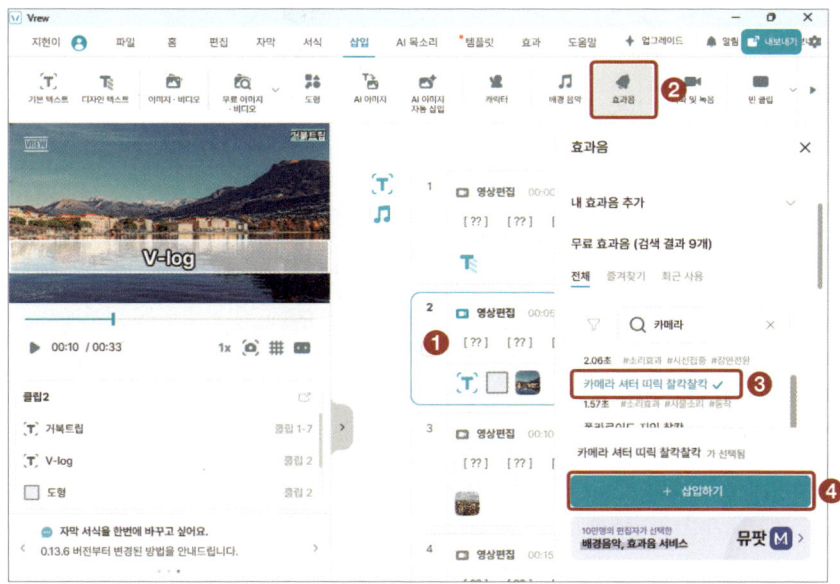

02 배경 음악과 달리 선택한 2번 클립에서 첫 번째와 두 번째 워드에 효과음이 적용된 것을 확인할 수 있습니다. ❶**[볼륨 조절]**을 선택한 후 ❷볼륨을 **[30]**으로 조절합니다.

[효과음 애셋] 아이콘

LESSON 04 영상을 풍성하게 꾸며 줄 애셋 활용하기

03 4번째 워드가 시작될 때 효과음이 재생되도록 **[효과음 애셋]** 아이콘을 클릭한 채 드래그하여 4번째 워드 위치로 옮깁니다.

 NOTE   애셋 아이콘과 적용 범위

특정 위치에 애셋을 추가하면 추가한 애셋 종류에 따라 아이콘이 배치되며, 애셋 아이콘이 배치된 위치에 따라 다음과 같은 차이가 있습니다.

워드 사이에 배치된 애셋 아이콘: 특정 워드를 선택한 후 애셋을 추가하면 해당 워드 앞에 애셋 아이콘이 배치되며, 영상을 재생해 보면 해당 워드의 영상이 재생되는 동안만 애셋이 표시됩니다.

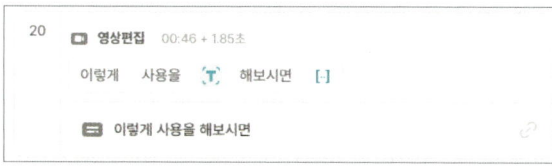

자막표시 줄에 배치된 텍스트 애셋 아이콘: 특정 클립에 체크한 후 애셋을 추가하면 해당 애셋의 자막수정 줄에 애셋 아이콘이 배치되며, 해당 클립의 영상이 재생되는 동안만 애셋이 표시됩니다.

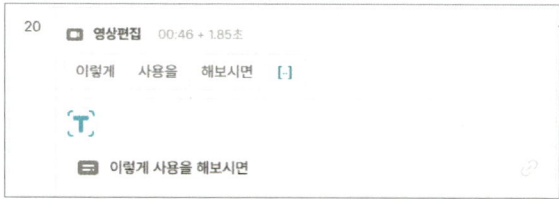

클립 앞에 배치된 텍스트 애셋 아이콘: 2개 이상의 클립을 선택한 후 애셋을 추가하면 클립 앞에 애셋 아이콘이 배치되며, 애셋이 포함된 범위가 초록색 선으로 표시됩니다. 이때 초록색 선의 위아래에 있는 핸들을 드래그하여 애셋의 적용 범위를 변경할 수도 있습니다.

애셋의 적용 범위는 애셋 아이콘을 클릭한 채 특정 클립 또는 워드 등으로 드래그하거나 아이콘의 팝업 메뉴에서 [**적용 범위 변경**]을 선택한 후 하위 메뉴를 선택하여 변경할 수도 있습니다.

 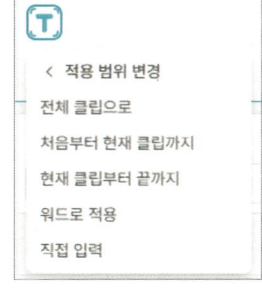

LESSON 05
영상 보정, 속도 조절 등 다양한 편집 효과

컷 편집부터 애셋 추가 등의 기본적인 영상 편집이 완료되었다면 영상을 확인하면서 일부 색감을 보정하거나, 클립 또는 전체 영상의 재생 속도를 조절할 수 있습니다.

또한 영상의 특정 부분을 빠르게 배속하여 긴 장면을 짧게 보여줌으로써 지루함을 없애고 빠른 동작을 강조하기도 합니다. 클립의 영상이나 이미지가 채워지지 않은 상태라면 배경색을 변경함으로써 시각적인 변화를 줄 수 있습니다. 영상의 효과 적용은 [효과] 탭에서 진행합니다.

영상의 색감을 보정하는 필터

영상의 분위기를 색다르게 표현하고 싶을 때 필터를 이용해 볼 수 있습니다. [효과] 탭의 [필터]를 클릭하면 필터 패널이 열립니다. 여기서 필터를 선택하면 곧바로 영상에 해당 필터가 적용되고, 아래쪽에서 필터의 적용 강도를 변경할 수 있습니다.

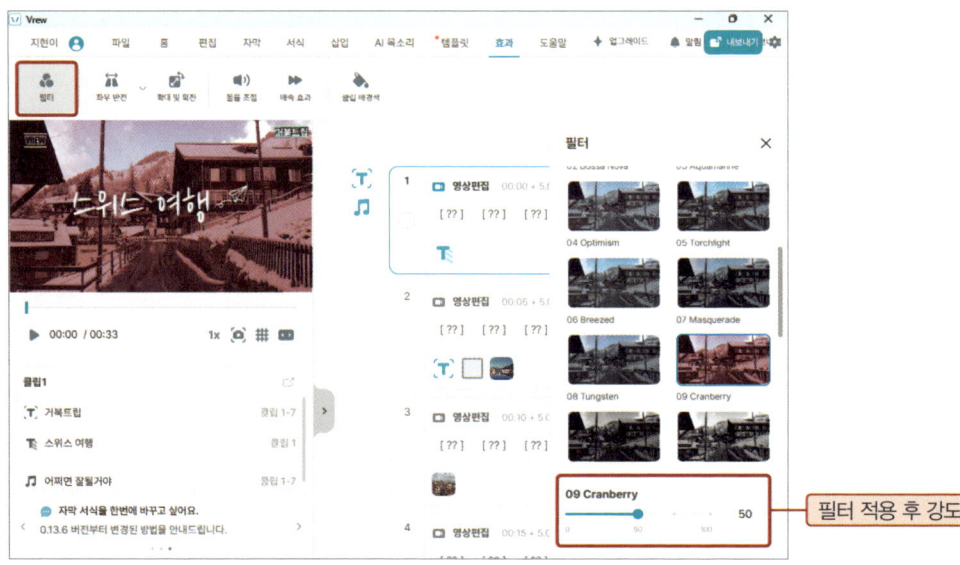

▲ 필터 적용 전

▲ 적용 후

영상을 빠르게, 혹은 느리게 배속 효과

지루한 영상이 길게 지속된다면 배속 효과를 이용해 볼 수 있습니다. 배속 효과는 전체 영상 또는 선택한 클립별로 다르게 적용할 수 있습니다.

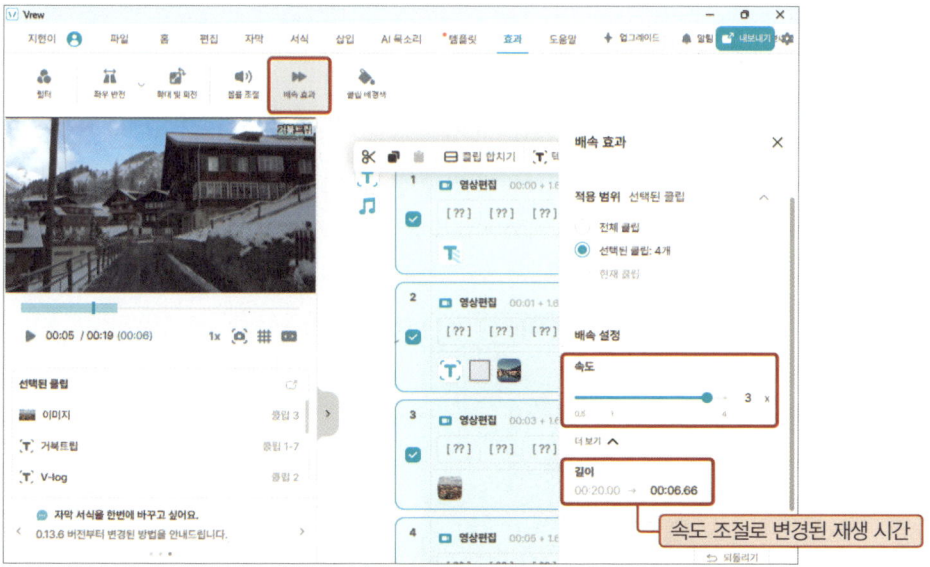

▲ 선택한 4개 클립의 속도를 3배 빠르게 변경

LESSON 05 영상 보정, 속도 조절 등 다양한 편집 효과 **85**

여러 개의 클립을 선택한 후 [효과] 탭의 [배속 효과]를 클릭하면 배속 효과 패널이 열리고, 적용 범위에서 [선택된 클립]이 선택되어 있습니다. 그대로 [속도] 옵션을 변경하여 선택한 클립의 속도를 변경하면 됩니다. 만약 영상 전체를 동일한 배속으로 변경하려면 [적용 범위] 옵션을 [전체 클립]으로 변경하면 됩니다. 이렇게 특정 클립이나 전체 클립의 속도를 변경하면 전체 영상의 재생 시간도 변경됩니다.

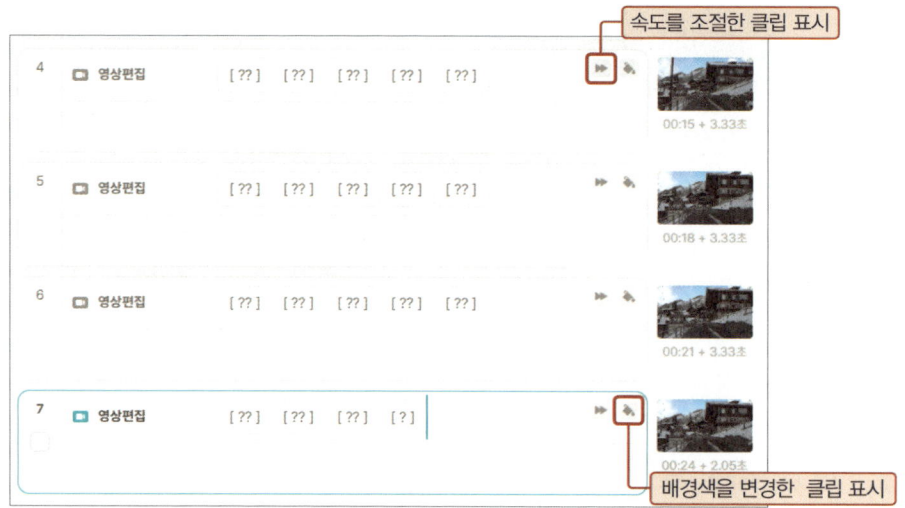

▲ 속도 등의 효과를 적용한 클립에는 해당 아이콘이 표시됩니다.

그 밖의 다양한 편집 효과 살펴보기

좌우 반전_ [효과] 탭의 [좌우 반전]을 클릭하면 영상의 좌우가 반전되며, [좌우 반전] 오른쪽의 [펼침] 아이콘을 클릭한 후 [상하 반전]을 선택하면 영상의 상하가 반전됩니다.

▲ 상하 반전된 영상

확대 및 회전_ [효과] 탭의 [확대 및 회전]을 클릭하면 확대 및 회전 패널이 열리며 여기서 전체 클립 또는 선택한 클립의 크기를 확대하거나 회전시킬 수 있습니다. 크기를 확대한 후에는 확대 및 회전 패널의 미리보기에서 드래그하여 실제 영상에 표시될 위치를 변경할 수 있습니다.

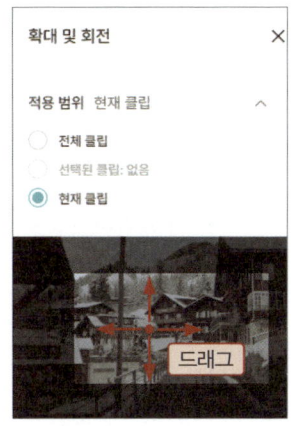

클립 배경색_ 클립 배경색은 빈 클립일 때 영상에 표시될 화면의 배경색을 의미합니다. 앞서 빈 클립을 삽입했을 때 미리보기 화면이 검은색으로 표시된 것을 보았을 겁니다. [효과] 탭의 [클립 배경색]을 클릭하고 [현재 클립] 또는 [전체 클립] 등의 적용 범위를 선택한 후 원하는 배경색을 선택합니다.

▲ 노란색으로 변경한 클립 배경색

화면 전환_ [효과] 탭의 [화면 전환]을 클릭하면 화면 전환 패널이 열리며 여기서 전체 클립 또는 선택한 클립에 화면 전환 효과를 추가할 수 있습니다.

LESSON 06
버츄얼 유튜버를 위한 나만의 캐릭터 만들기

영상에 자신의 얼굴을 직접 노출시키기 힘들다면 나만의 캐릭터를 만들어 버츄얼 유튜버를 시작해 볼 수도 있습니다. 가상의 캐릭터를 만들고, 실제 캐릭터가 말하는 것처럼 입모양을 변경할 수도 있습니다.

기본으로 제공되는 캐릭터 사용하기

브루에는 나만의 캐릭터를 만들고, 입모양을 음성에 맞춰 움직이게 할 수 있는 인공지능 기능이 포함되어 있습니다. 우선 브루에서 기본으로 제공하는 캐릭터를 추가하는 방법부터 시작해 보겠습니다. 임의의 프로젝트를 시작하거나 앞서 만든 기존 프로젝트에서 실습을 진행해 보세요.

01 ❶임의의 클립을 선택한 후 ❷[삽입] 탭에서 [캐릭터]를 클릭합니다. ❸편집 영역 오른쪽에 캐릭터 삽입 패널이 열립니다.

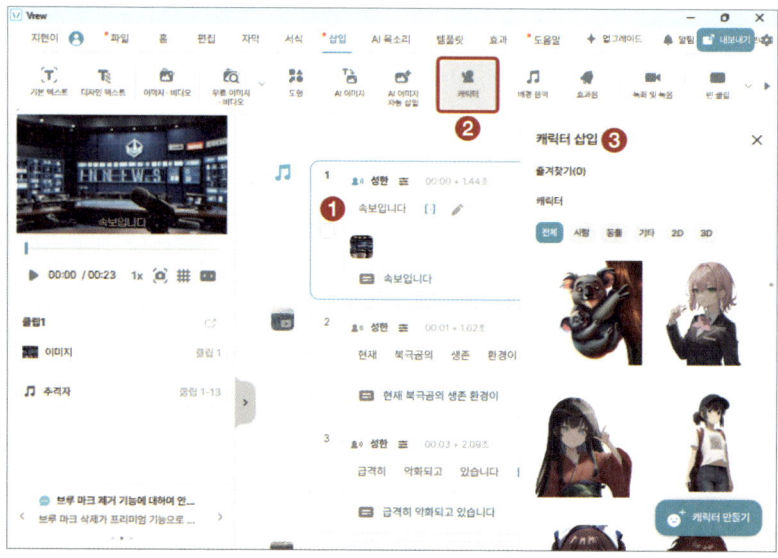

02 캐릭터 삽입 패널의 위쪽에는 카테고리별 **[사람]**, **[동물]**, **[기타]**, **[2D]**, **[3D]** 탭이 있습니다. 여기서는 ❶**[사람]** 탭을 클릭한 후 ❷마이크를 들고 있는 남성 캐릭터를 선택했습니다.

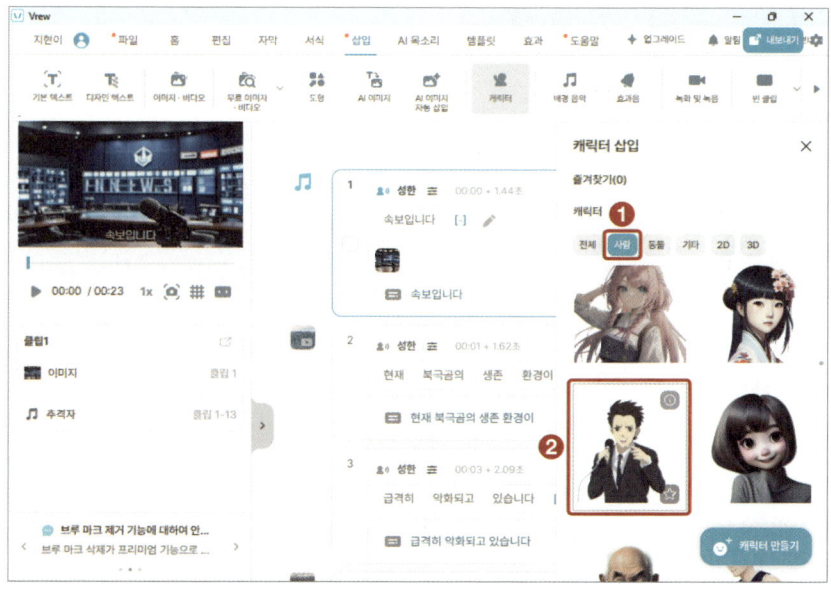

03 캐릭터를 선택하자 곧바로 ❶미리보기 화면에 캐릭터가 삽입되고, ❷선택 중이던 클립을 보면 자막수정 줄에 **[캐릭터 애셋]** 아이콘이 배치됩니다. `Link` 애셋 아이콘 위치에 따른 적용 범위는 82쪽을 참고하세요.

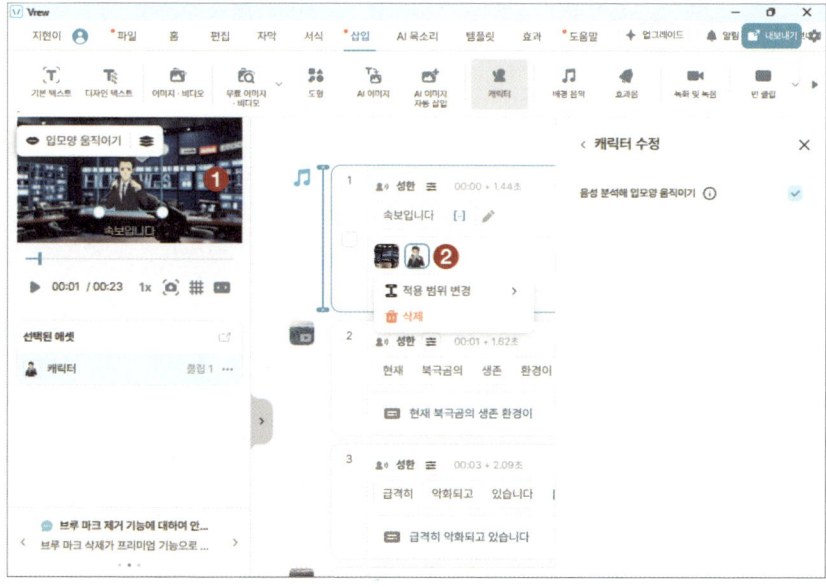

04 미리보기 화면에서 조절 핸들을 드래그하여 크기를 변경하고, 캐릭터를 클릭한 채 드래그하여 ❶ 원하는 위치에 배치합니다. ❷ 영상을 재생해 보면 음성에 따라 캐릭터의 입모양이 움직입니다.

> **TIP** 미리보기 화면에서 캐릭터를 선택한 후 **[삽입]** 탭의 **[캐릭터]**를 클릭하면 캐릭터 수정 패널이 열립니다. 여기서 **[음성 분석해 입모양 움직이기]**의 체크를 해제하면 입모양이 움직이지 않게 됩니다.

05 끝으로 캐릭터가 표시될 범위를 영상 전체로 변경하기 위해 ❶ 자막수정 줄에 배치된 **[캐릭터 애셋]** 아이콘을 클릭한 후 ❷**[적용 범위 변경] - [전체 클립으로]**를 선택합니다.

06 캐릭터 아이콘이 클립 앞에 배치되면서 영상의 처음부터 끝까지 캐릭터가 표시됩니다.

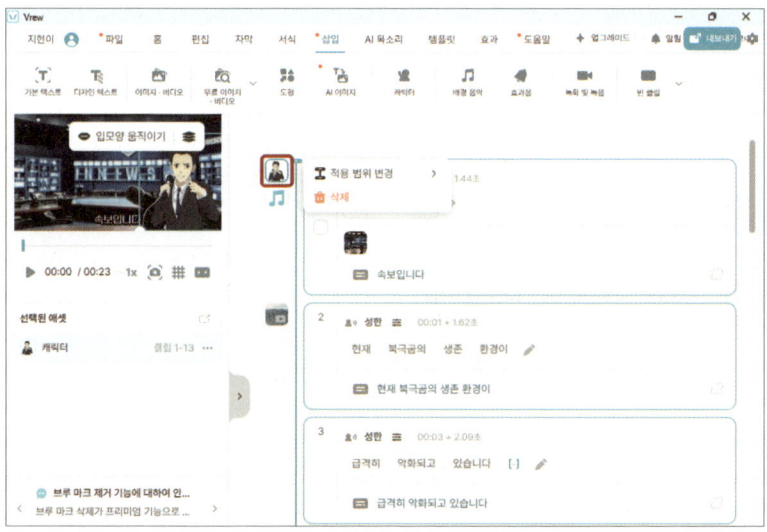

내가 원하는 스타일로 캐릭터 생성하기

이번에는 브루에서 기본으로 제공하는 캐릭터가 아닌, 내가 원하는 분위기로 캐릭터를 만들어서 사용하는 방법을 알아보겠습니다.

01 기본 캐릭터를 사용하는 방법과 거의 동일합니다. 우선 ❶ **[삽입]** 탭에서 **[캐릭터]**를 클릭한 후 ❷ 캐릭터 삽입 패널에서 오른쪽 아래에 있는 **[캐릭터 만들기]** 버튼을 클릭합니다.

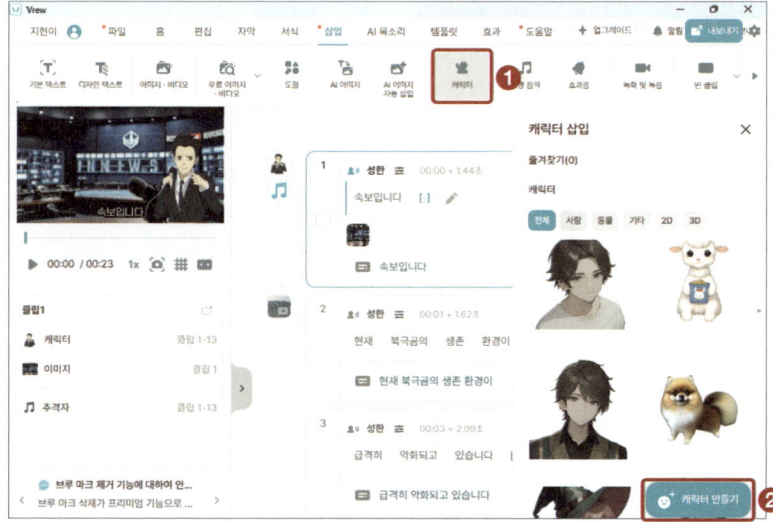

LESSON 06 버츄얼 유튜버를 위한 나만의 캐릭터 만들기 **91**

02 나만의 사람 캐릭터 만들기 팝업 창이 열리면 ❶내가 생각하는 캐릭터에 대해 구체적으로 묘사하고, ❷원하는 그림체를 선택합니다. 여기서는 '정장을 입고 마이크를 들고 있는 30대 남성, 검은색 머리카락'이라고 입력한 후 **[랜덤]**을 선택했습니다.

TIP 나만의 캐릭터는 사람만 만들 수 있으며, 상반신만 생성됩니다.

03 이제 **[캐릭터 n장 생성]** 버튼을 클릭하면 됩니다. 이때 버튼 오른쪽에 있는 화살표를 클릭하여 생성 수를 조절할 수 있습니다. 여기서는 '3장'으로 변경한 후 버튼을 클릭했습니다.

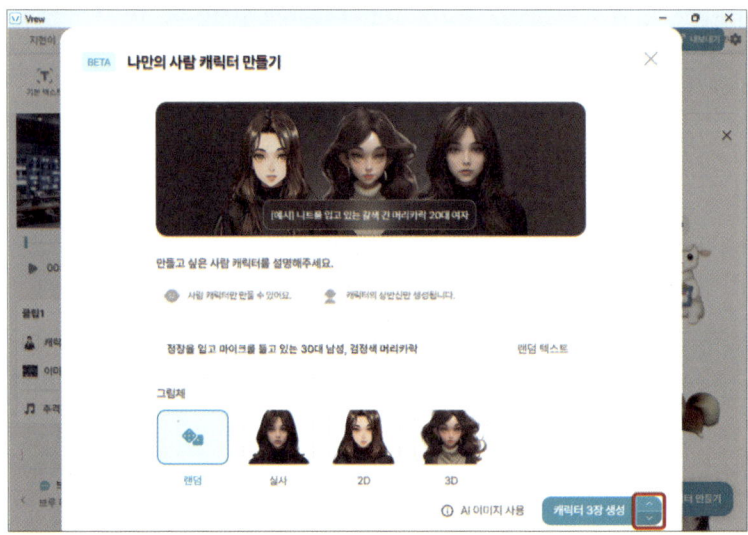

TIP AI로 이미지가 생성되므로 AI 이미지 사용량이 차감됩니다. AI 이미지는 매월 무료 100장, Light 1000장, Standard 5000장, Business 6000장을 생성할 수 있습니다.

04 입력한 텍스트를 기반으로 3가지 인공지능 이미지가 생성되었습니다. 이 중에서 ❶원하는 이미지를 선택한 후 ❷[다음] 버튼을 클릭합니다.

TIP 생성된 이미지가 마음에 들지 않는다면, [설명 수정]을 클릭하여 텍스트를 수정한 후 이미지를 다시 생성하거나, 이미지 아래쪽에 있는 [n장 재생성] 버튼을 클릭하여 같은 텍스트로 새로운 이미지를 생성해 보세요. 이미지를 다시 생성할 때도 인공지능 이미지 사용량은 차감됩니다. 또한, 생성형 AI의 특성상 같은 명령어를 입력해도 다른 결과가 나타날 수 있습니다.

05 계속해서 입모양 움직이기를 설정할 수 있는 팝업 창이 열립니다. 입모양 움직이기는 Standard 이상의 요금제를 사용해야 하므로, 무료 사용자라면 [건너뛰기] 버튼을 클릭해서 넘기면 됩니다.

06 최종으로 나만의 캐릭터가 완성되면 [확인] 버튼을 클릭합니다.

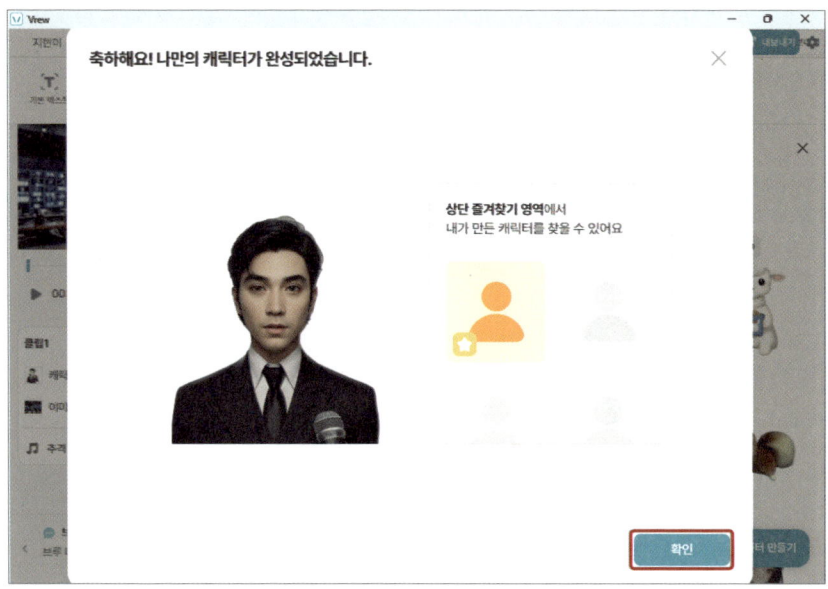

07 캐릭터 삽입 패널을 보면 가장 위쪽 '즐겨찾기' 영역에 나만의 캐릭터가 추가됩니다. 이후 또 다른 나만의 캐릭터를 만들면 '즐겨찾기' 영역에서 선택하여 사용할 수 있으며, 영상에 적용하는 방법은 앞서의 기본 캐릭터와 동일합니다.

> **NOTE** 나만의 캐릭터 입모양 움직이기 [Standard]

브루에서 제공하는 캐릭터는 기본으로 입모양이 움직이도록 설정되어 있습니다. 하지만, 나만의 캐릭터는 입모양이 고정되어 있으며, 입모양이 움직이게 하려면 Standard 이상의 요금제를 사용해야 합니다. 또한, 입모양을 움직이게 설정할 때는 이미 만들어 놓은 나만의 캐릭터에는 적용할 수 없고, Standard 이상 요금제를 사용하고 있다면 새로운 캐릭터를 만들고 캐릭터의 움직이는 입모양을 만듭니다.

Standard 이상의 요금제를 사용하고 있으며, 앞서의 과정에서 인공지능으로 생성된 여러 이미지 중 하나를 선택했다면 다음과 같이 입모양 움직이기 창이 열립니다. 여기서 **[입모양 움직이기]** 옵션을 활성화하고, **[다음]** 버튼을 클릭하면 됩니다.

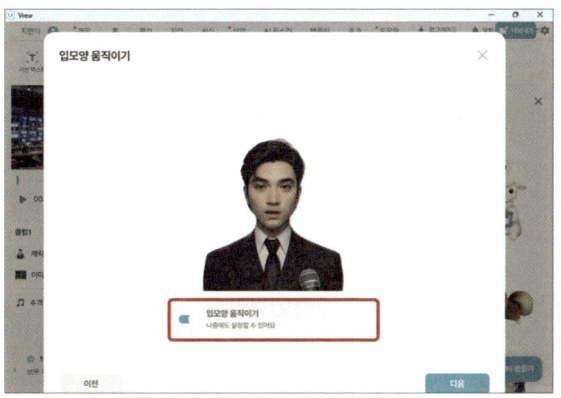

이후 해당 캐릭터를 선택해서 영상에 삽입하고, 미리보기 화면에서 캐릭터를 선택하면 기본으로 제공하는 캐릭터와 마찬가지로 캐릭터 수정 패널에서 입모양을 움직이지 않게 하거나, 다시 움직이게 설정할 수 있습니다.

▲ 나만의 캐릭터 삽입 후 입모양 움직이기 설정

하지만, 무료나 Light 요금제를 사용 중이라면 나만의 캐릭터에서 입모양 움직이기 설정을 할 수 없으며, 미리보기 화면에 삽입된 캐릭터를 선택하더라도 캐릭터 수정 패널이 열리지 않습니다.

LESSON 07

실전 영상 비율 변경하여
3분할 영상 만들기

가로로 촬영한 영상을 불러오면 가로 방향의 영상 프로젝트가 시작됩니다. 이렇게 시작한 프로젝트에서 세로 비율로 변경한 후 빈 여백에 비디오 애셋을 추가하여 3가지 영상이 한 화면에서 재생되는 3분할 영상을 제작해 보겠습니다.

[홈] 탭에서 [프로젝트 열기]를 클릭한 후 [Chapter 02_브루 기본기 다지기_여행영상] 프로젝트 파일을 열고 실습해 보세요.

01 프로젝트를 열면 가로 영상이 나타납니다. 숏폼에 어울리는 세로 영상으로 변경하기 위해 ❶[파일] 탭에서 [화면 비율]을 클릭합니다. 화면 비율 패널이 열리면 세로 비율인 ❷[쇼츠 (9:16)]를 선택합니다. ❸곧바로 세로 영상으로 변경되는 것을 확인할 수 있습니다.

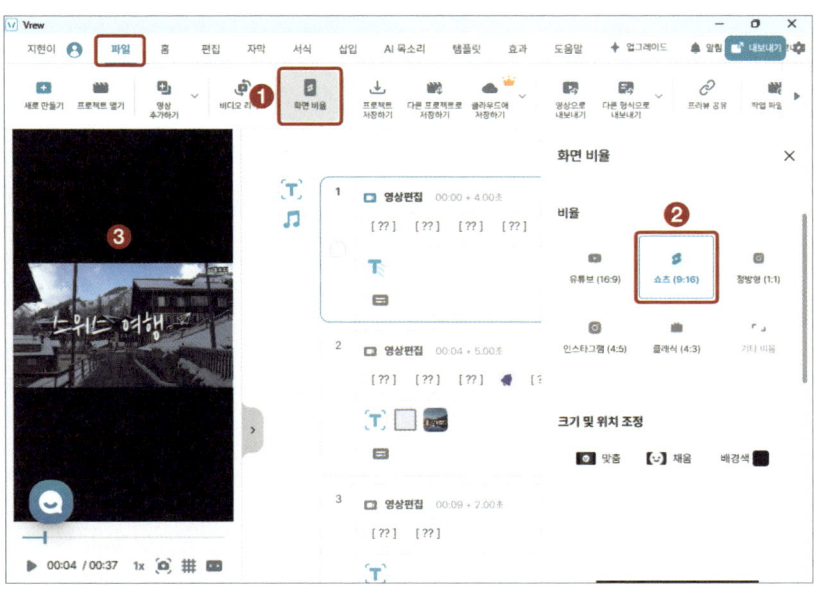

02 프로젝트의 기본 영상을 가장 위쪽에 배치하기 위해 화면 비율 패널에서 중앙에 배치된 영상을 드래그하여 가장 위쪽으로 옮깁니다.

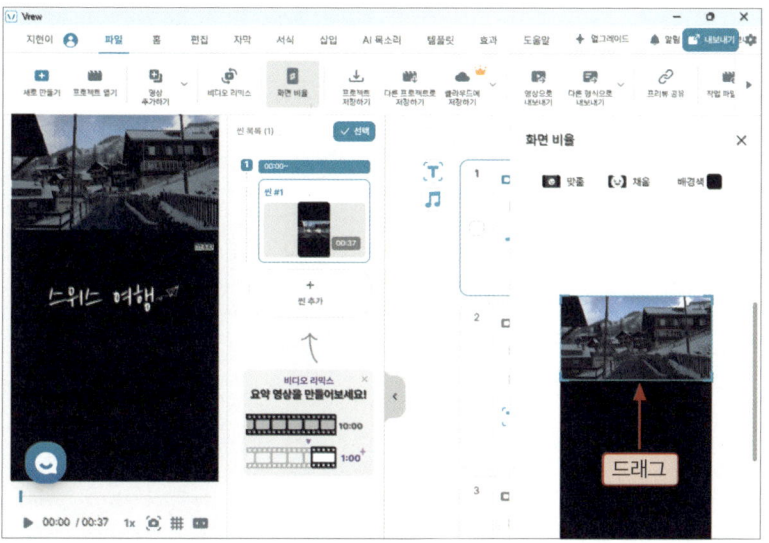

> **TIP** [Shift]를 누른 채 드래그하면 수직으로 옮길 수 있습니다.

03 이제 한 화면에서 동시에 재생될 영상을 추가해 보겠습니다. ❶[삽입] 탭에서 [무료 이미지·비디오]를 클릭합니다. ❷무료 애셋 패널이 열리면 검색창에 단어를 입력하여 검색한 후 ❸2개의 비디오를 선택해서 추가합니다.

04 3분할이 되도록 미리보기 화면에서 추가한 2개의 비디오 애셋의 크기나 위치를 적절하게 조절합니다.

05 2개의 비디오 애셋을 추가해도 빈 여백이 보인다면 기존 영상의 크기와 위치를 조정하여 여백을 가득 채울 수 있습니다. ❶**[파일]** 탭의 **[화면 비율]**을 클릭한 후 ❷화면 비율 패널에서 영상의 크기와 위치를 조정합니다.

06 비디오 애셋이 추가로 배치되어, 중앙에 있던 텍스트 상자가 가려졌습니다. ❶ 중앙에 배치한 비디오 애셋을 클릭하고 팝업 도구에서 ❷ [순서] 아이콘을 클릭한 후 ❸ [맨 뒤로 보내기]를 클릭합니다.

07 마지막으로 추가한 [비디오 애셋] 아이콘을 클릭한 후 [적용 범위 변경]을 선택하여 적절하게 적용 범위를 변경하면 완성입니다. 예를 들어 2번 클립만 제외하고 나머지 클립에서 재생하고 싶다면 [적용 범위 변경] – [직접 입력]을 선택한 후 [1, 3-12]와 같이 입력합니다.

MEMO

CHAPTER
03

다양한 방법으로
영상 콘텐츠 제작하기

브루에서는 비디오·오디오를 불러와서 영상을 편집하고 제작하는 고전적인 방법 이외에도 다양한 방식으로 영상 콘텐츠를 제작할 수 있습니다. 브루에서 제공하는 템플릿을 이용할 수도 있고, 프레젠테이션을 위해 제작한 슬라이드를 이용할 수도 있습니다. 다양한 영상 제작 방법과 함께 완성한 영상 파일을 저장하는 방법까지 알아보겠습니다.

브루 템플릿으로 빠르게 완성하는 숏폼 영상

미리 만들어진 템플릿을 활용하여 숏폼 영상을 만들어 보겠습니다. 템플릿을 활용하면 시간을 절약하고, 일관된 스타일을 유지할 수 있습니다. 또한, Standard 요금제 이상을 사용 중이라면 나만의 스타일로 템플릿을 만들어 사용할 수도 있습니다.

쇼츠 프로젝트 시작하기

숏폼은 짧고 간결한 영상을 이야기합니다. 대표적으로 인스타그램의 릴스, 유튜브의 쇼츠가 숏폼 영상을 업로드하는 플랫폼입니다. 브루에서 제공하는 기본 템플릿을 이용하여 간단한 숏폼 영상을 완성해 보겠습니다.

01 ❶ **[파일]** 탭에서 **[새로 만들기]**를 클릭한 후 ❷새로 만들기 창이 열리면 **[템플릿으로 쇼츠 만들기]**를 클릭합니다.

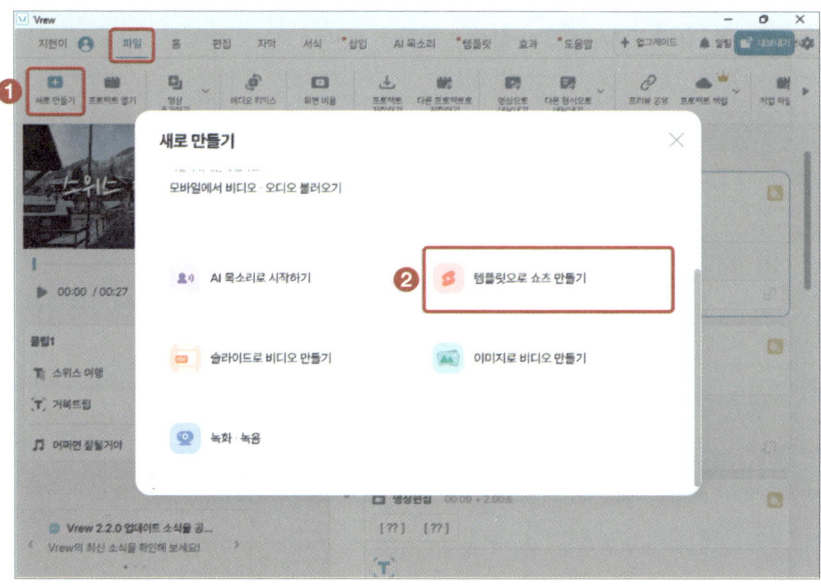

02 영상&템플릿 선택 창이 열리면 '영상' 영역에서 스타일을 선택한 후 '템플릿' 영역에서 사용할 템플릿을 선택하여 빈 템플릿 상태로 영상 제작을 시작할 수 있습니다. 여기서는 영상이 적용된 템플릿을 사용하기 위해 **[PC에서 불러오기]**를 클릭합니다.

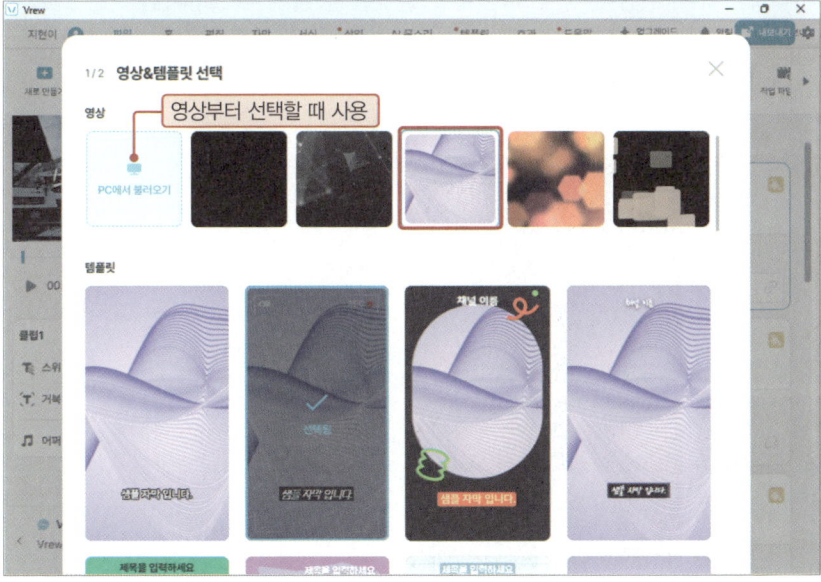

▲ 스타일 선택에 따른 템플릿 변화

03 열기 창이 열리면 ❶사용할 영상을 찾아 선택한 후 ❷[열기] 버튼을 클릭합니다. 여기서는 예제 파일로 제공하는 [Chapter 03_다양한 방식으로 영상 제작하기_쇼츠 영상] 파일을 선택했습니다.

04 '템플릿' 영역을 보면 불러온 영상이 반영된 템플릿 목록이 표시되며, 마우스 커서를 올려 보면 영상의 미리보기가 재생됩니다. ❶사용할 템플릿을 선택한 후 ❷[다음] 버튼을 클릭합니다.

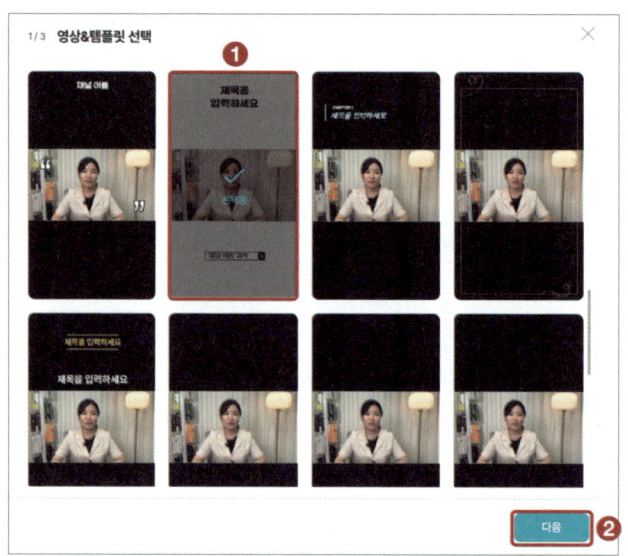

> **TIP** 영상의 크기나 컴퓨터 사양에 따라 위와 같이 모든 템플릿에 영상이 반영되지 않을 수 있습니다. 그럴 때는 마우스 커서를 템플릿으로 옮기면 해당 템플릿에 영상이 반영되어 표시됩니다.

05 계속해서 음성 분석 언어 선택 창이 열리면 ❶영상에 사용된 언어를 선택한 후 ❷**[다음]** 버튼을 클릭합니다. 여기서는 **[한국어]**를 선택했고, 음성분석 엔진은 기본값인 **[랜덤]**을 유지했습니다.

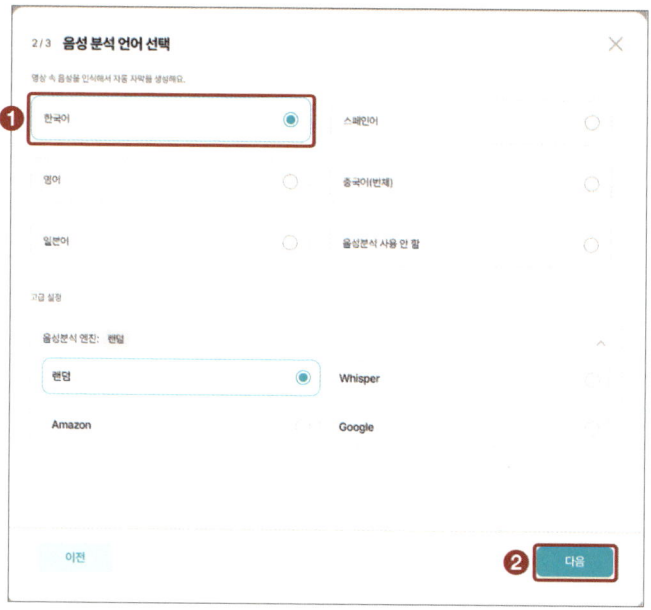

06 3번째 단계인 영상 편집 창이 열리면 4개의 탭으로 구분되어 있습니다. 우선 **[화면 배치]** 탭에서 **[맞춤]** 또는 **[채움]**을 선택합니다. 여기서는 **[맞춤]**을 선택했습니다. 여기서도 미리보기 화면에 마우스 커서를 올리면 영상이 재생됩니다.

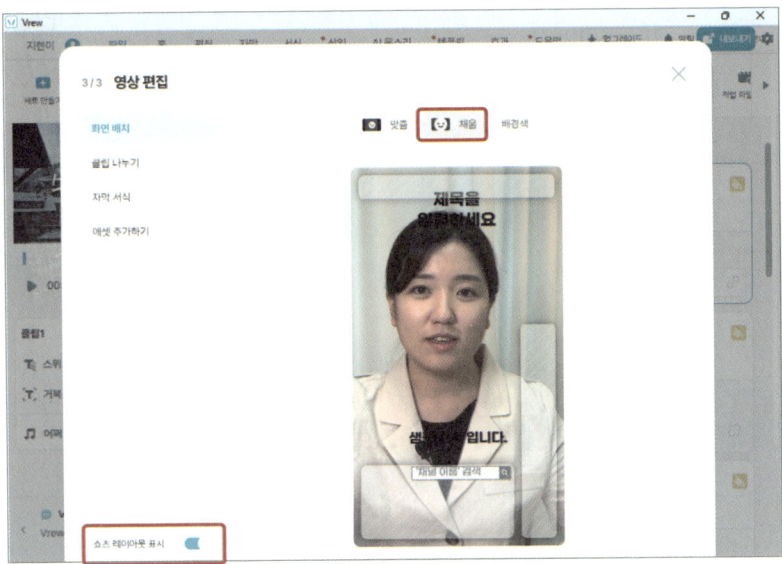

TIP 영상 편집 창 왼쪽 아래에 있는 **[쇼츠 레이아웃 표시]** 옵션은 기본값으로 활성화되어 있습니다. 레이아웃 표시는 쇼츠 영상을 업로드했을 때 영상의 설명이나, 좋아요 등이 표시되는 영역이 구분되어 표시되는 옵션으로, 볼록하게 구분되어 표시된 영역을 피하여 콘텐츠를 배치하는 것이 좋습니다.

07 이어서 영상의 배경색을 변경하기 위해 ①[배경색]을 클릭한 후 ②원하는 색상을 선택합니다. 이때 목록에 원하는 색이 없으면 무지개 색상 아이콘을 클릭하여 팔레트를 열고 선택할 수 있습니다.

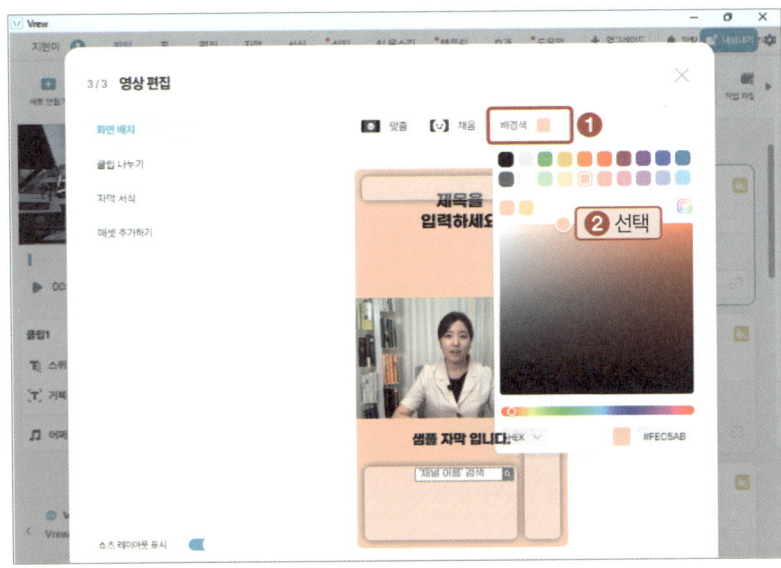

08 다음으로 ❶[클립 나누기] 탭을 클릭한 후 ❷인공지능이 분석한 음성을 최대 몇 글자까지 표시할지 설정합니다. 즉, 한 번에 표시될 자막의 길이를 결정하는 옵션으로 여기서는 [34]로 설정했습니다.

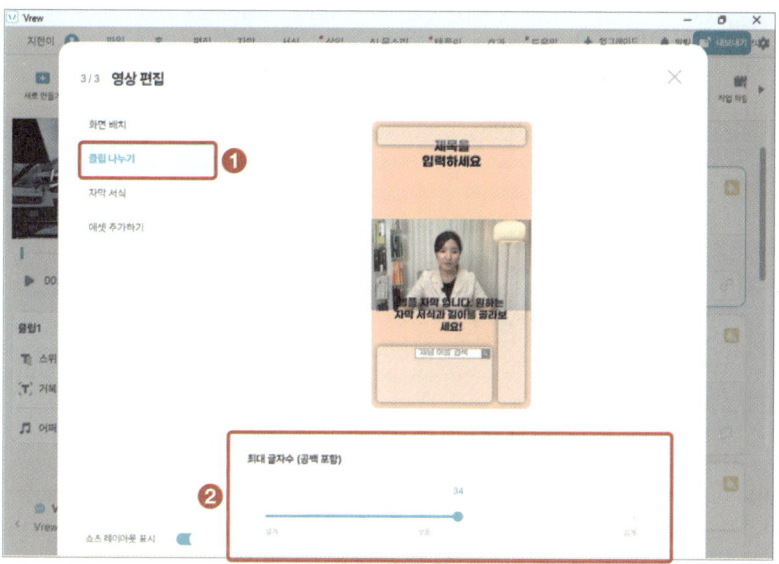

09 ❶[자막 서식] 탭을 클릭한 후 ❷'자막 서식' 영역에서 원하는 자막 스타일을 선택합니다.

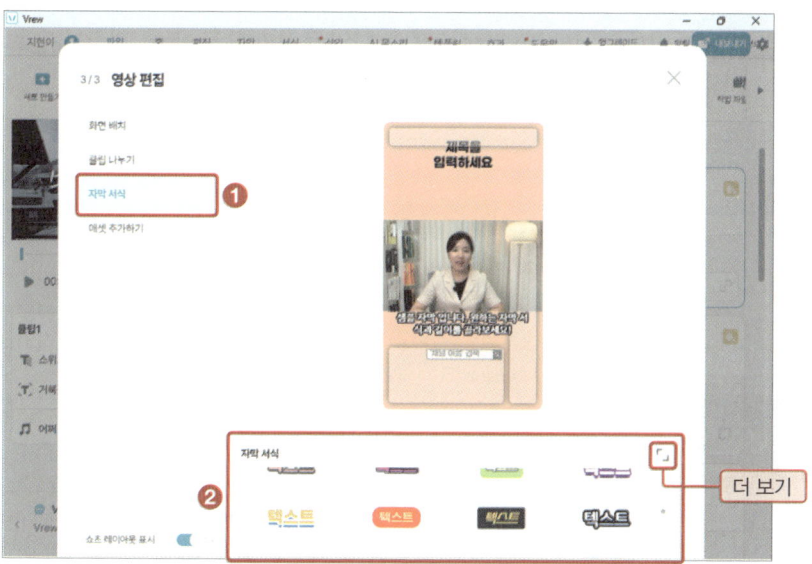

> **TIP** '자막 서식' 영역 오른쪽 위에 있는 「 아이콘을 클릭하면 한 화면에서 더 많은 자막 서식을 확인할 수 있습니다.

10 ①[애셋 추가하기] 탭에서는 영상에 이미지나 텍스트를 추가할 수 있습니다. ②[이미지 추가]를 클릭해 봅니다.

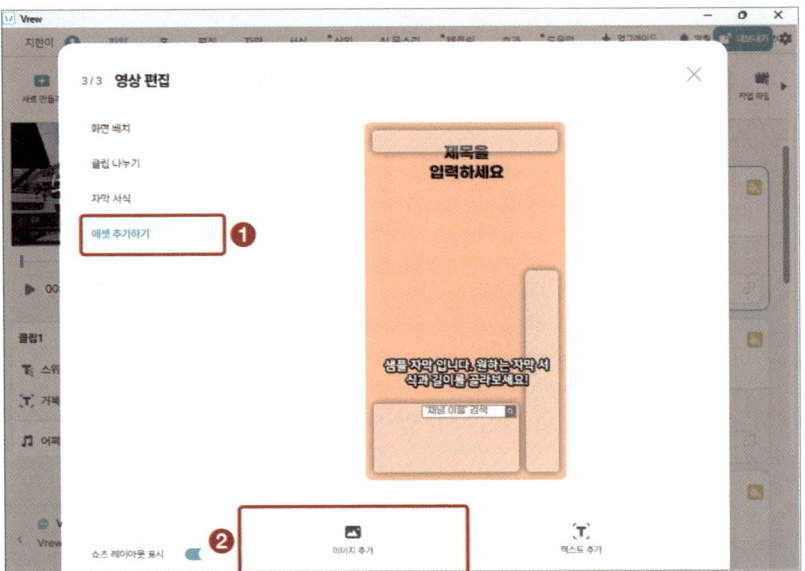

TIP 텍스트나 이미지 애셋은 이후 본 편집에서도 추가하거나 수정할 수 있습니다.

11 열기 창이 열리면 예제 파일 중 ①[Chapter 03_다양한 방식으로 영상 제작하기_로고.png] 파일을 찾아 선택한 후 ②[열기] 버튼을 클릭합니다.

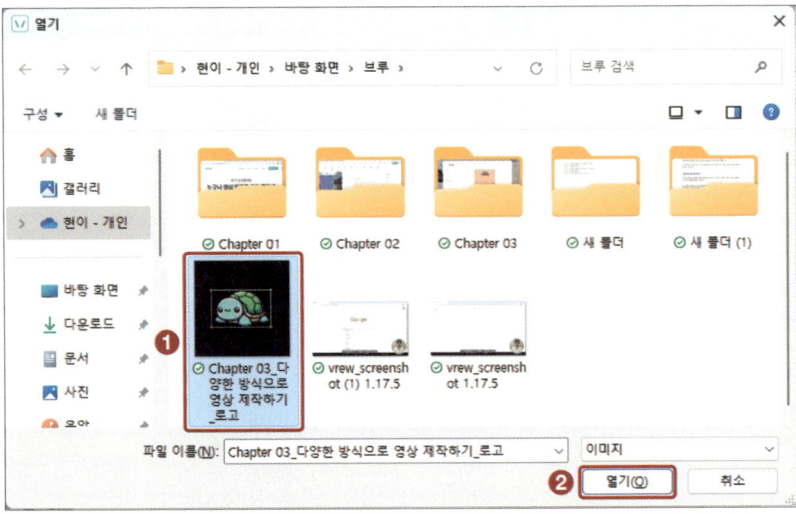

12 선택한 거북이 이미지가 미리보기 화면에 추가되면 테두리에 있는 흰색 조절 핸들을 드래그하여 크기를 조절하고, 테두리 안쪽을 클릭한 채 드래그하여 다음과 같이 위치를 변경합니다.

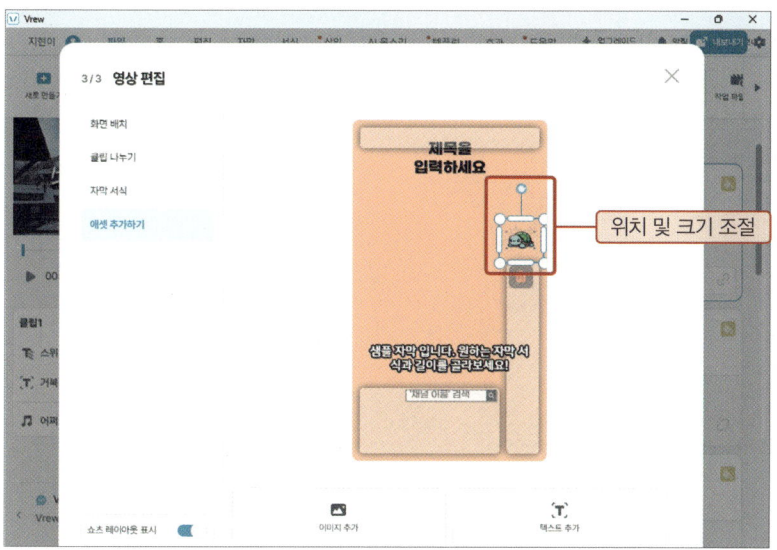

TIP [텍스트 추가]를 클릭하여 현재 템플릿에 있는 제목, 채널 이름, 자막 외에 다른 텍스트를 추가할 수 있습니다. 또한 추가한 애셋을 클릭해서 선택한 후 휴지통 아이콘을 클릭하여 삭제할 수도 있습니다.

13 계속해서 ❶제목과 ❷'채널 이름' 검색 텍스트 상자를 클릭하여 영상에 맞게 내용을 수정하고, ❸[본 편집 시작하기] 버튼을 클릭합니다.

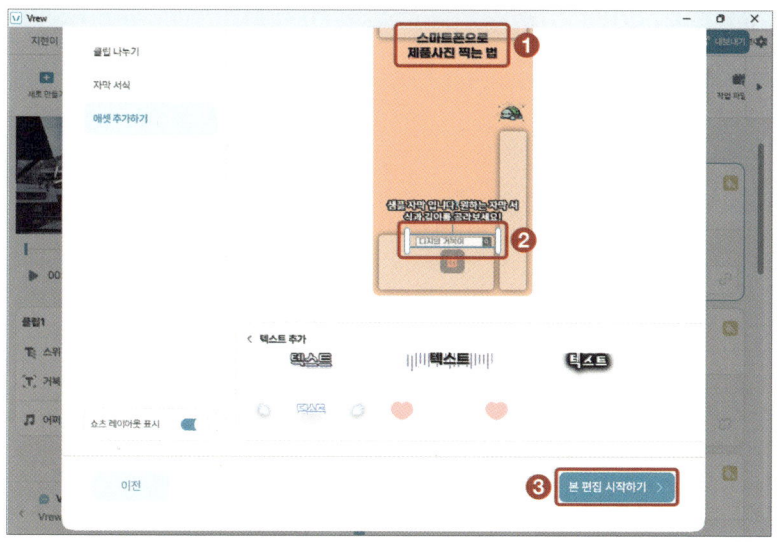

14 다음과 같이 음성 분석이 시작됩니다. 원본 영상의 길이에 따라 다소 시간이 소요될 수 있습니다.

15 음성 분석이 끝나면 앞서 추가한 애셋 아이콘이 클립 왼쪽에 배치되어 영상 전체에 적용된 것을 확인할 수 있습니다. 이제 필요에 따라 클립이나 워드를 적절하게 수정하면 됩니다.

🎬 영상에 적용된 템플릿 변경하기

템플릿을 선택하여 영상 제작을 시작할 수 있지만, 반대로 영상을 먼저 불러온 후 템플릿을 적용할 수도 있습니다. 또한, 템플릿을 적용하여 영상 제작을 시작한 후 본 편집 단계에서 템플릿을 변경할 수도 있습니다. 여기서는 앞서 실습한 결과에서 템플릿을 변경해 보겠습니다.

01 영상의 템플릿을 변경하기 위해 ❶[템플릿] 탭에서 [템플릿]을 클릭하면 ❷편집 영역 오른쪽에 템플릿 패널이 열립니다.

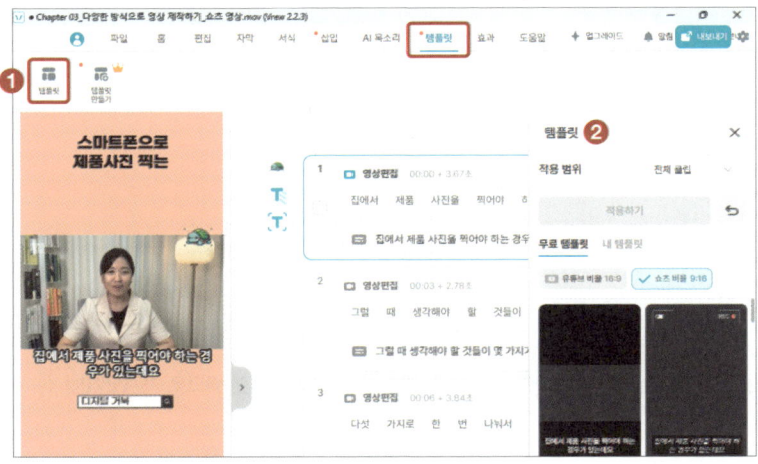

02 ❶적용할 템플릿의 비율을 선택하고 ❷새롭게 적용할 템플릿을 선택한 후 ❸[적용하기] 버튼을 클릭하면 곧바로 반영됩니다.

> **TIP** 템플릿을 적용하기 전에 [적용하기] 버튼 위에 있는 [적용 범위] 옵션이 [전체 클립]으로 설정되어 있는지 확인하세요. 템플릿 적용 후에는 패널 오른쪽 위에 있는 [X] 아이콘을 클릭해서 패널을 닫습니다.

03 템플릿을 변경했다면 새로운 애셋들이 추가됩니다. 클립 왼쪽에 배치된 애셋 아이콘을 각각 클릭해 봅니다. ❶지난 템플릿에서 제목으로 사용한 애셋 아이콘을 찾아 선택한 후 ❷[삭제]를 선택합니다.

> **TIP** 여기서는 새로운 템플릿의 제목 텍스트 애셋을 사용하기 위해 이전 템플릿에 적용되어 있던 애셋을 삭제했습니다. 만약, 기존 애셋을 사용하고 싶다면 해당 애셋 아이콘을 클릭한 후 [순서] – [맨 앞으로 가져오기]를 선택하여 화면에 표시할 수 있습니다.

04 새로운 템플릿의 제목 텍스트 상자를 클릭하여 다음과 같이 제목을 입력하고, 텍스트 크기와 텍스트 상자의 크기 및 위치를 변경합니다.

05 계속해서 불필요한 애셋들을 찾아 삭제합니다. 여기서는 제목 아래에 있는 선(도형) 애셋과 흰색으로 표시된 제목 텍스트 애셋을 삭제합니다. 각각 해당 애셋 아이콘을 클릭한 후 **[삭제]**를 선택하거나, 미리보기 화면에서 해당 애셋을 선택한 후 Delete 를 누릅니다.

06 기존 템플릿에 있던 채널명 텍스트 애셋은 자막과 위치가 겹칩니다. ❶ 미리보기 화면에서 자막을 선택한 후 ❷ **[서식]** 탭에서 **[위치]**를 클릭합니다. ❸ 팝업 창이 열리면 **[상하]** 옵션을 **[-76]**으로 변경하여 완성합니다.

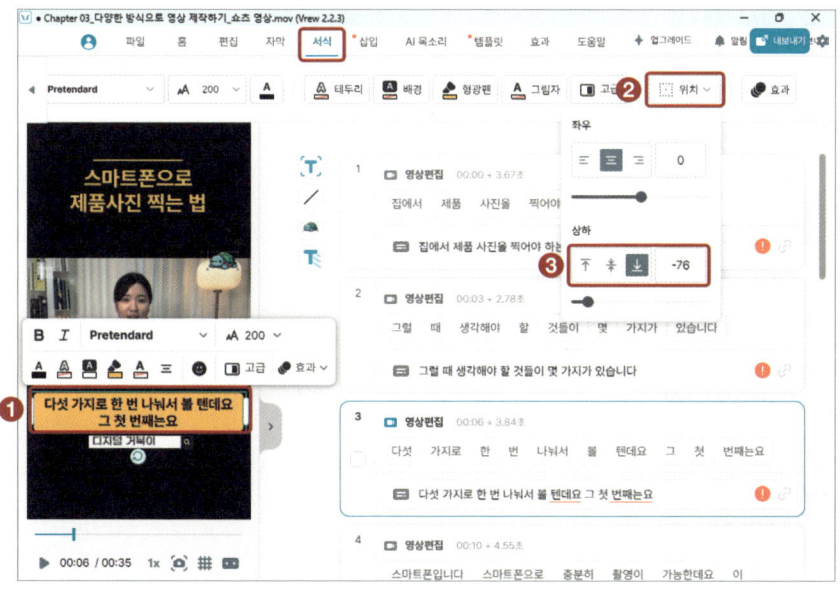

나만의 템플릿 저장하기 [Standard]

템플릿의 일부를 변형해서 사용하거나 반복해서 사용하는 텍스트, 로고 이미지 등이 있다면 템플릿으로 저장해서 필요할 때마다 빠르게 적용할 수 있습니다. 다만, 나만의 템플릿을 저장하고 싶다면 Standard 이상의 요금제를 사용해야 합니다.

01 저장할 템플릿이 준비되었다면 ❶기준이 될 클립을 선택한 후 ❷[템플릿] 탭에서 [템플릿 만들기]를 클릭합니다.

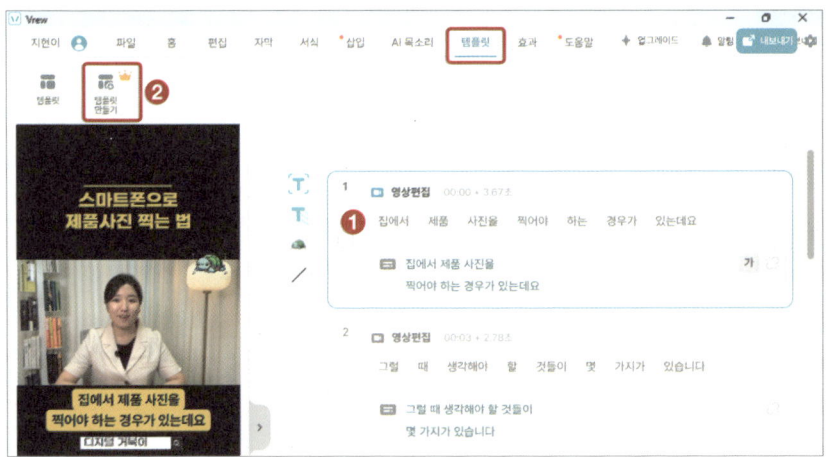

02 선택한 클립을 기준으로 템플릿 만들기 창이 열리면 적용된 애셋 중 ❶제외할 애셋의 [X] 아이콘을 클릭한 후 ❷[완료] 버튼을 클릭합니다. 여기서는 제목 위의 선을 제외했습니다.

03 저장하기 창이 열리면 ❶템플릿이 저장될 위치를 선택하고 ❷**[저장]** 버튼을 클릭합니다.

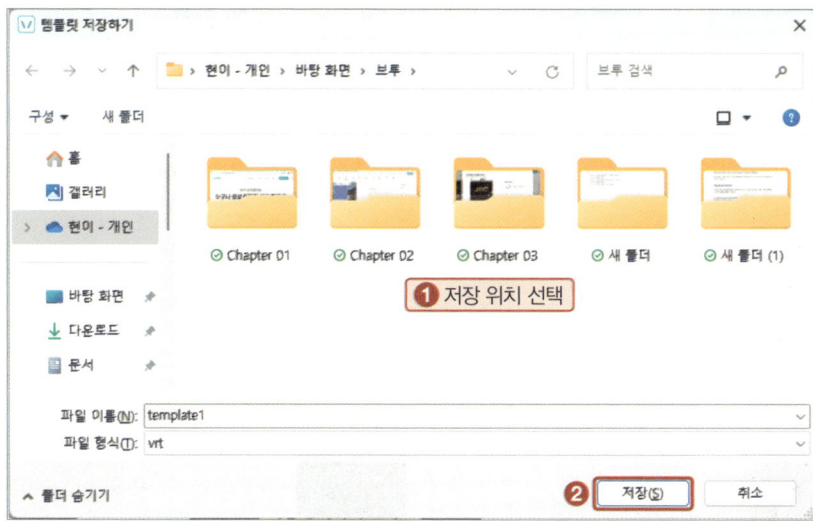

04 다음과 같이 템플릿 완성 화면이 열리면 정상적으로 저장된 것입니다. **[내 템플릿 확인하기]** 버튼을 클릭해 봅니다.

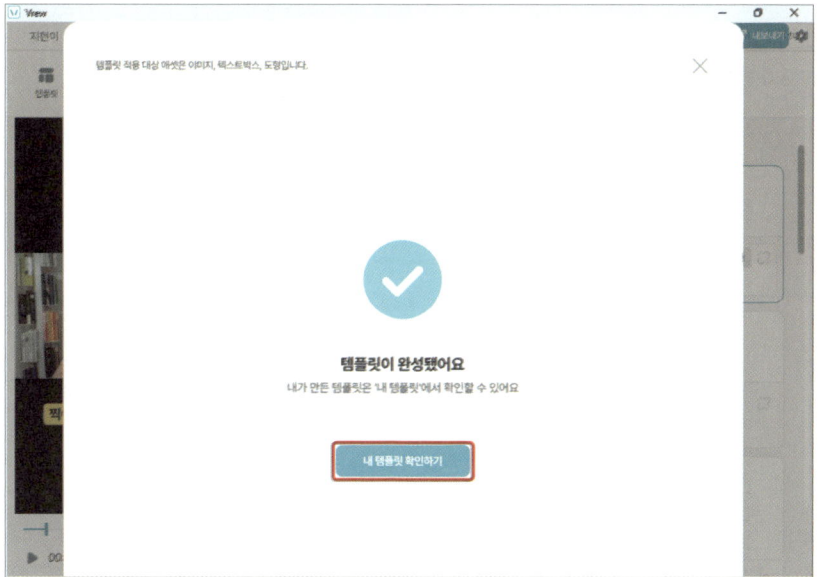

05 편집 영역 오른쪽으로 템플릿 패널이 열리고, **[내 템플릿]** 탭에 저장한 템플릿이 표시됩니다. 이후로는 ❶**[템플릿]** 탭에서 **[템플릿]**을 클릭하여 패널을 열고, ❷**[내 템플릿]** 탭에서 해당 템플릿을 선택하여 적용하면 됩니다.

TIP 브루의 템플릿 파일은 .vrt 형식으로 저장됩니다. 저장한 템플릿 파일을 복사해서 다른 컴퓨터로 옮긴 후 템플릿 패널에 있는 **[내 템플릿]** 탭에서 **[템플릿 불러오기]** 버튼을 클릭하면 불러와서 적용할 수 있습니다.

LESSON 02

프레젠테이션 자료로 영상 제작하기

프레젠테이션을 위해 준비한 슬라이드가 있다면 간단하게 영상을 제작할 수 있습니다. 다만, 슬라이드를 PDF 파일로 준비해야 합니다. 파워포인트 등의 프로그램에서 PDF로 변환할 수 있으므로 직접 제작한 슬라이드를 준비하거나 예제 파일을 이용해 실습을 진행해 보세요.

슬라이드로 만든 PDF 파일을 브루로 불러온 후 각 슬라이드에 어울리는 텍스트 입력 과정을 거칩니다. AI 목소리 기능도 사용할 수 있으므로, 강의 영상이나 교육 자료를 제작할 때 유용하겠죠? 직접 제작한 슬라이드가 없다면 제공하는 예제 파일 중 **[Chapter 03_다양한 방식으로 영상 제작하기_슬라이드 예시]**를 이용해 실습해 보세요.

01 ❶**[파일]** 탭에서 **[새로 만들기]**를 클릭한 후 ❷새로 만들기 창이 열리면 **[슬라이드로 비디오 만들기]**를 클릭합니다.

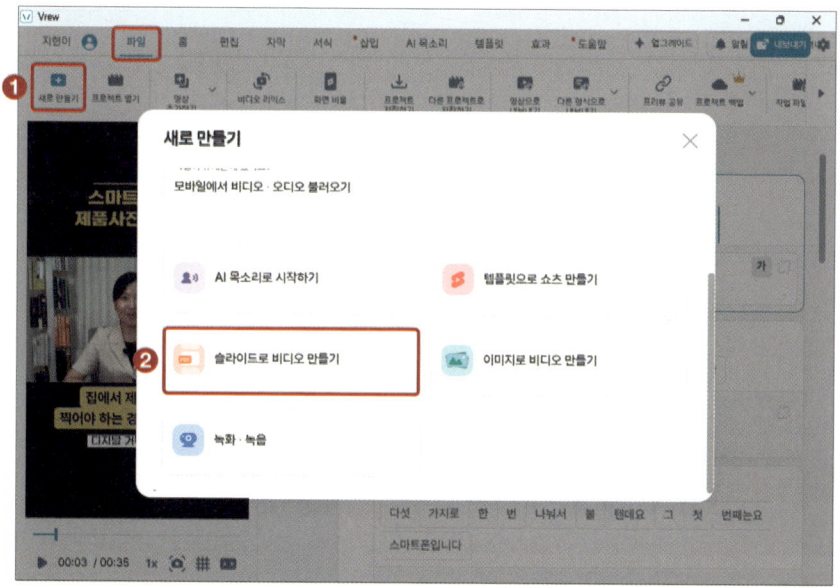

02 총 3단계로 진행되며, 첫 번째 단계로 PDF 가져오기 창에서 [**파일 불러오기**] 버튼을 클릭합니다.

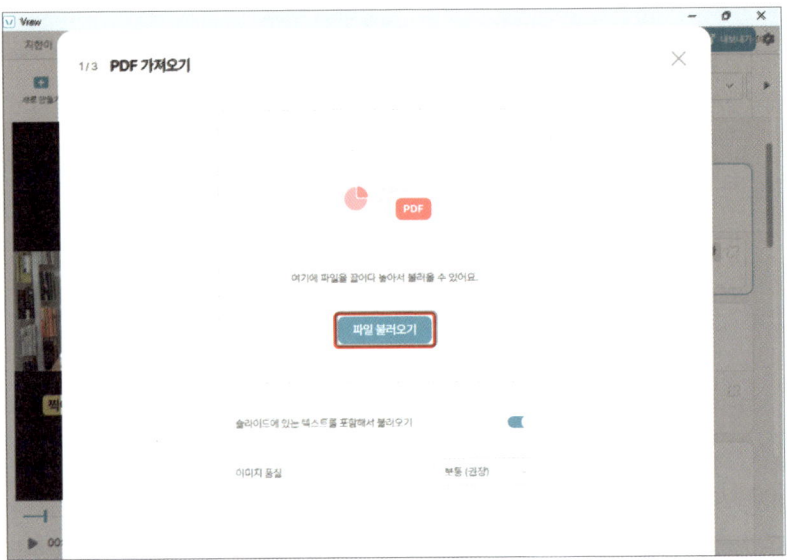

> **TIP** 처음 사용 시 사용법 안내 팝업 창이 열릴 수 있습니다. 간단한 사용법을 확인하고, 오른쪽 위에 있는 [X]를 눌러서 닫으면 됩니다.

03 가져오기 창이 열리면 ① 직접 제작한 슬라이드의 PDF 파일이나 예제 파일 중 [**Chapter 03_다양한 방식으로 영상 제작하기_슬라이드 예시**]를 찾아 선택한 후 ②[**열기**] 버튼을 클릭합니다.

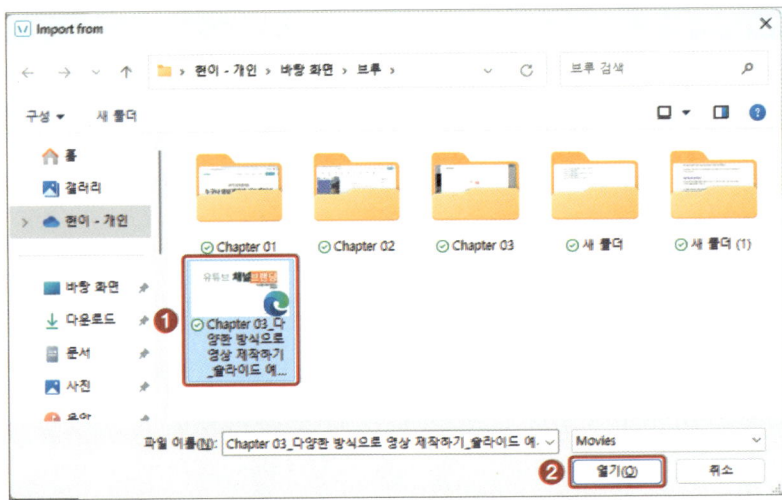

04 자막 입력하기 창이 열리고, PDF에 포함된 슬라이드가 표시됩니다. 왼쪽에서 섬네일을 선택하면서 각 슬라이드의 대본, 즉 자막을 입력합니다. 우선 ①[**슬라이드1**]이 선택된 상태로 ②'유튜브 채널 브랜딩에 대해 알아볼까요?'라는 자막을 입력했습니다.

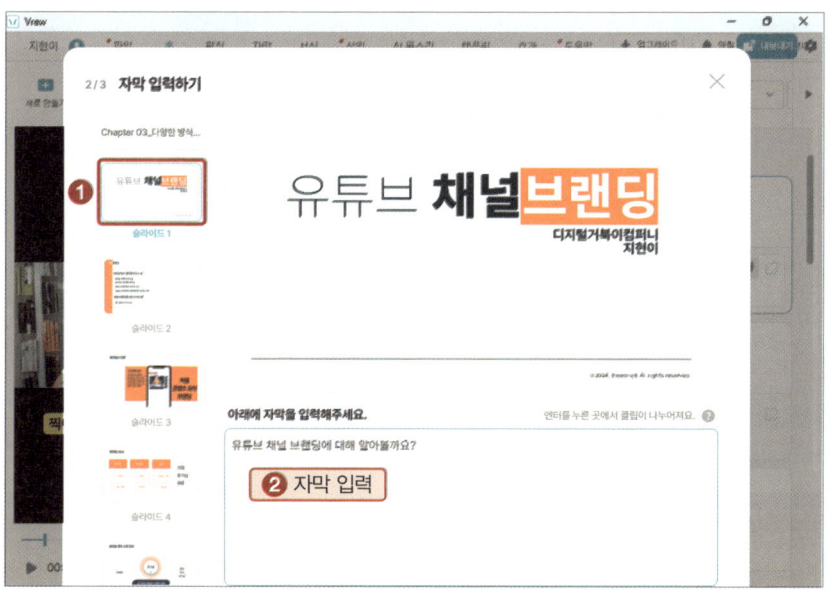

> **TIP** 자막을 입력하면서 Enter 를 누르면 해당 지점부터 별도의 클립으로 분리됩니다.

05 계속해서 각 슬라이드를 선택한 후 자막을 입력합니다. 자막 입력이 모두 끝나면 자막 입력하기 창의 왼쪽 아래에 있는 ①[**목록 보기**] 아이콘을 클릭하여 슬라이드별 입력된 자막을 확인하고, 이상이 없다면 ②[**다음**] 버튼을 클릭합니다.

- **슬라이드2**: 이런 순서로 진행해보겠습니다.
- **슬라이드 3**: 먼저 섬네일이란 무엇일까요?
- **슬라이드 4**: 유튜브 섬네일은 항상 기대, 호기심, 공감을 담고 있어야 합니다.
- **슬라이드 5**: 사람들의 관심을 얻기 위해 영상의 내용과 다른 자극적인 섬네일을 만드는 것은 절대 금물

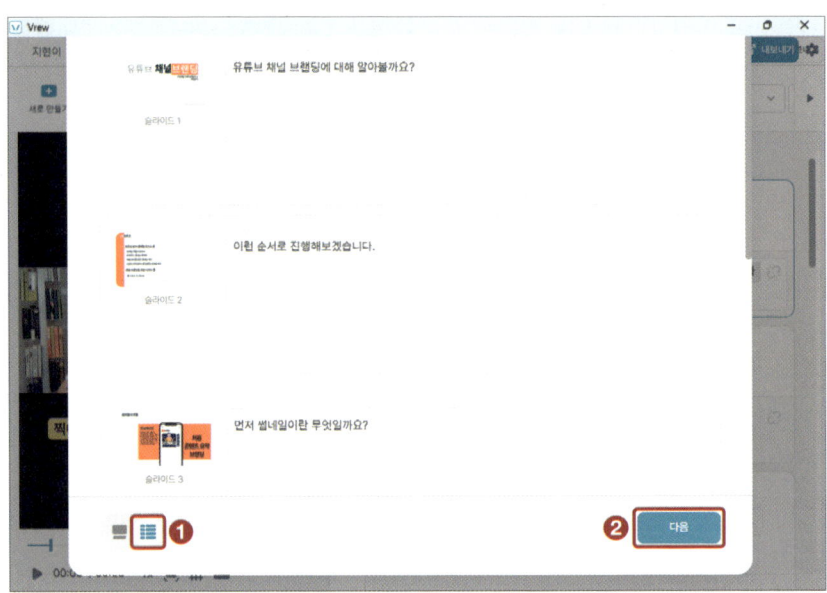

06 3단계 중 마지막 과정으로 AI 목소리 설정하기 창이 열립니다. 입력한 자막을 AI 목소리로 표현하기 위해 **[AI목소리 사용]** 옵션을 클릭하여 활성화 합니다.

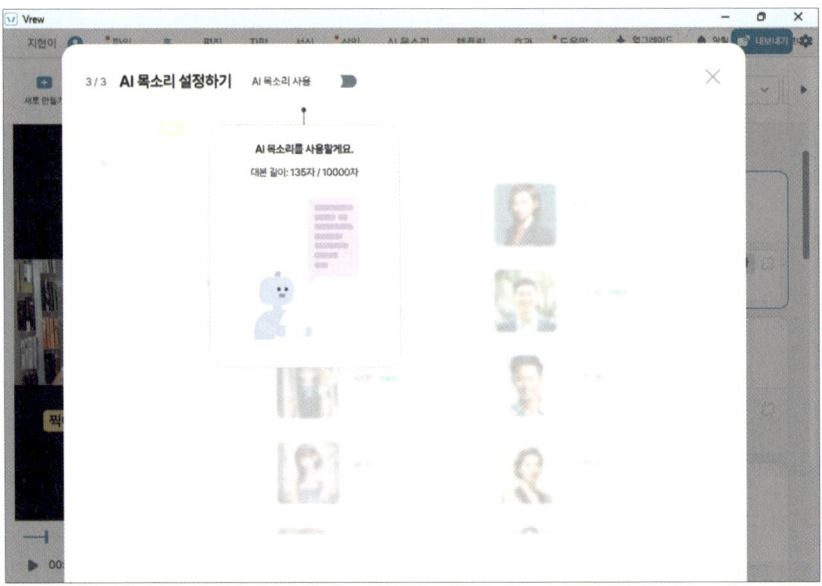

07 옵션이 활성화되면 사용할 언어의 종류부터 성별, 연령대 등을 설정하여 원하는 목소리 캐릭터를 선택합니다. 목소리 캐릭터로 마우스 커서를 올리면 헤드셋 아이콘이 표시되며 클릭하여 목소리를 들어볼 수 있습니다.

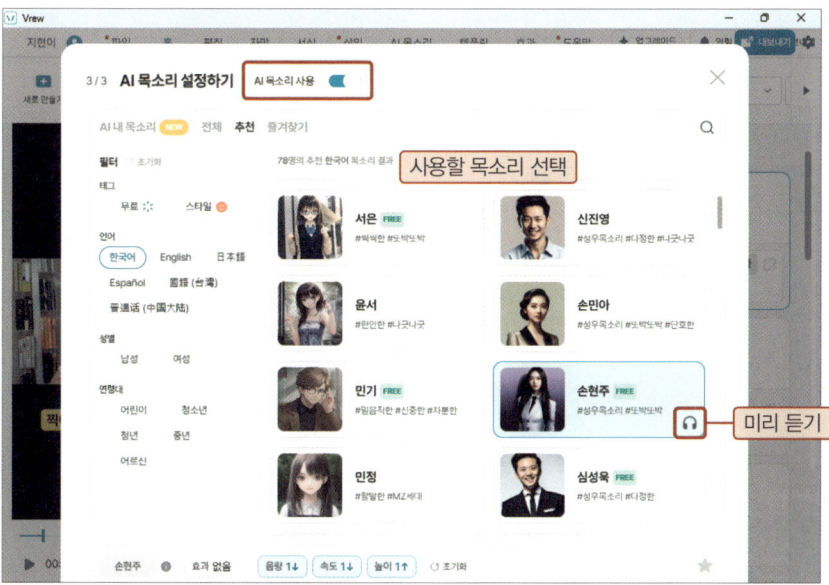

08 마음에 드는 AI 목소리를 선택했다면 **[본 편집 시작하기]** 버튼을 클릭합니다.

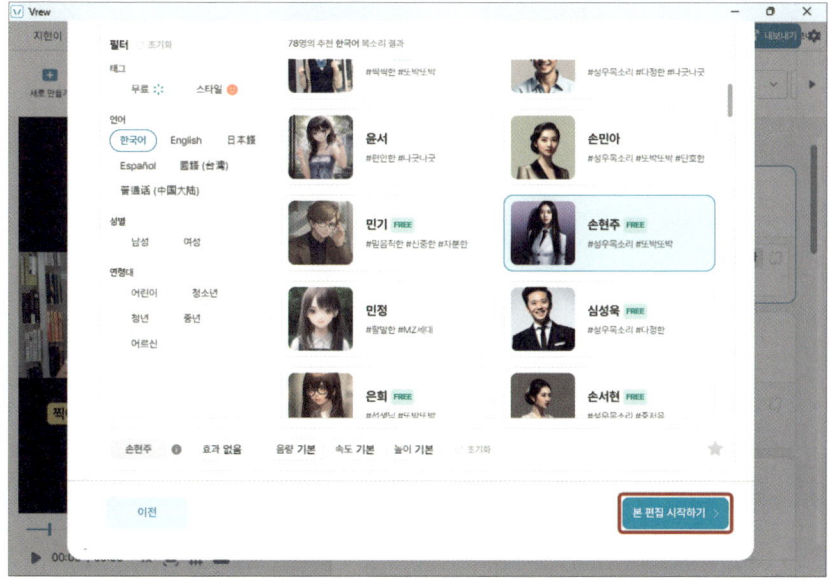

09 AI 목소리 생성 과정이 진행됩니다.

10 슬라이드별 입력한 자막이 각 클립으로 생성됩니다. **[재생]** 아이콘을 클릭하여 생성된 인공지능 목소리와 슬라이드의 변화를 확인해 보세요.

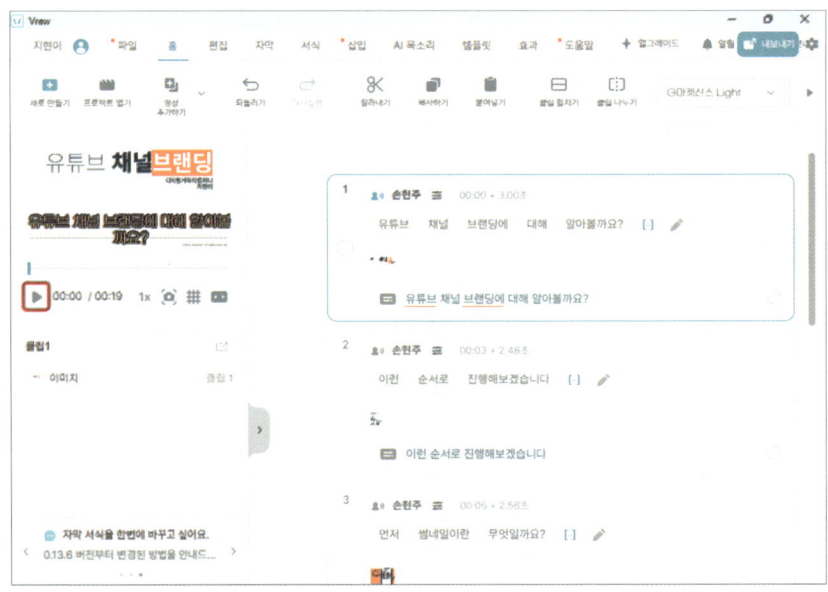

> **TIP** 하나의 슬라이드에서 Enter 를 누르면서 여러 줄로 자막을 입력했다면 해당 슬라이드는 Enter 누른 위치를 기준으로 여러 개의 클립으로 구분되어 생성됩니다.

11 미리보기 화면에서 ❶자막을 클릭한 후 크기나 스타일을 변경하고, 상황에 따라 ❷각 클립에 있는 슬라이드 **[이미지 애셋]** 아이콘을 클릭한 후 **[애니메이션]**을 선택하고 효과를 적용하여 영상을 완성합니다.

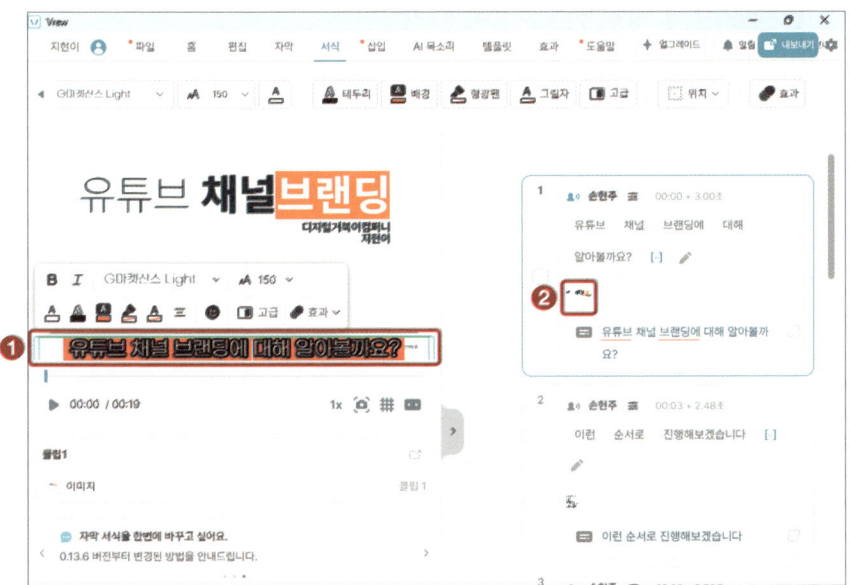

LESSON 03

브루에서 직접 촬영하여 영상 제작하기

브루에서 자체적으로 제공하는 화면 녹화나 촬영 기능, 녹음 기능을 활용하면 별도의 준비된 영상이나 자료가 없더라도 영상을 제작할 수 있습니다. 우선 촬영 기능을 이용해 간단한 영상을 제작해 보겠습니다.

촬영 기능을 사용하려면 컴퓨터에 카메라가 장착되어 있어야 합니다.

01 ❶ **[파일]** 탭에서 **[새로 만들기]**를 클릭한 후에 ❷ 새로 만들기 창이 열리면 **[녹화·녹음]**을 클릭합니다.

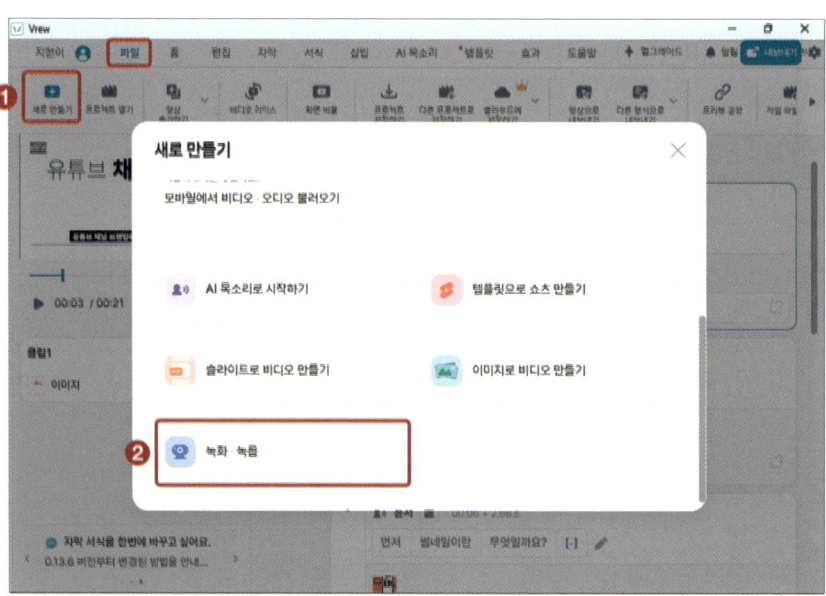

02 녹화 및 녹음 창이 열리면 **[촬영하기]**를 클릭합니다.

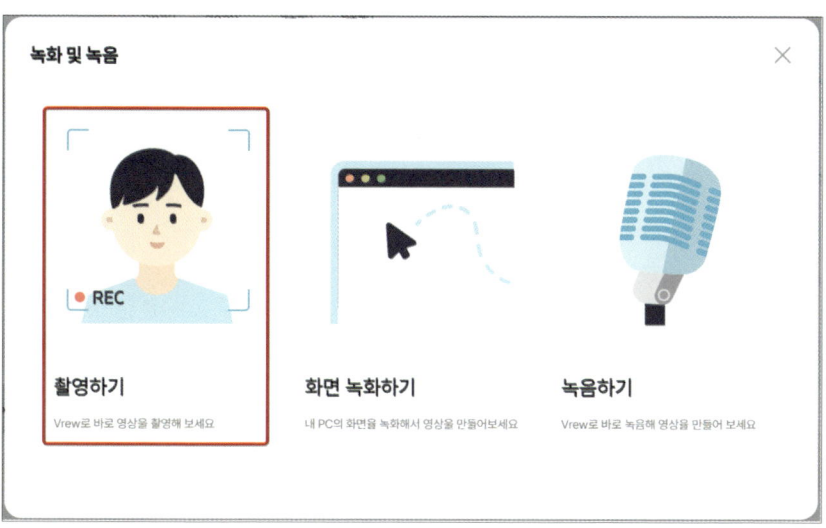

03 ❶**[기기 선택]** 옵션에서 촬영에 사용할 카메라를 선택하고 ❷**[다음]** 버튼을 클릭합니다.

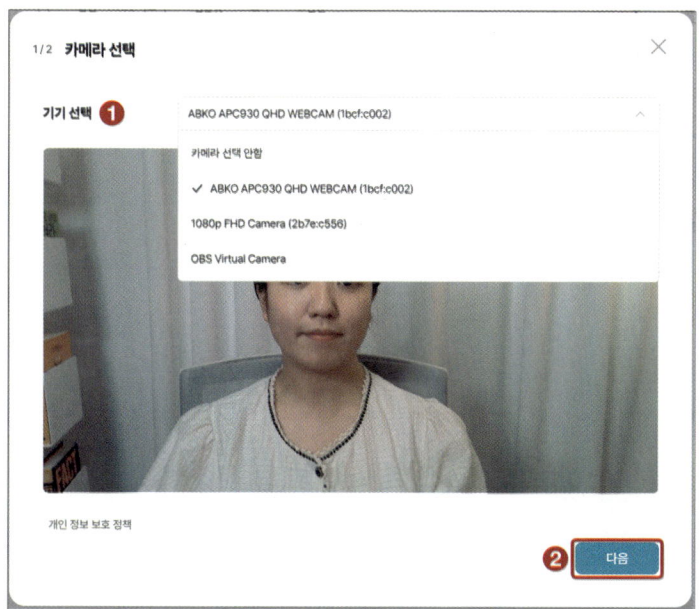

> **TIP** 현재 컴퓨터에 연결된 카메라가 1대라면 기본으로 선택되어 있습니다. 여러 대의 카메라가 연결되어 있을 때만 **[기기 선택]** 옵션을 이용해 사용할 카메라를 선택하면 됩니다.

04 계속해서 마이크 선택 창이 열립니다. ①카메라 선택과 마찬가지로 **[기기 선택]** 옵션에서 사용할 마이크를 선택하고 ②**[다음]** 버튼을 클릭합니다.

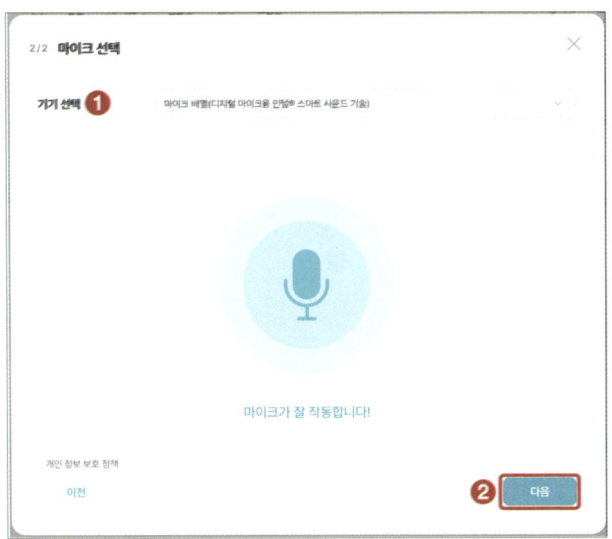

> **TIP** 마이크를 선택한 후 마이크 이미지 아래쪽에 '마이크가 잘 작동합니다!'라는 문구가 표시되는지 확인해 보세요. 그렇지 않다면 정상적으로 녹음되지 않을 수 있습니다.

05 녹화 화면이 열리면 빨간색 ①**[녹화]** 버튼을 클릭합니다. 3초 후 녹화가 시작되면 원하는 영상을 촬영하고, ②녹화가 끝나면 **[정지]** 버튼을 클릭합니다.

> **TIP** 녹화 시작 후 3초가 지나고, 잠시 기다렸다가 녹화 화면에 모습이 제대로 촬영되는지 확인해 보고 본격적인 내용을 촬영하는 것이 좋습니다.

06 완료 화면이 열리면 ❶**[재생]** 아이콘을 클릭하여 녹화 결과를 확인해 보고, 이상이 없다면 ❷**[완료 프로젝트에 추가]** 버튼을 클릭합니다. 만약 영상이 마음에 들지 않으면 **[다시 녹화]**를 클릭하여 처음부터 다시 녹화합니다.

TIP 위 화면에서 **[다운로드]** 버튼을 클릭하면 녹화한 영상을 별도로 저장할 수 있습니다.

07 영상 불러오기 창이 열리면 ❶**[음성 분석]**이 선택된 상태로 ❷**[확인]** 버튼을 클릭합니다. 녹화한 영상의 길이에 따라 음성 분석 시간이 소요됩니다. Link 영상 불러오기 창은 32쪽 실습에서 좀 더 자세히 설명합니다.

08 영상의 음성 분석이 끝나면 인공지능이 영상 촬영 중 마이크에 녹음된 음성을 분석하여 적절하게 클립으로 구분해 줍니다. **[재생]** 아이콘을 클릭하여 결과를 확인해 보고 불필요한 부분을 삭제하거나 적절한 애셋을 추가하여 영상을 완성합니다. `Link` 컷 편집 방법은 38쪽에서 자세히 설명합니다.

LESSON 04
내 컴퓨터 화면을 녹화하여 영상 제작하기

게임 영상이나 IT 학습 관련 영상이라면 내 컴퓨터 화면을 녹화해야 합니다. 브루에서 제공하는 화면 녹화 기능을 이용하여 간단하게 완성할 수 있습니다.

파워포인트에서 슬라이드쇼를 진행하는 장면을 녹화하여 영상으로 제작해 보겠습니다.

01 ❶[홈] 탭에서 [새로 만들기]를 클릭한 후 ❷새로 만들기 창에서 [녹화·녹음]을 클릭합니다.

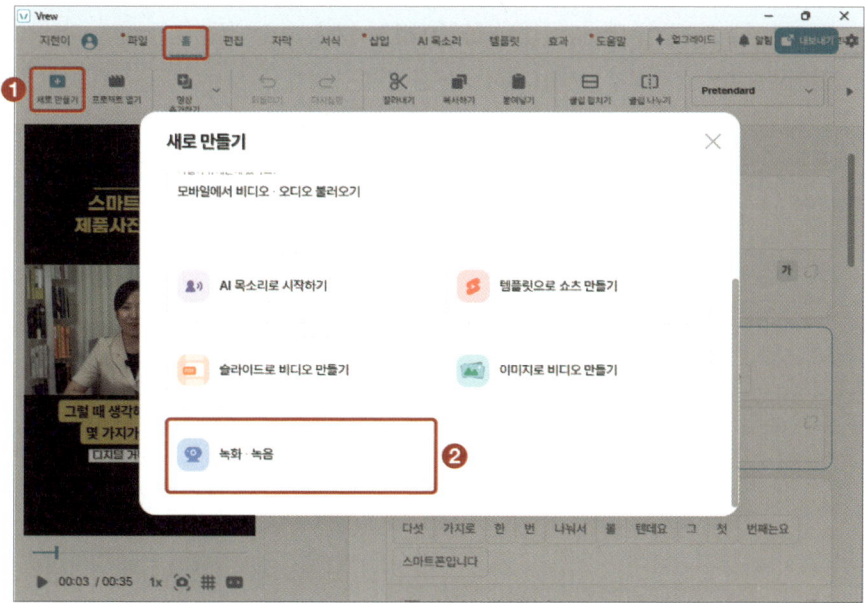

02 녹화 및 녹음 창이 열리면 **[화면 녹화하기]**를 클릭합니다.

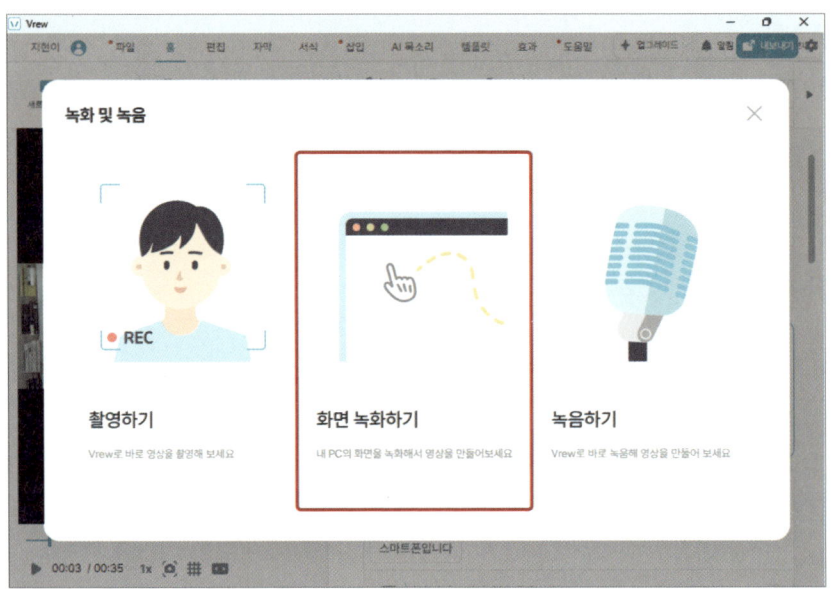

03 녹화할 화면을 선택하는 창이 열리면 **[전체 화면]**과 **[창 1개]** 중 선택합니다. 화면 전체를 녹화하기 위해 ❶**[전체 화면]**을 선택하고 ❷**[다음]** 버튼을 클릭합니다.

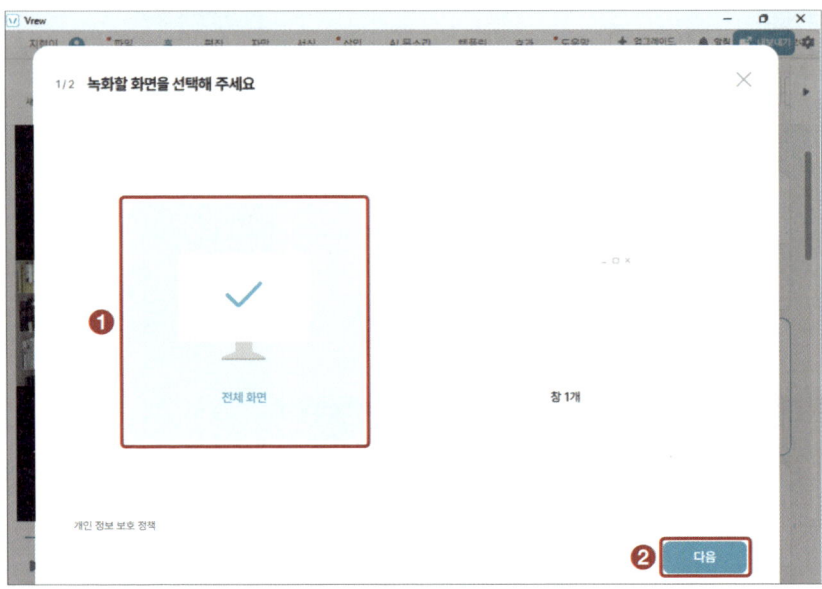

04 계속해서 다음과 같은 화면 선택 창이 열리며, 현재 컴퓨터에 여러 대의 모니터가 연결되어 있다면 모니터 수만큼 선택 화면이 표시됩니다. ❶녹화할 화면을 선택한 후 ❷**[다음]** 버튼을 클릭합니다.

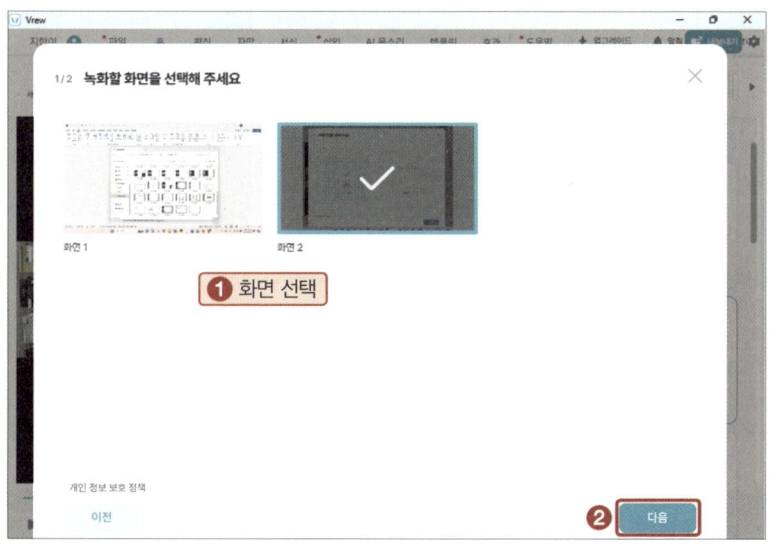

05 이어서 마이크 선택 창이 열리면 ❶**[기기 선택]** 옵션에서 사용자의 음성을 녹음할 마이크를 선택하고, ❷**[다음]** 버튼을 클릭합니다.

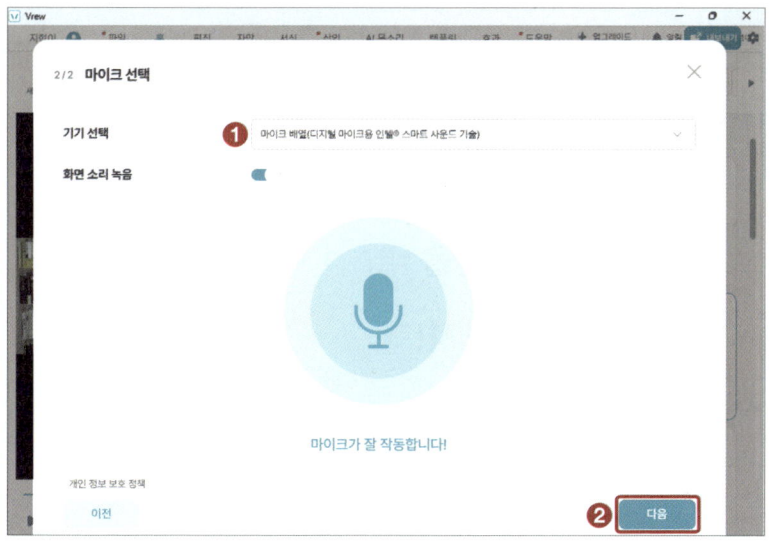

> **TIP** 기본값으로 컴퓨터에서 재생되는 오디오도 함께 녹음됩니다. 컴퓨터의 오디오를 제외하고 녹음하고 싶다면 위 화면에서 **[화면 소리 녹음]** 옵션을 비활성화합니다.

06 빨간색 **[녹화]** 버튼을 클릭하면 3초 후부터 화면 녹화가 시작됩니다.

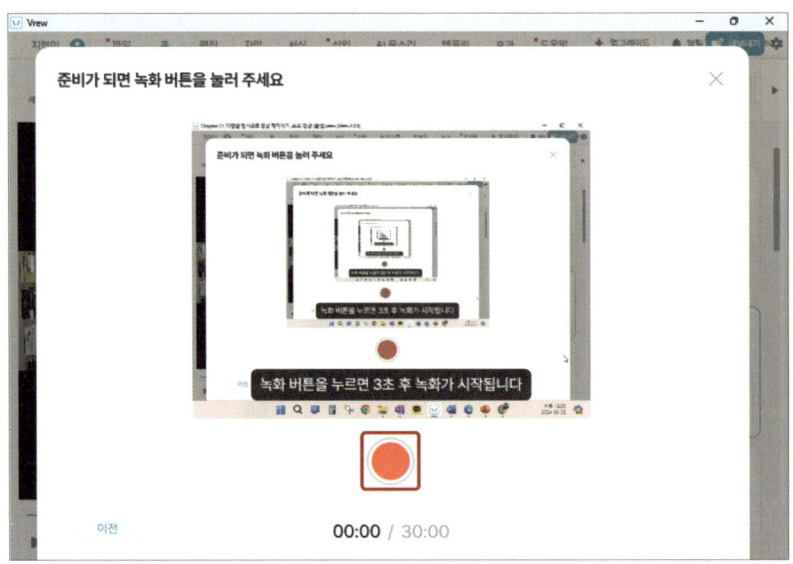

07 이제부터 컴퓨터 화면이 그대로 녹화됩니다. 여기서는 프레젠테이션 장면을 녹화할 것이므로, 파워포인트를 실행하고 슬라이드쇼를 진행하면서 프레젠테이션을 진행하면 됩니다. 이때 마우스의 움직임도 모두 녹화되므로, 키보드를 사용하면 좀 더 깔끔한 영상을 녹화할 수 있습니다.

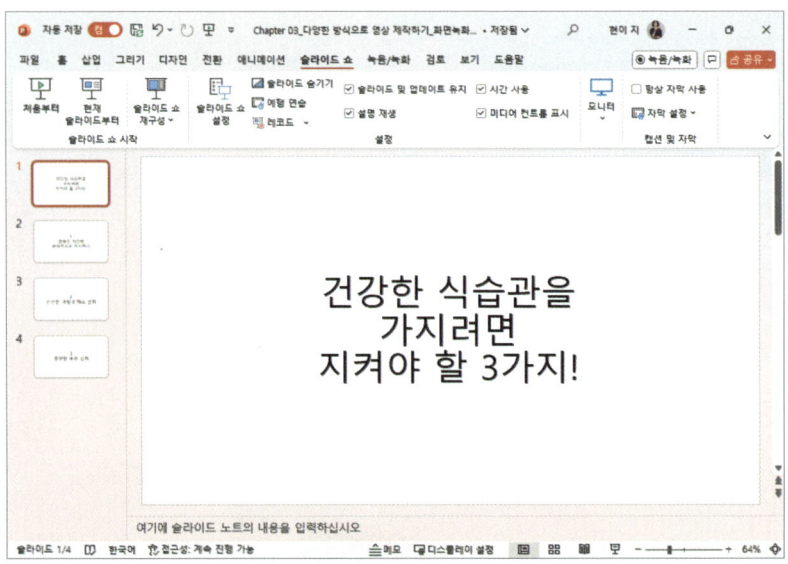

> **TIP** 화면 녹화 도중 실수가 발생한다면 처음부터 다시 녹화를 하는 것이 아니라, 실수한 부분부터 이어서 녹화하세요. 실수한 장면은 추후 편집 단계에서 삭제하면 됩니다.

08 화면 녹화가 끝났다면 다시 브루 화면을 띄우고, **[녹화 종료]** 버튼을 클릭합니다.

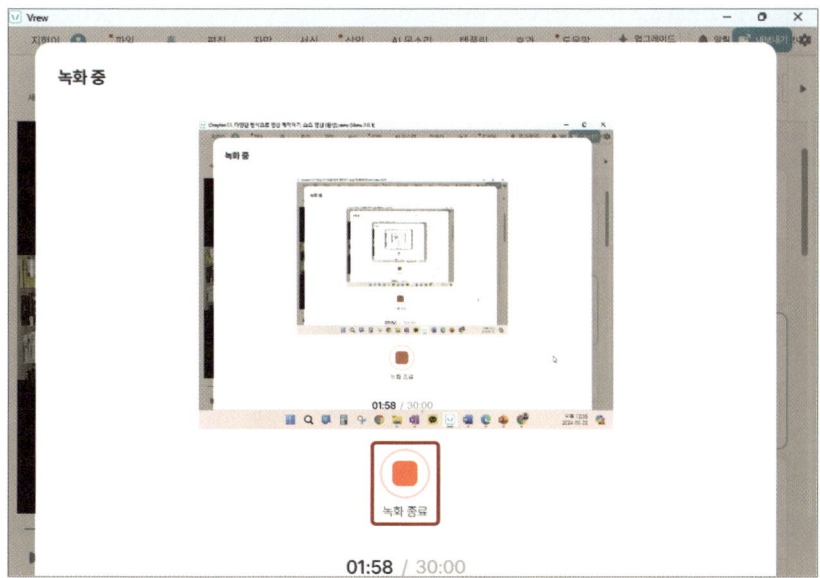

09 카메라 촬영 때와 마찬가지로 결과 화면이 열리면 ①**[재생]** 아이콘을 클릭해서 녹화 장면을 확인하고, 이상이 없으면 ②**[완료 프로젝트에 추가]** 버튼을 클릭합니다.

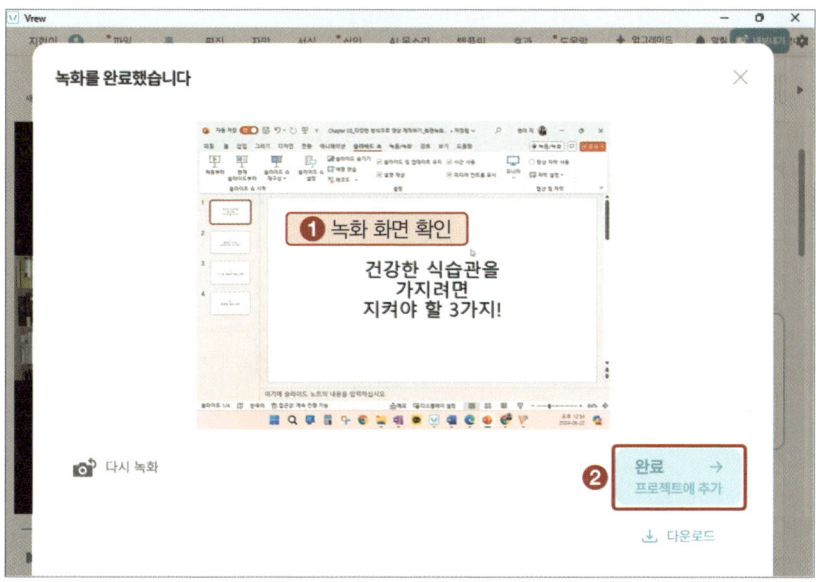

10 영상 불러오기 창이 열리면 ❶기본값인 **[음성 분석]**이 선택된 상태로 ❷**[확인]** 버튼을 클릭합니다. 화면의 길이에 따라 음성 분석 시간이 소요됩니다.

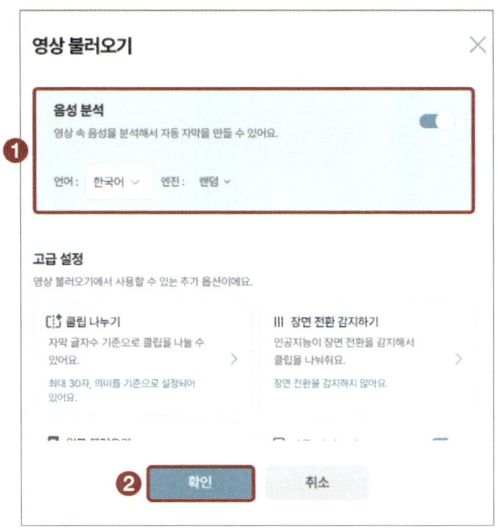

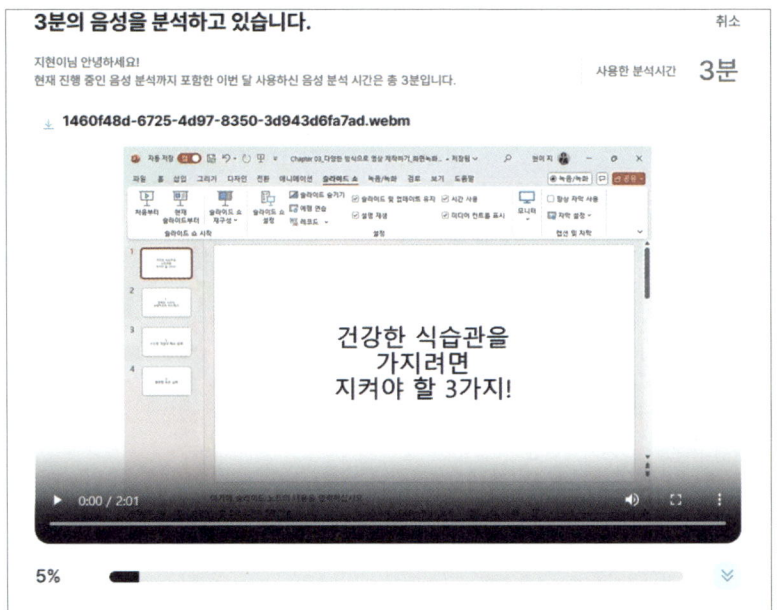

> **TIP** 화면 녹화 중 음성이나 오디오를 녹음하지 않았다면 **[음석 분석 안함]**을 선택하여 좀 더 빠르게 진행할 수 있습니다.

11 녹화한 화면과 음성을 토대로 편집 화면이 열립니다. ❶**[재생]** 아이콘을 클릭하여 영상을 재생해 봅니다. ❷준비 과정에 해당하는 클립이나 무음 구간 등 컷 편집을 진행합니다.

Link 자세한 컷 편집 방법은 38쪽을 참고하세요.

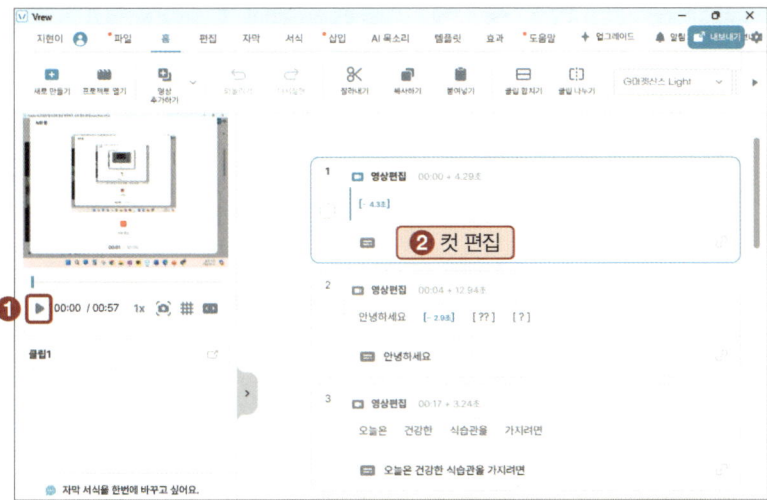

12 마지막으로 자막을 편집합니다. ❶각 클립의 자막수정 줄을 클릭하여 영상에 맞게 자막을 수정하고, 한 줄에 표시되는 내용이 많으면 Enter 를 눌러 여러 줄로 표시해도 됩니다. ❷**[서식]** 탭을 클릭하여 자막의 스타일을 변경해도 좋습니다. Link 자막 서식 변경 방법은 56쪽에서 자세히 설명합니다.

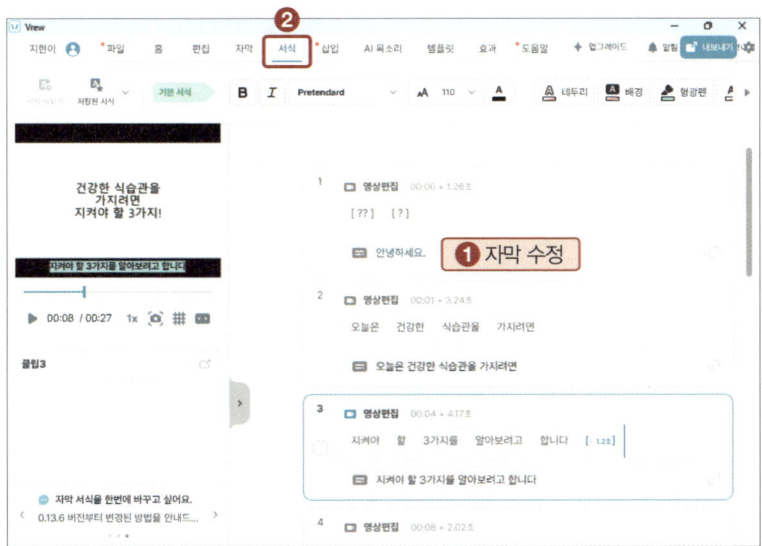

TIP 상황에 따라 적절한 이미지나 도형 등의 애셋을 추가하면 더 풍성하고 완성도 높은 영상을 만들 수 있습니다. Link 애셋 추가 방법은 62쪽에서 자세히 설명합니다.

LESSON 05
녹음한 음성에 영상 및 배경 음악 추가하여 완성하기

브루에서 직접 음성을 녹음한 후 녹음 내용을 편집할 수 있습니다. 여기서는 녹음한 음성에 맞는 미디어를 추가하여 새로운 영상을 완성해 보겠습니다.

녹음을 시작하기 전에 미리 대본을 준비해 두면 훨씬 자연스럽고 편안하게 녹음할 수 있습니다.

01 ❶[파일] 탭에서 [새로 만들기]를 클릭한 후 ❷새로 만들기 창에서 [녹화 · 녹음]을 클릭합니다.

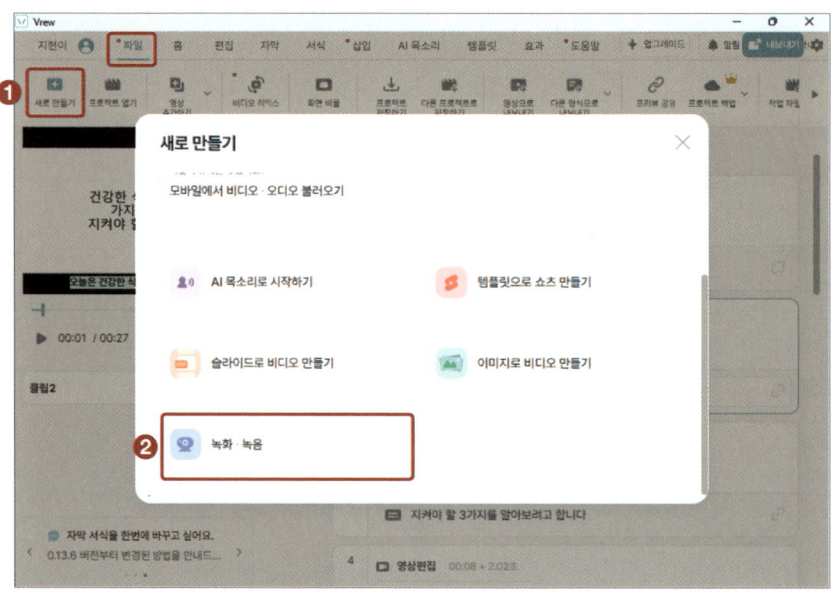

02 녹화 및 녹음 창이 열리면 **[녹음하기]**를 클릭합니다.

03 마이크 선택 창이 열리면 ❶**[기기 선택]** 옵션에서 연결된 마이크 중 사용할 마이크를 선택하고 ❷'마이크가 잘 작동합니다!' 문구를 확인한 후 ❸**[다음]** 버튼을 클릭합니다.

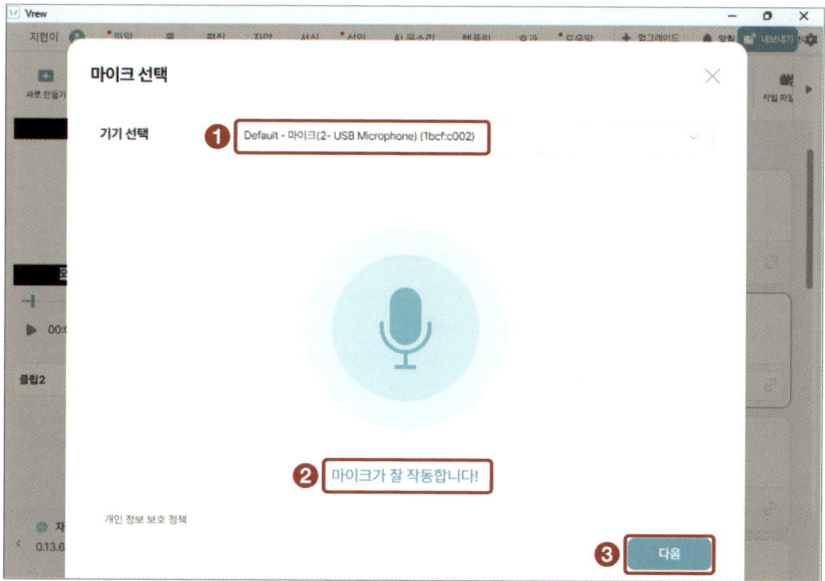

04 녹음 준비 창이 열리면 ❶[**녹음**] 버튼을 클릭한 후 3초 후부터 녹음을 시작합니다. 준비한 대본 등을 참고하여 녹음을 진행하고, ❷녹음이 끝나면 [**녹음 종료**] 버튼을 클릭하여 녹음을 마칩니다.

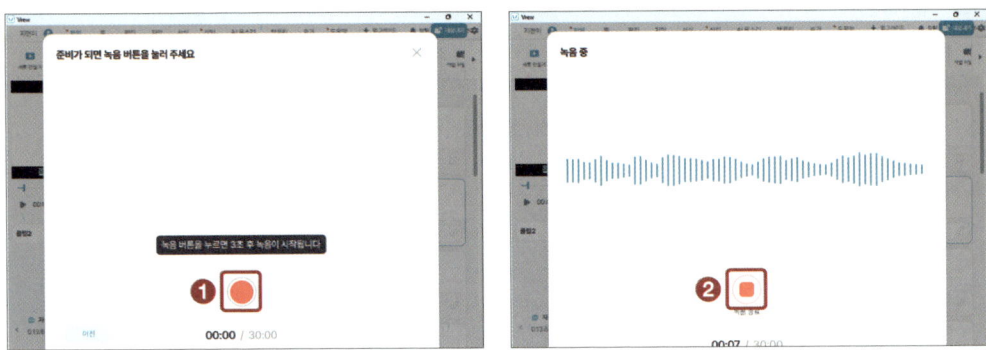

05 녹음 완료 창이 열리면 ❶[**재생**] 아이콘을 클릭하여 녹음 결과를 확인하고, 문제가 없다면 ❷[**완료 프로젝트에 추가**] 버튼을 클릭합니다.

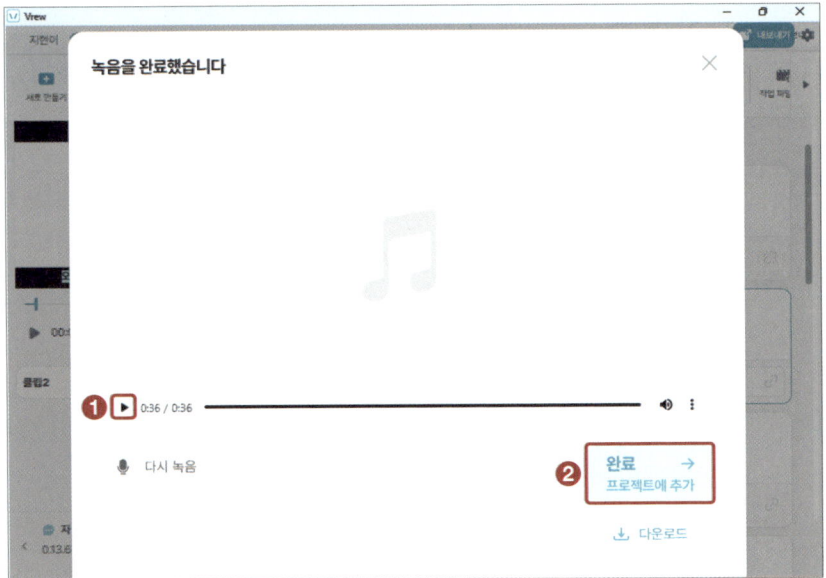

06 영상 불러오기 창이 열리면 ❶[**음성 분석**]이 선택된 채로 ❷[**확인**] 버튼을 클릭합니다.
❸음성 분석이 진행됩니다.

 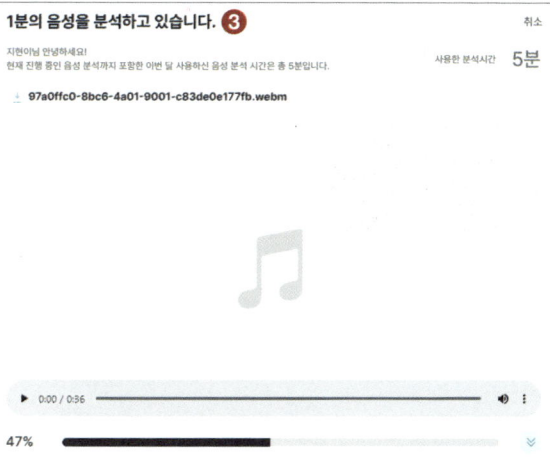

07 편집 화면이 열린 후 ❶[**재생**] 아이콘을 클릭해 보세요. 검은색 빈 화면에 자막만 표시되는 것을 확인할 수 있습니다. ❷영상을 재생하면서 무음 구간과 같이 편집해야 할 부분을 찾고, 클립 또는 워드를 삭제하면서 컷 편집을 진행합니다.

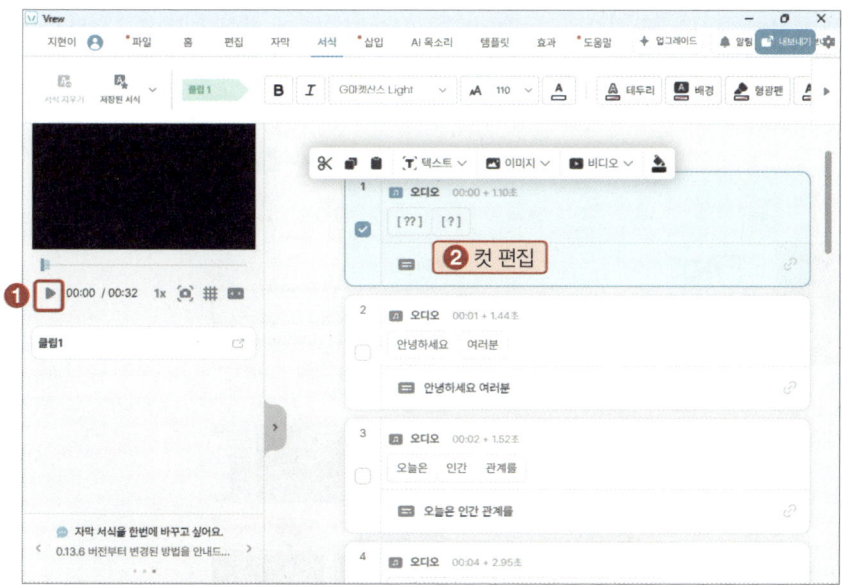

> **TIP** 영상을 재생했을 때 자막이 보이지 않는다면 [**서식**] 탭을 클릭하여 자막 서식이 검은색 텍스트로 설정되어 있는 것은 아닌지 확인해 보세요.

08 이제 음성에 어울리는 영상을 추가해 보겠습니다. ❶ **[삽입]** 탭에서 **[무료 이미지 · 비디오]** 를 클릭합니다. ❷ 편집 영역 오른쪽에 무료 애셋 패널이 열립니다.

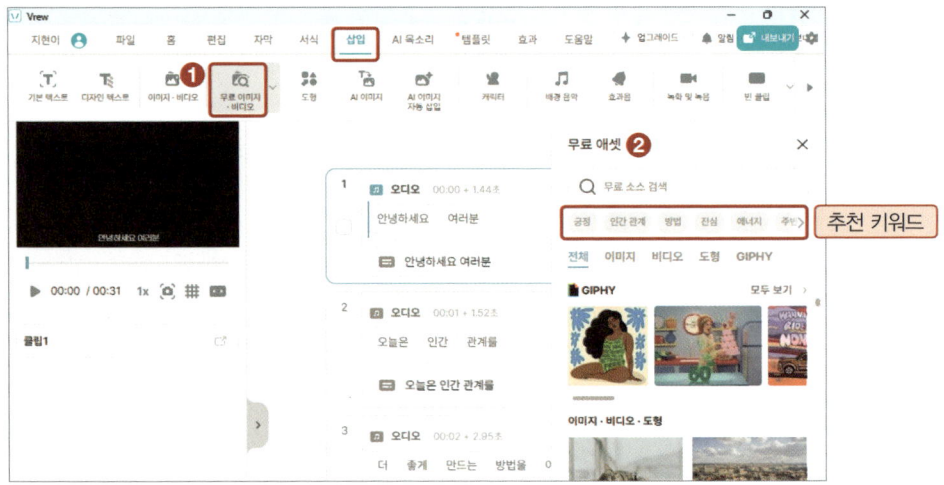

> **TIP** 패널의 검색창 아래쪽에 추천 키워드가 표시되며, 클릭해서 빠르게 검색할 수 있습니다.

09 ❶ 무료 애셋 패널의 검색창에 적절한 키워드를 입력하여 검색한 후 ❷ 검색 결과 목록에서 사용할 영상을 찾아 선택합니다. ❸ 영상이 추가되면 미리보기 화면의 팝업 도구에서 **[채우기]** 를 클릭한 후 ❹ **[비율 유지하며 채우기]** 를 클릭합니다.

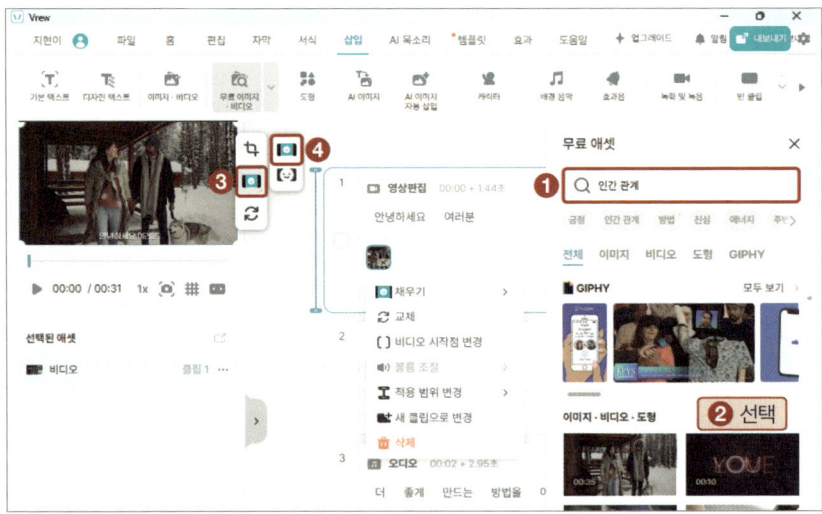

> **TIP** 영상 채우기는 편집 영역의 애셋 아이콘을 클릭한 후 **[채우기]** 메뉴를 선택해도 됩니다.

10 애셋을 삽입하면 선택 중인 클립에만 반영됩니다. 1번부터 3번 클립까지 영상을 적용하기 위해 ❶[비디오 애셋] 아이콘의 팝업 메뉴에서 [적용 범위 변경] - [직접 입력]을 선택한 후 ❷[1-3]을 입력하고 ❸[적용]을 클릭합니다. ❹1번부터 3번 클립까지 적용 범위로 설정됩니다.

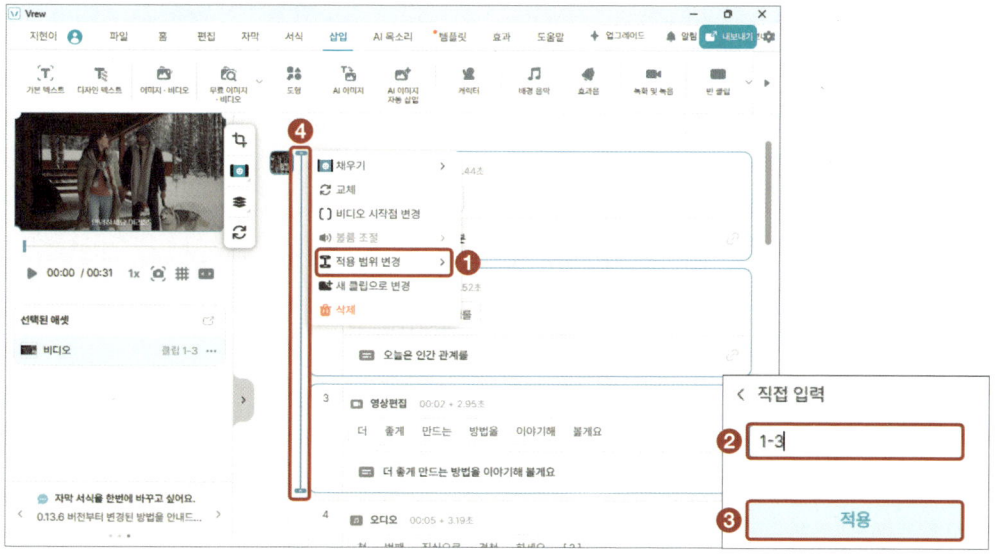

11 계속해서 클립별로 적절한 비디오 애셋을 추가하고, 필요에 따라 적용 범위를 변경합니다.

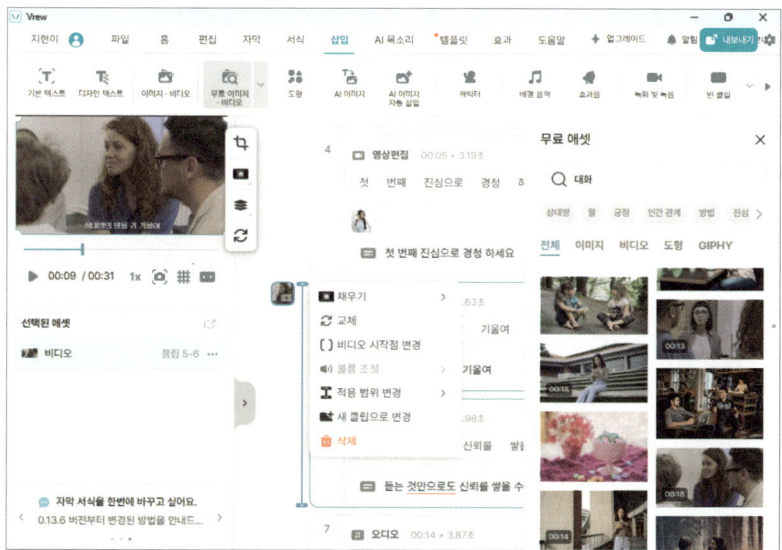

TIP [삽입] 탭에서 [AI 이미지 자동 삽입]을 클릭하면 각 클립의 자막에 따라 적절한 인공지능 이미지를 일괄 삽입할 수 있습니다.

12 비디오 애셋을 모두 적용한 후 ❶[재생] 아이콘을 클릭하여 결과를 확인해 봅니다. 영상 내용에 따라 기본값으로 적용된 흰색 텍스트가 잘 보이지 않을 수 있습니다. ❷[서식] 탭을 클릭한 후 ❸[배경]을 검은색으로 설정하여 자막을 확실하게 구분합니다.

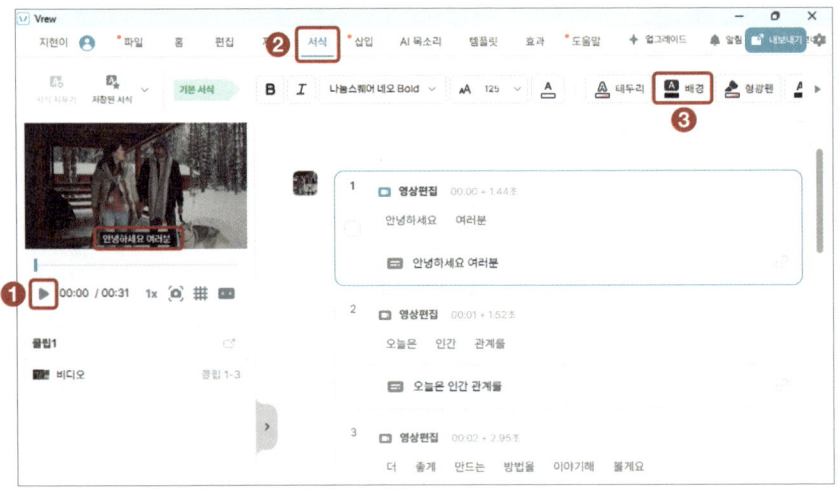

13 마지막으로 ❶[삽입] 탭에서 [배경 음악]을 클릭한 후 ❷배경 음악 패널이 열리면 [신나는 봄 산책]을 찾아 선택하고 ❸[삽입하기] 버튼을 클릭합니다.

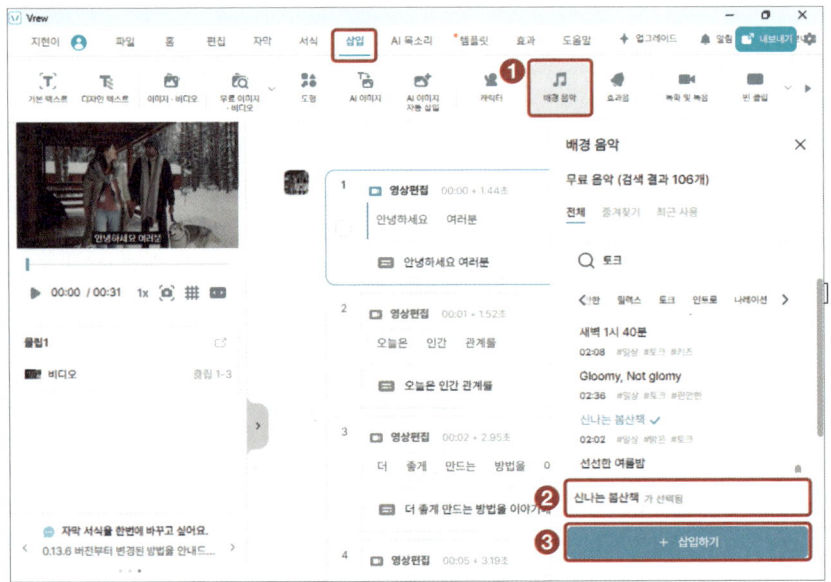

TIP 배경 음악 패널의 가장 위쪽에는 [전체 클립], [선택된 클립], [현재 클립] 중에서 선택하여 배경 음악 적용 범위를 결정할 수 있습니다. 기본값은 [전체 클립]입니다.

14 전체 범위로 배경 음악이 삽입되었으면 ❶애셋 아이콘을 클릭한 후 ❷[**볼륨 조절**]을 선택합니다. ❸볼륨 조절 창이 열리면 [20] 정도로 조절하여 영상을 완성합니다.

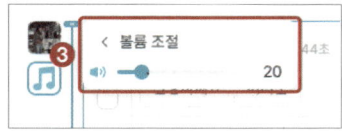

브루의 기본 워터마크 변경하기

최종적으로 영상을 저장하기 전에 할 일이 하나 남았습니다. 바로 워터마크 정리입니다. 무료(Free) 버전을 사용 중이라면 영상의 왼쪽 위에 'VREW'가 입력된 워터마크가 표시됩니다. 유료로 사용 중이라면 이 워터마크를 삭제할 수 있으나, 무료에서는 모양이나 위치만 변경할 수 있습니다.

워터마크 위치 변경_ 워터마크의 위치를 변경하려면 미리보기 화면에서 ❶[VREW] 워터마크를 클릭한 후 ❷[Vrew 마크 위치 변경] 아이콘을 클릭합니다.

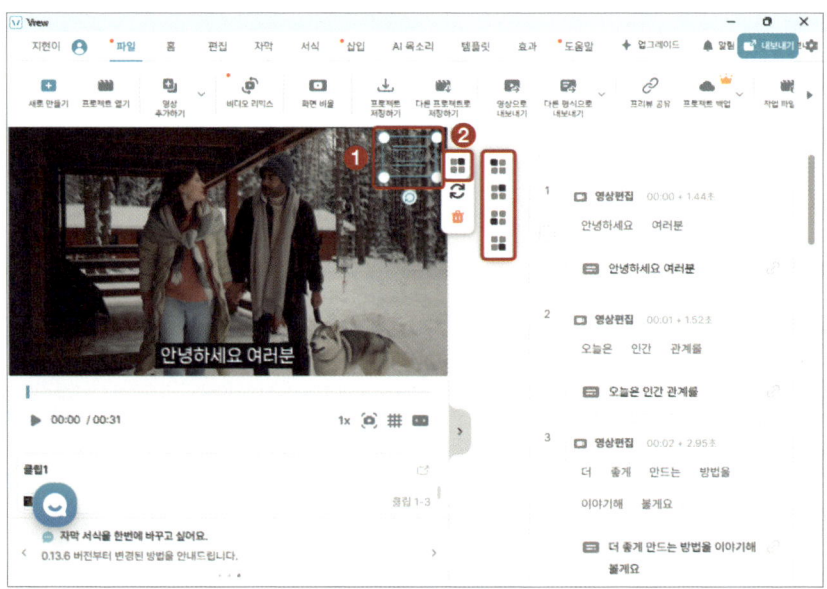

▲ 오른쪽 위로 워터마크 위치를 변경했을 때

위에서부터 순서대로 왼쪽 위, 오른쪽 위, 왼쪽 아래, 오른쪽 아래 중에서 워터마크 위치를 선택할 수 있는 팝업 창이 열립니다. 기본값은 왼쪽 위이므로, 원하는 위치에 해당하는 아이콘을 클릭하여 워터마크 위치를 변경합니다.

워터마크 모양 변경_ 무료 버전에서 워터마크를 삭제할 수는 없지만, 취향에 맞게 변경할 수는 있습니다. ❶워터마크를 클릭한 후 ❷[Vrew 마크 변경] 아이콘을 클릭합니다.

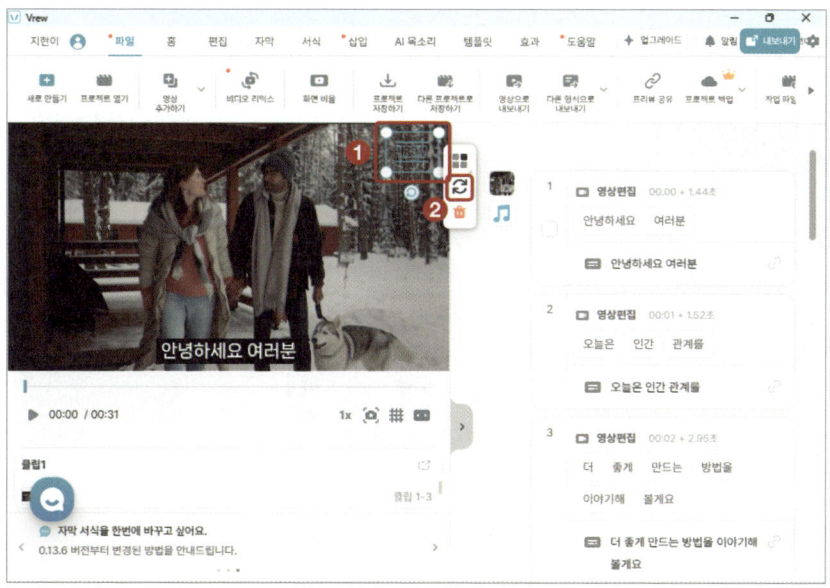

워터마크를 선택할 수 있는 팝업 창이 열립니다. 12가지 종류의 모양과 3가지 색상을 조합하면 총 36가지의 워터마크 중에서 선택할 수 있습니다. 기본값은 첫 번째 모양의 파란색 워터마크입니다.

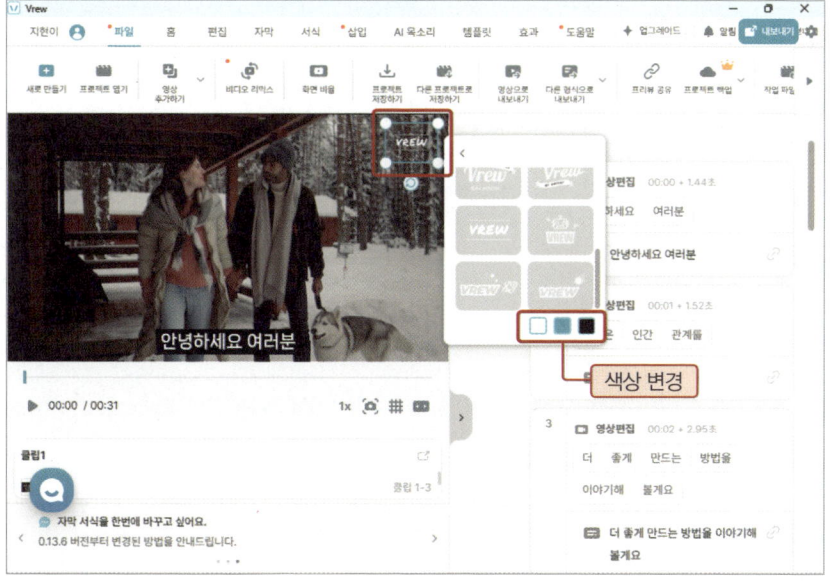

▲ 모양을 변경한 후 흰색을 적용한 워터마크

워터마크 삭제_ 마지막으로 워터마크를 삭제하는 방법입니다. ❶워터마크를 클릭한 후 ❷휴지통 모양의 **[삭제]** 아이콘을 클릭하면 됩니다.

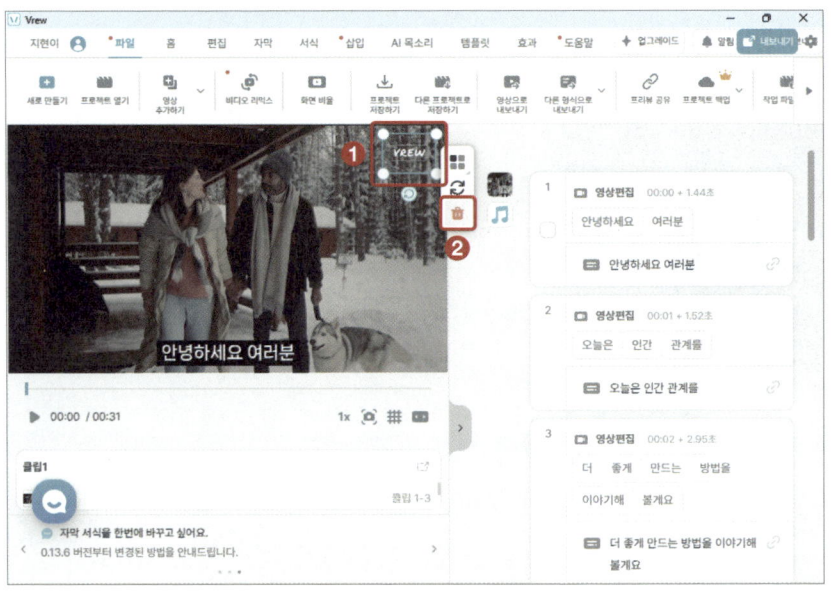

워터마크 삭제는 유료로 사용할 때만 실행됩니다. 유료로 사용 중이라면 아래에서 왼쪽과 같은 팝업 창이 열리고, 여기서 **[삭제]** 버튼을 클릭하면 됩니다. 만약 무료로 사용 중이라면 아래에서 오른쪽과 같은 업그레이드 안내 창이 열립니다.

단, 무료 사용자라도 1달간 워터마크를 삭제할 수 있는 방법이 있습니다. 위와 같은 업그레이드 안내 창에서 **[다른 방법은 없나요?]** 링크를 클릭해 보세요. 당장 업그레이드할 생각이 없는 사용자를 위해 출처 표기 약속과 간단한 설문을 진행하면 1달간 무료로 워터마크를 제거할 수 있는 혜택을 제공합니다.

신청서 제출 창이 열리면 각 문항에 답한 후 **[아래 사항에 동의합니다]**에 체크까지 한 다음 **[확인]** 버튼을 클릭하면 됩니다.

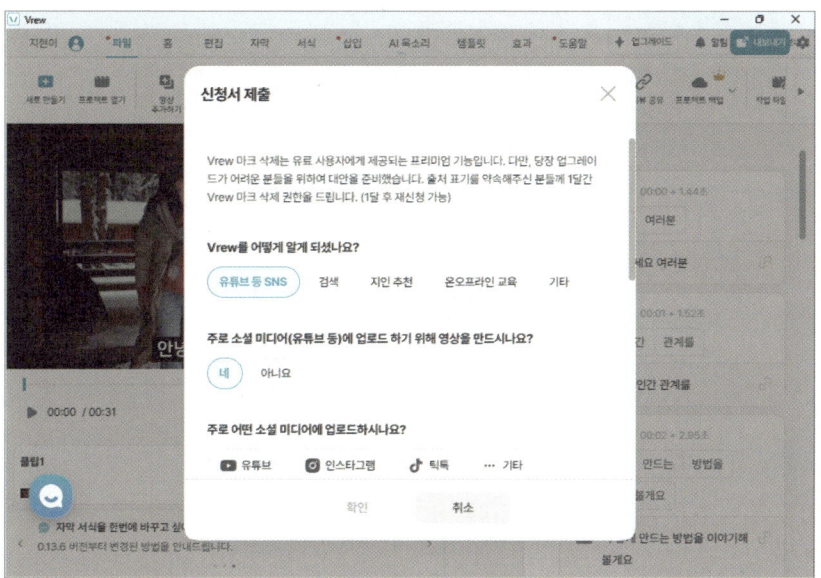

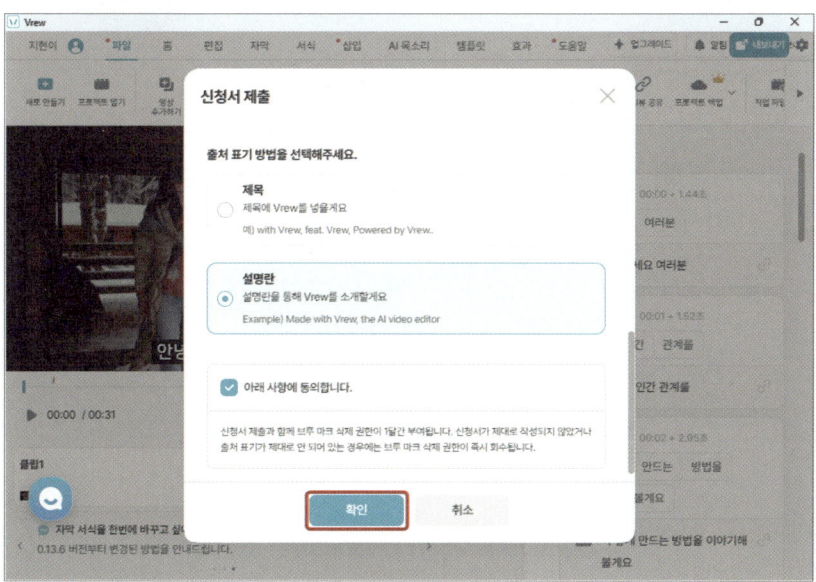

LESSON 07
완성한 영상을 다양한 방식으로 저장하기

편집이 완료된 영상은 다양한 형식으로 저장할 수 있으며, 가장 대중적인 영상 파일인 mp4 파일입니다. mp4로 저장하는 방법부터 이미지로 저장하는 방법까지, 브루의 내보내기 기능 중 대표적인 몇 가지 기능에 대해 살펴보겠습니다.

브루에서 영상 작업이 끝났다면 이제 유튜브나 인스타그램 등에 업로드할 수 있는 영상 파일로 저장하거나, 자막만 저장하는 등 내보내기 과정을 진행합니다. 영상 내보내기는 화면 오른쪽 위에 있는 [**내보내기**] 버튼을 클릭해서 진행합니다.

영상 파일(mp4) 내보내기

영상을 저장하는 가장 대중적인 형식이 mp4입니다. 브루에서 [**내보내기**] 버튼을 클릭해 보면 가장 위에 [**영상 파일(mp4)**] 메뉴가 배치되어 있습니다. [**영상 파일(mp4)**] 메뉴를 선택하면 동영상 내보내기 창이 열리고, 여기서 해상도와 화질 등을 선택한 후 [**내보내기**] 버튼을 클릭합니다.

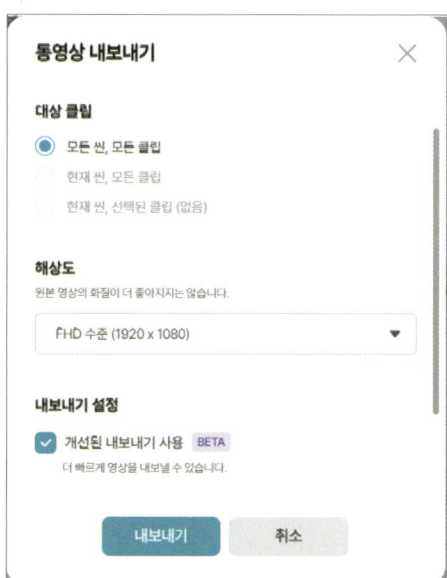 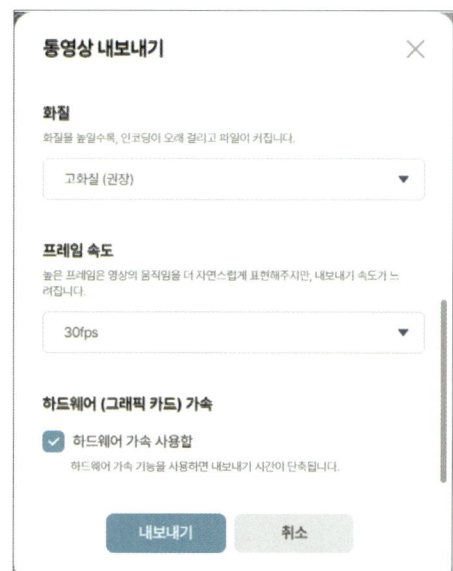

> **TIP** 해상도는 FHD 수준(1920x1080), 화질은 고화질, 프레임 속도는 30fps로 진행하면 적당합니다. 또한, [개선된 내보내기 사용] 옵션에 체크한 후 내보내는 것을 권장합니다.

내보내기를 시작하면 저장할 위치를 선택할 수 있고, 위치를 선택하면 다음과 같이 영상 출력 과정이 진행됩니다. 확인 창이 열리면 **[폴더 열기]** 버튼을 클릭해서 저장된 영상을 바로 확인할 수 있습니다. 이제 저장된 영상 파일을 원하는 유튜브나 인스타그램 등에 업로드하거나 다른 곳으로 보내서 활용하면 됩니다.

▲ 영상 출력 과정

> **TIP** 영상 길이에 따라 내보내기 시간의 차이가 있으며, 화질을 높일수록 용량이 커지고 내보내기 시간이 길어집니다.

LESSON 07 완성한 영상을 다양한 방식으로 저장하기

자막 파일(srt) 내보내기

클립 편집 영역의 자막수정 줄에 있는 텍스트만 별도로 저장할 수도 있습니다. 이때 기본 자막을 여러 개의 언어로 번역할 수도 있습니다. 이렇게 자막 파일을 내보낸 후 유튜브 등에서 자막으로 활용할 수 있습니다.

[내보내기] 버튼을 클릭한 후 **[자막 파일(srt)]**을 선택하면 자막 파일 창이 열립니다. 여기서 여러 언어로 번역하여 저장하고 싶다면 **[자동 번역 자막]** 옵션에서 '선택된 언어가 없습니다.' 부분을 클릭해 봅니다.

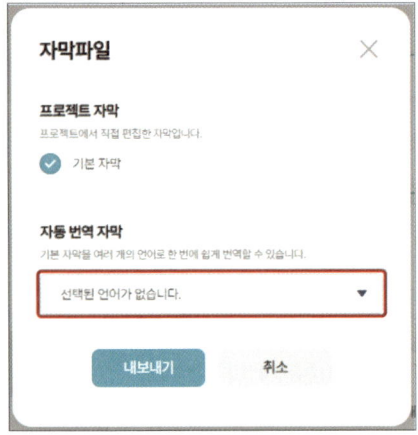

다음과 같이 번역할 수 있는 언어 목록이 펼쳐지면 번역하고 싶은 언어에 모두 체크하고, **[내보내기]** 버튼을 클릭합니다. 여기서는 **[영어]**만 선택했습니다.

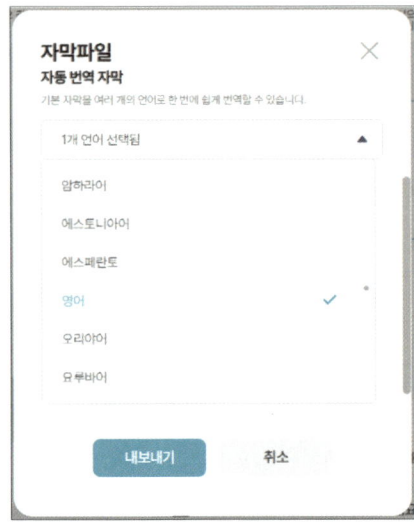

현재 영상의 길이 변화가 없다면 곧바로 자막 파일 저장 위치를 선택할 수 있는 내보내기 창이 열립니다. 만약 영상을 편집하여 길이가 다르다면 아래에서 왼쪽과 같은 안내 창이 열리고, 여기서 **[내보내기]** 버튼을 한 번 더 클릭해야 저장 위치를 선택할 수 있습니다.

저장 위치를 선택하면 잠시 번역 시간이 소요된 후 확인 창이 열립니다. 확인 창에서 **[폴더 열기]** 버튼을 클릭하여 저장 위치를 확인해 보면 기본값인 '한국어'부터 추가로 번역한 언어별로 자막 파일이 생성되어 있습니다. 여기서는 영어만 선택했으므로, 한국어와 영어 자막 파일이 생성됩니다.

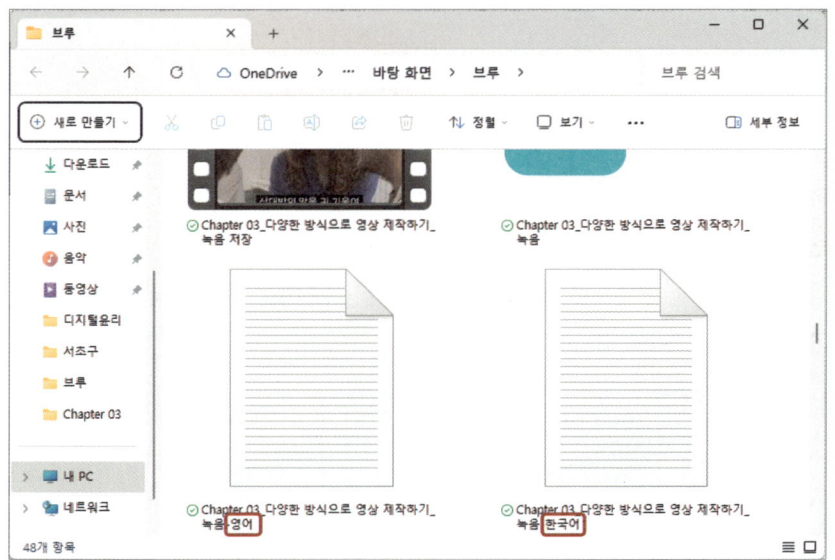

▲ 생성된 자막 파일

[메모장]과 같은 별도의 프로그램에서 자막 파일(srt)을 열어서 확인해 보면 다음과 같이 영상 시간대별 자막이 정리되어 있습니다.

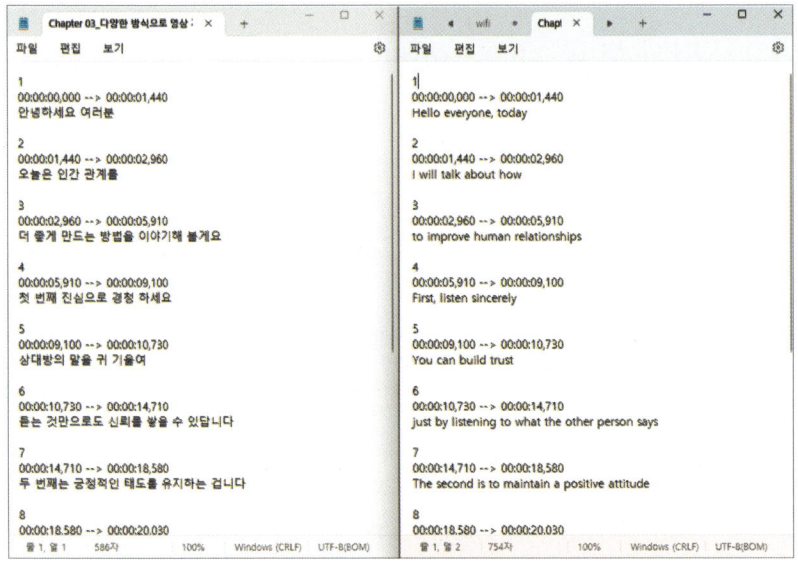

▲ 한글 자막과 번역된 영어 자막

다른 영상 편집 프로그램 파일로 내보내기

브루에서 작업한 결과물을 프리미어 프로나 파이널 컷과 같은 다른 영상 편집 프로그램에서 활용할 수 있도록 내보내기할 수도 있습니다. 각각, [내보내기] 버튼을 클릭한 후 [Premier Pro(xml)], [Final Cut Pro(fcpxml)], [Davinci Resolve(fcpxml)] 중에서 선택하면 됩니다. 이어서 다음과 같은 팝업 창이 열리면 [프레임 레이트(fps)], [줄바꿈 처리 방식] 등의 옵션을 설정한 후 [내보내기] 버튼을 클릭합니다.

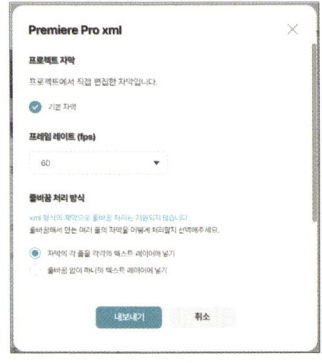

▲ 프리미어 프로 내보내기

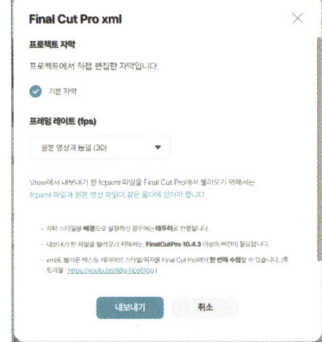

▲ 파이널 컷 프로 내보내기

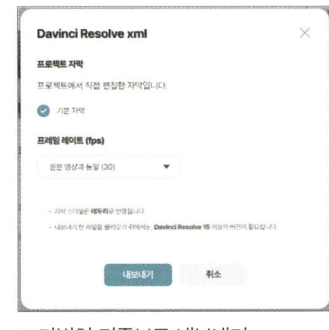

▲ 다빈치 리졸브로 내보내기

오디오, 이미지 파일로 내보내기

오디오만 별도로 내보내거나 영상을 캡처하듯 여러 장의 이미지 파일로 저장할 수도 있습니다.

오디오 파일(mp3, wav)_ [내보내기] 버튼을 클릭한 후 [오디오 파일(mp3, wav)]를 선택하면 오디오 파일 창이 열립니다. [대상 클립]과 [파일 형식] 옵션을 선택한 후 [내보내기] 버튼을 클릭하면 원하는 위치에 저장할 수 있습니다.

MP3 파일은 파일 크기가 작아 음악 스트리밍이나 휴대용 기기에서 주로 사용하며, WAV 파일은 파일 크기도 크고, 품질도 우수하여 주로 오디오 작업용으로 사용합니다.

이미지 파일(png, gif)_ [내보내기] 버튼을 클릭한 후 [이미지(png, gif)]를 선택하면 이미지 창이 열립니다. [대상 클립]과 [파일 형식] 옵션을 선택한 후 [내보내기] 버튼을 클릭합니다. 다음과 같이 여러 장의 이미지가 생성되므로, 영상의 내용을 카드뉴스 등에 활용할 때 유용합니다.

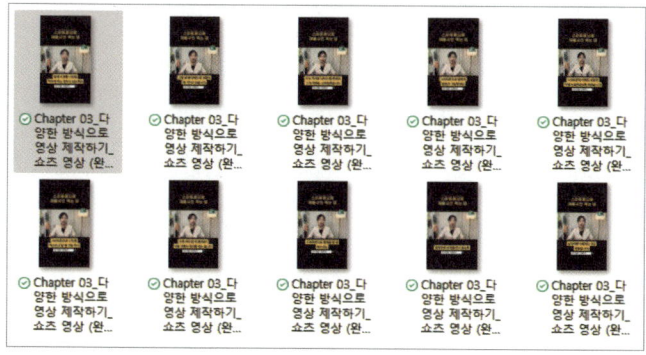

▲ 파일 저장 사례

TIP GIF는 잦은 오류가 보고되므로, PNG 파일로 내보내기 하는 것을 권장합니다.

다른 사용자와 공유하는 프리뷰

브루에서 작업 중인 영상을 내보내기 하기 전에 미리 다른 사용자에게 공유하여 의견을 받을 수 있습니다. ❶[내보내기] 버튼을 클릭한 후 ❷팝업 메뉴에서 가장 아래쪽에 있는 [링크로 영상을 공유하세요! 프리뷰 공유] 버튼을 클릭합니다.

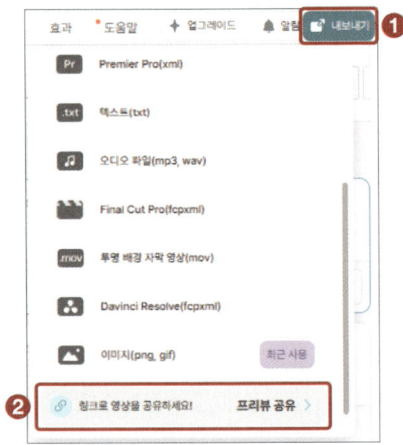

프리뷰 공유 창에서 [공유하기] 버튼을 클릭하면 다른 사용자와 공유할 수 있는 링크가 생성됩니다. 이때, 불특정 다수에게 공개되는 것을 방지하기 위해 비밀번호를 설정할 수도 있습니다. [비밀번호 사용] 옵션을 활성화하고, 원하는 비밀번호를 입력하면 됩니다.

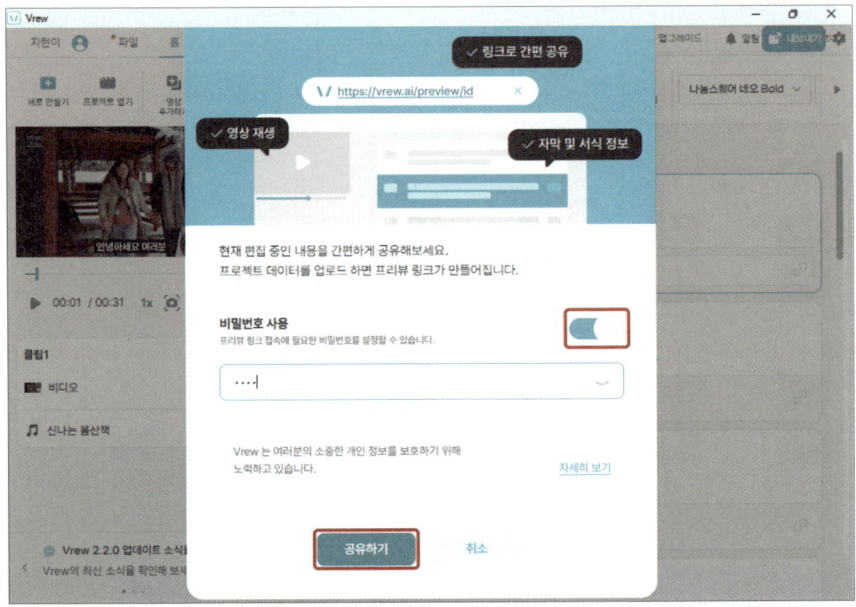

프리뷰 링크가 표시되면 **[복사]** 버튼을 클릭한 후 메일이나 SNS 등에서 붙여넣기하여 링크를 공유합니다. 비밀번호를 사용했으면 별도로 비밀번호를 전달해야 해당 영상을 확인할 수 있습니다.

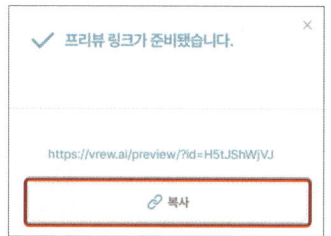

> **TIP** 프리뷰 링크 창이 빠르게 사라졌다면 다시 한번 **[내보내기]** – **[링크로 영상을 공유하세요! 프리뷰 공유]** 버튼을 클릭해 보세요. 생성된 링크와 함께 비밀번호 사용 여부를 변경하거나 프리뷰 링크를 삭제할 수 있습니다.

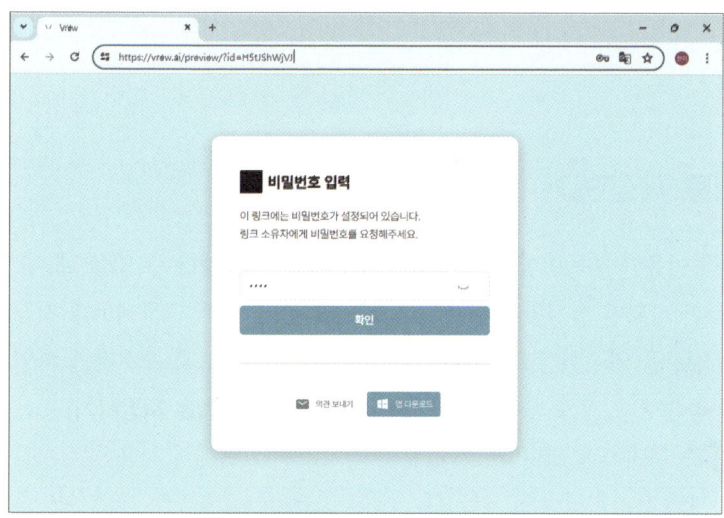

▲ 비밀번호 사용 시 비밀번호 입력 화면

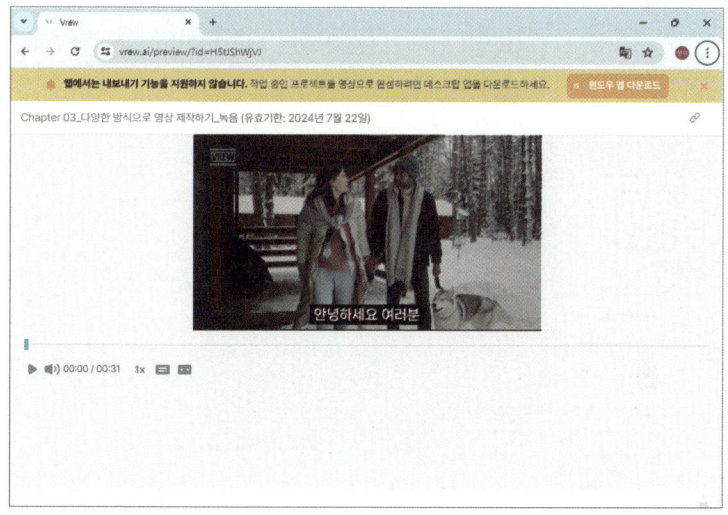

▲ 프리뷰 공유 기능으로 확인한 영상

프로젝트 저장 및 불러오기

프로젝트를 진행하다 저장해 놓고, 이후 다시 불러와서 작업할 때도 있습니다. 또한, 완성한 프로젝트라도 추가 수정이나 관리를 위해 프로젝트 파일로 저장해 두는 것이 좋습니다. 여기서는 프로젝트 파일로 저장하고 불러오는 방법을 알아보겠습니다.

프로젝트 파일로 저장하기

영상을 편집하면서 시간적인 이유나 부득이한 사정으로 작업을 이어서 진행할 수 없을 때, 혹은 오류와 같은 의도하지 못한 상황이 발생할 때를 대비하여 중간에 한 번씩 프로젝트를 저장하는 것이 좋습니다. 또한, 영상을 완성했더라도 추후 재사용할 수도 있으므로 프로젝트 파일로 저장하여 보관하는 것이 좋습니다. 프로젝트 저장은 **[파일]** 탭에서 **[프로젝트 저장하기]** 또는 **[다른 프로젝트로 저장하기]** 중 선택하면 됩니다. 흔히 문서 작성 프로그램에서 사용하는 저장하기, 다른 이름으로 저장하기와 유사합니다.

프로젝트 저장하기_ 신규 프로젝트를 시작한 후 처음 저장할 때, 혹은 앞서 저장한 프로젝트 파일에 그대로 덮어서 저장할 때 사용합니다. **[파일]** 탭에서 **[프로젝트 저장하기]**를 클릭하거나, 단축키 Ctrl + S 를 누릅니다.

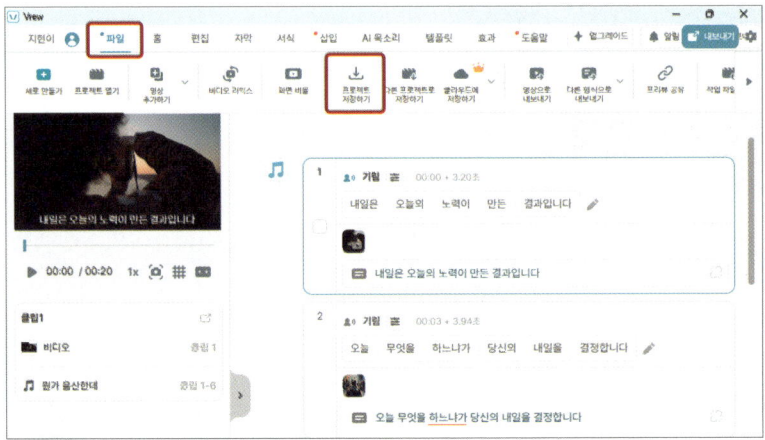

해당 프로젝트를 처음 저장한다면 프로젝트 파일 저장 위치 및 파일 이름을 지정한 후 **[저장]** 버튼을 클릭합니다. 이후부터는 **[프로젝트 저장하기]**를 클릭하면 기존 파일이 대체되며, 프로젝트 파일의 확장자는 vrew입니다.

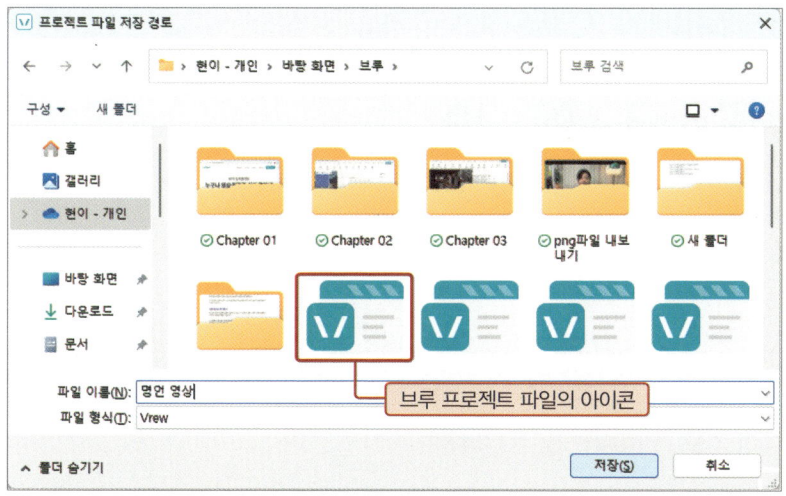

▲ 새로운 프로젝트 파일 저장하기

다른 프로젝트로 저장하기_ 현재 프로젝트를 버전별로 관리하고 싶다면 마지막으로 저장한 내용으로 대체되는 **[프로젝트 저장하기]**가 아닌, **[파일]** 탭의 **[다른 프로젝트로 저장하기]**를 클릭합니다. 작업 중간에 한 번씩 다른 프로젝트로 저장해 놓는다면 최종 단계에서 수정할 일이 생겼을 때 처음부터 다시 작업하지 않고, 중간에 저장된 프로젝트 파일을 불러와서 수정하면 좀 더 수월합니다. 다른 프로젝트로 저장하기의 단축키는 Ctrl + Shift + S 입니다.

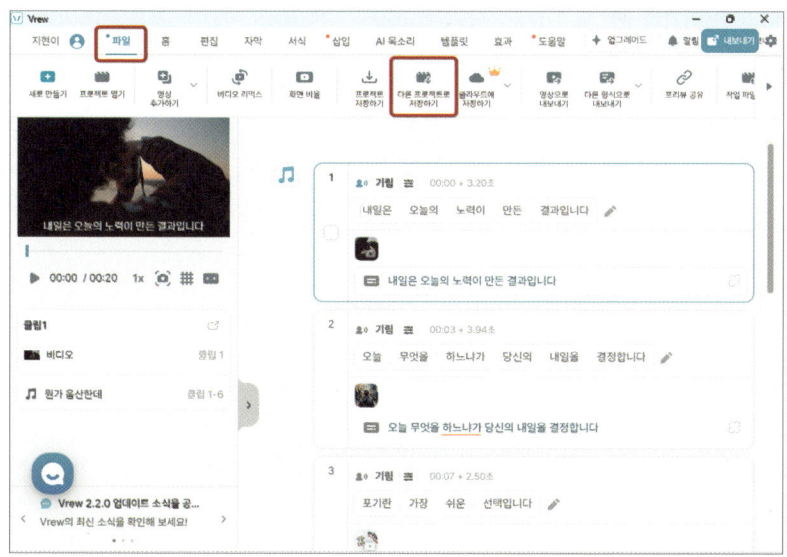

다른 프로젝트로 저장하기는 실행할 때마다 저장 위치와 파일명을 지정해야 합니다. 일반적으로 프로젝트 파일의 버전 관리는 같은 이름을 사용하고 이름 뒤에 _1, _2와 같은 일련번호를 붙여서 사용합니다.

▲ 버전별로 관리 중인 프로젝트 파일

> **TIP** 다른 프로젝트로 저장한 후 이어서 **[프로젝트로 저장하기]**를 클릭하면 마지막에 저장한 다른 이름 프로젝트에 덮어서 저장됩니다.

프로젝트 파일 불러오기

저장해 둔 프로젝트를 불러와서 작업을 지속하거나 수정할 수 있습니다. 저장한 프로젝트를 불러올 때는 **[파일]** 탭에서 **[프로젝트 열기]**를 클릭하면 됩니다.

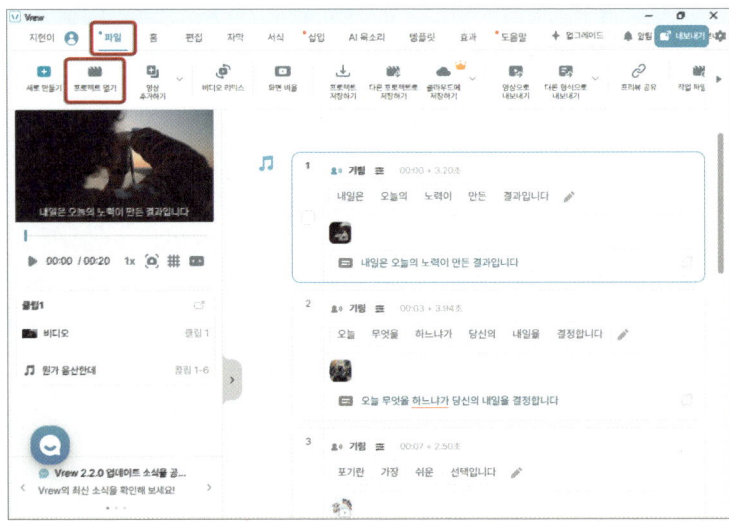

프로젝트 열기 창이 열리면 최근 작업했던 프로젝트 목록이 표시됩니다. 여기서 사용할 프로젝트를 선택하거나, **[찾아보기]** 버튼을 클릭하여 저장해 둔 위치에서 프로젝트 파일을 찾아 열 수 있습니다.

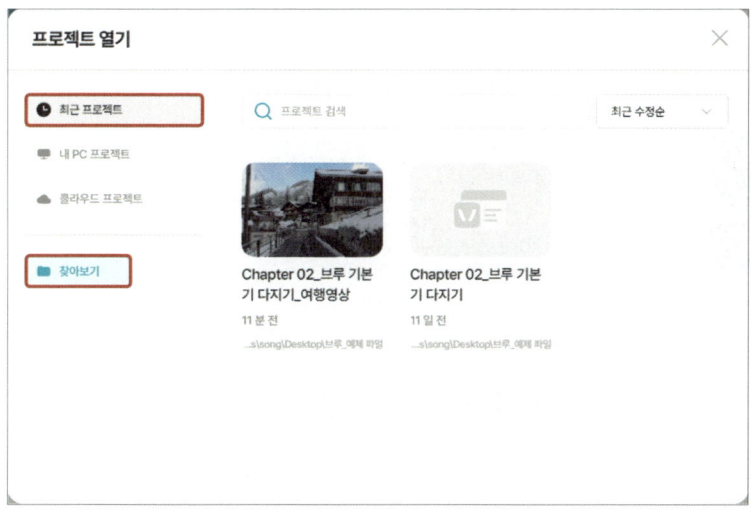

🎬 클라우드에 저장하기 Light

앞에서 소개한 프로젝트 파일 저장은 내 컴퓨터에서 작업할 때 이용하는 방법입니다. 작업 중인 프로젝트를 다른 컴퓨터에서 작업해야 할 상황이라면 프로젝트 파일을 브루에서 제공하는 클라우드 공간에 업로드할 수 있습니다.

클라우드 기능은 유료(Light 이상)로 사용할 때만 이용할 수 있는 기능으로, 프로젝트를 업로드할 때는 사용 중인 요금제에 따라 제공하는 저장 공간의 차이가 있습니다.

- Light: 10GB
- Standard: 50GB
- Business: 60GB

> **TIP** 무료 사용자라면 프로젝트 파일을 USB와 같은 이동식 저장 장치에 저장하거나 이메일 혹은 사용 중인 다른 클라우드에 저장한 후 다른 컴퓨터에서 작업을 이어서 진행하면 됩니다.

클라우드 저장하기_ ①[파일] 탭에서 [다른 프로젝트로 저장하기]의 [펼침] 버튼을 클릭한 후 ②[클라우드 프로젝트]를 선택합니다.

다음과 같이 클라우드에 프로젝트 저장하기 창이 열리면 프로젝트 이름을 입력한 후 **[저장]** 버튼을 클릭합니다. 프로젝트 저장이 완료되면 **[확인]** 버튼을 클릭하여 창을 닫습니다.

클라우드 프로젝트 불러오기_ 클라우드에 저장한 프로젝트 파일을 사용할 때는 ❶**[파일]** 탭에서 **[프로젝트 열기]**를 클릭한 후 ❷왼쪽 위치에서 **[클라우드 프로젝트]**를 선택합니다. ❸클라우드에 저장한 프로젝트 목록이 표시되면 사용할 목록을 선택하여 프로젝트를 시작합니다.

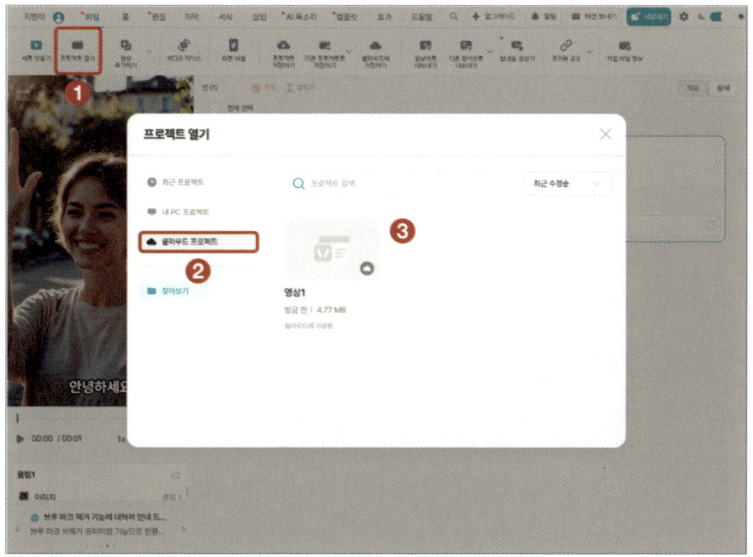

> **TIP** 클라우드에 저장한 프로젝트를 다시 PC에 저장하고 싶다면 **[파일]** 탭에서 **[다른 프로젝트로 저장하기]**의 **[펼침]** 버튼을 클릭한 후 **[내 PC 프로젝트]**를 선택하면 됩니다.

CHAPTER
04

영상 편집이 쉬워지는
브루 인공지능

생성형 인공지능은 기존의 데이터를 바탕으로 새로운 콘텐츠를 생성하는 기술입니다.
브루에 탑재되어 있는 생성형 인공지능은 간단한 텍스트 입력만으로 이미지와
영상을 생성할 수 있습니다. 브루의 인공지능을 활용하여 시간도 절약하고,
쉽고 빠르게 창의적인 결과물을 완성해 보세요.

LESSON 01
인공지능으로 이미지 생성하기

생성형 인공지능 기술을 활용하여 텍스트 입력만으로 이미지를 생성할 수 있습니다. 텍스트를 입력하여 생성된 이미지로 내가 만들고자 하는 영상의 특정 장면을 효과적으로 표현해 보세요.

🎬 AI 이미지 생성하기

작업 중인 프로젝트의 클립별 혹은 전체 영상에 필요한 이미지를 인공지능으로 생성하여 추가할 수 있습니다.

01 새로운 프로젝트를 생성하거나 작업 중이던 프로젝트에서 ❶인공지능 이미지가 삽입될 클립을 선택합니다. ❷**[삽입]** 탭에서 **[AI 이미지]**를 클릭합니다.

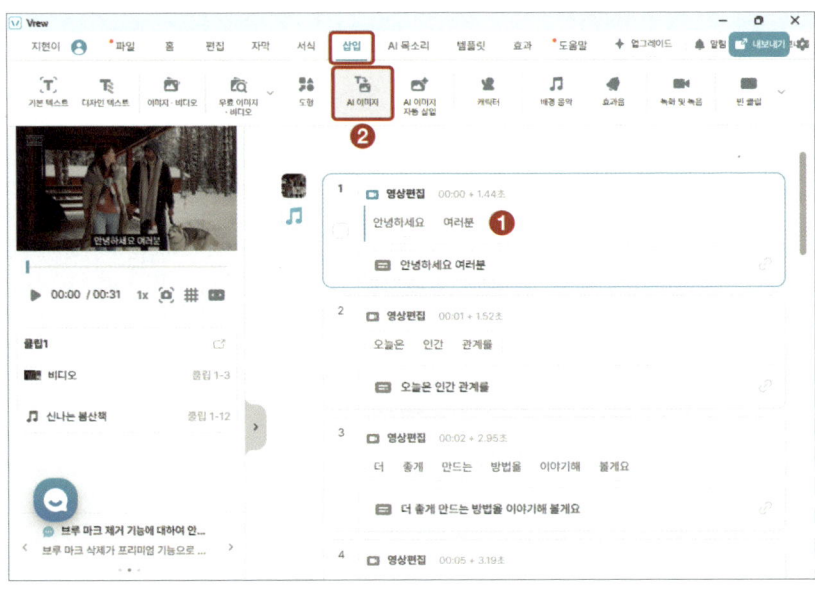

02 AI 이미지 창이 열리면 ❶이미지 묘사 입력란에 생성할 이미지에 대해 자세한 설명글을 작성합니다. ❷생성할 이미지의 스타일과 ❸이미지 비율을 설정한 후 ❹**[이미지 n장 생성]** 버튼을 클릭합니다. 여기서는 이미지 스타일과 비율을 **[사진]**, **[가로(4:3)]**로 설정했습니다.

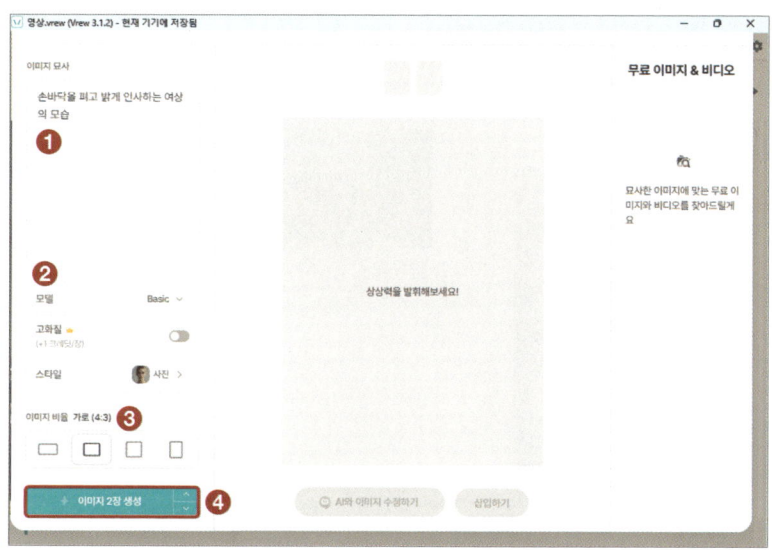

> **TIP** 브루를 무료로 사용 중이라면 한 번에 최대 1장씩만 생성할 수 있습니다. 또한 인공지능 이미지는 무료로 사용 중일 때 월 100장, Light는 1000장, Standard는 5000장, Business는 6000장을 생성할 수 있습니다.

03 입력한 설명글에 따라 이미지가 생성됩니다. 만약 생성된 이미지가 어색하거나 조금 더 보완이 필요하다면 **[AI와 이미지 수정하기]** 버튼을 클릭합니다.

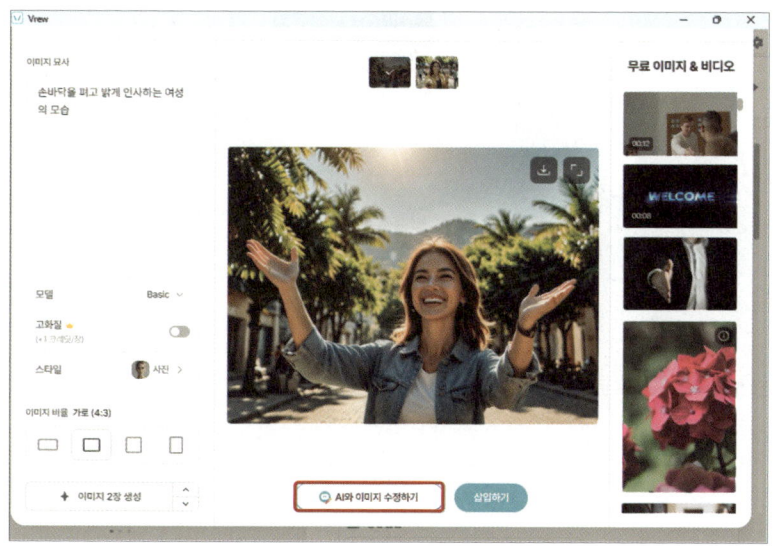

LESSON 01 인공지능으로 이미지 생성하기 **165**

04 창 오른쪽으로 인공지능과 대화할 수 있는 패널이 열립니다. 처음 생성된 이미지에서 보완할 부분을 좀 더 구체적으로 작성한 후 Enter 를 누르거나 화살표 모양의 **[전송]** 아이콘을 클릭합니다.

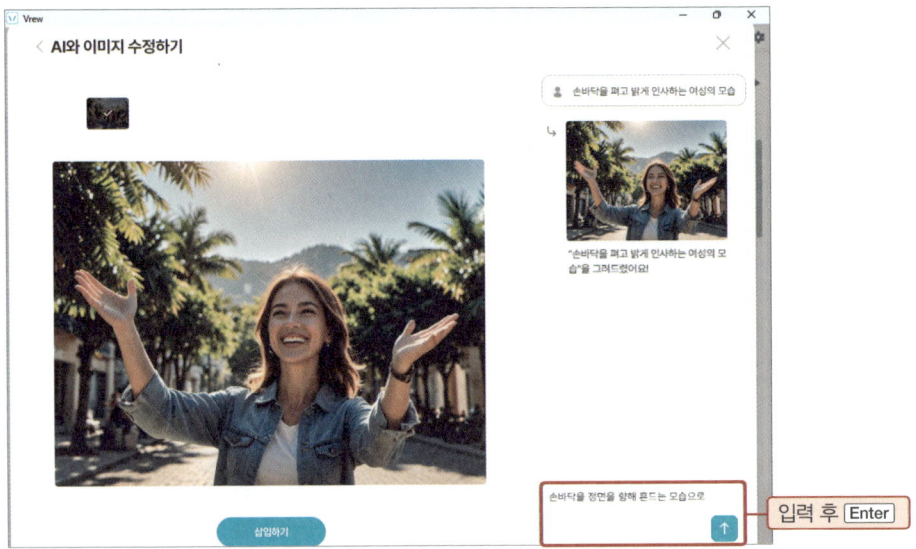

05 ❶설명에 따라 보완된 이미지가 생성됩니다. ❷미리보기 화면 위에는 섬네일로 보완된 이미지의 변경 과정이 표시되므로, 이전 이미지를 다시 선택해서 사용할 수 있습니다. ❸생성된 이미지를 사용하기 위해 **[삽입하기]** 버튼을 클릭합니다.

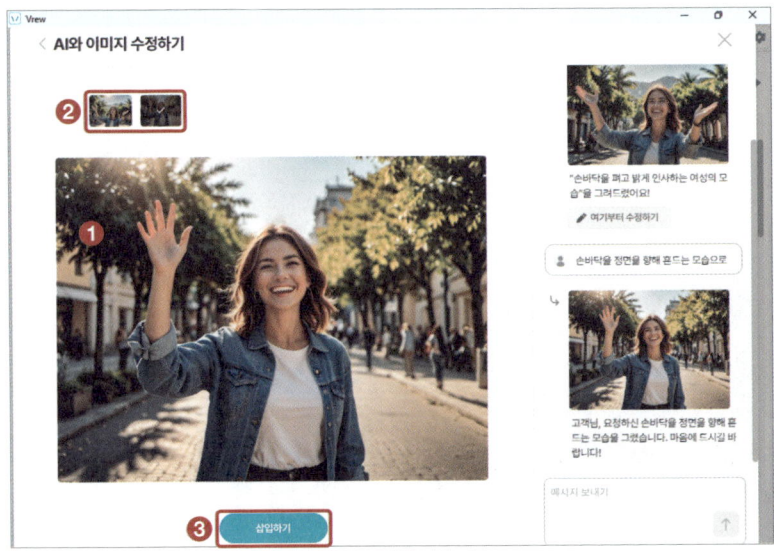

TIP 생성된 이미지가 마음에 들지 않으면 계속해서 설명을 입력하면서 변화를 줄 수 있습니다. 이때, 배경을 변경하거나 색상을 흑백으로 변경하는 등의 요청도 할 수 있으며, 새로운 이미지가 생성될 때마다 AI 이미지 사용 수가 차감됩니다.

NOTE 생성된 이미지 미리보기 화면에 포함된 기능들

생성된 이미지의 미리보기 창으로 마우스 커서를 옮기면 좌우에 이동 버튼이 표시되고, 오른쪽 위에는 [다운로드]와 [전체 화면] 아이콘이 표시됩니다.

좌우에 있는 버튼을 클릭하여 생성된 다른 이미지를 선택할 수 있고, [전체 화면] 아이콘을 클릭하면 이미지를 좀 더 큰 화면에서 확인할 수 있습니다. 끝으로 [다운로드] 아이콘을 클릭하면 원하는 위치를 지정하여 이미지 파일로 저장할 수 있습니다. 단, 생성 이미지를 다운로드하려면 Light 이상의 유료 요금제를 사용해야 합니다.

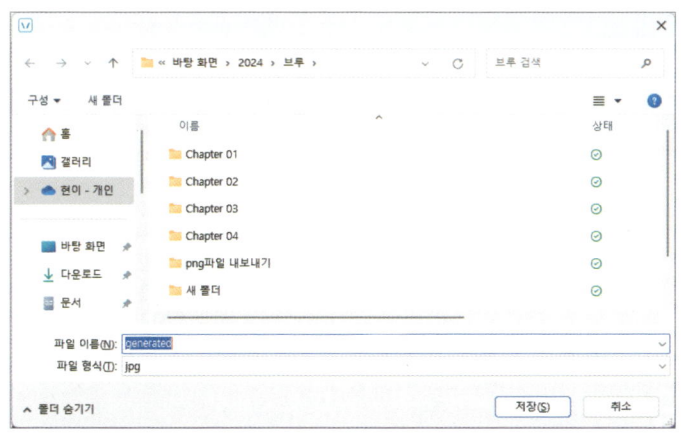

▲ 생성한 이미지 저장하기

06 생성한 이미지가 앞서 선택한 클립에 삽입됩니다. 이미지의 크기를 변경하기 위해 **[이미지 애셋]** 아이콘의 팝업 메뉴에서 **[채우기]**를 클릭합니다.

07 이어서 ❶**[잘라서 채우기]**를 선택하면 ❷이미지가 화면 가득 채워집니다.

> **TIP** 미리보기 화면에 표시되는 팝업 도구에서 **[자르기]** 아이콘을 클릭하면 원하는 부위만 잘라서 사용할 수 있습니다.

🎬 AI 이미지 자동 삽입하기

AI 이미지 자동 삽입 기능은 브루의 인공지능이 클립의 자막 내용을 분석하여 자동으로 이미지나 비디오 애셋을 추가해 주는 기능입니다.

01 AI 이미지 자동 삽입 기능을 실행할 임의의 프로젝트를 열고 [삽입] 탭에서 [AI 이미지 자동 삽입]을 클릭합니다.

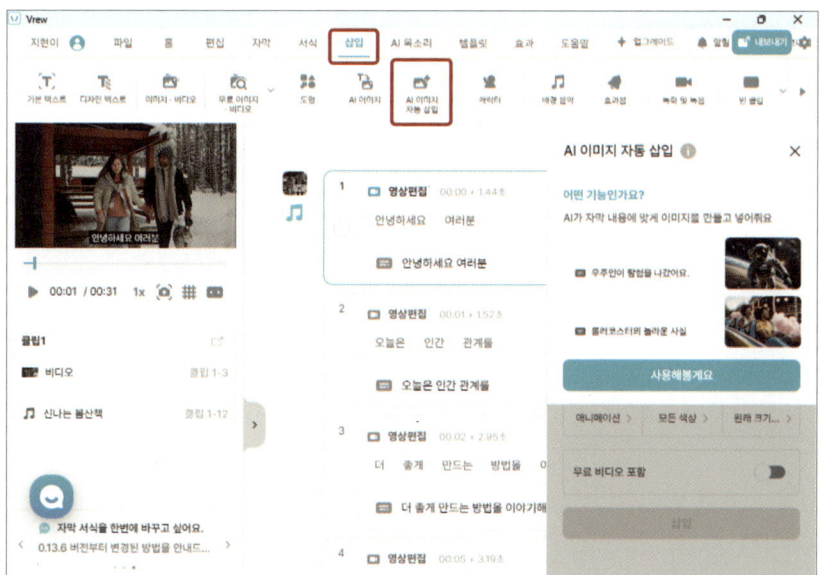

> **TIP** 브루를 무료로 사용 중이라면 한 번에 최대 10개의 클립까지만 AI 자동 삽입 기능을 적용할 수 있습니다. 그러므로, 긴 영상이라면 클립을 10개씩 나눠서 선택한 후 AI 이미지 자동 삽입 기능을 실행하세요.

02 AI 이미지 자동 삽입 패널이 열리면 ❶[적용 범위] 옵션부터 ❷'AI 이미지' 영역에 있는 각 옵션을 적절하게 변경하고 [삽입] 버튼을 클릭합니다. 여기서는 [빈티지], [잘라서 채우기]로 설정했습니다.

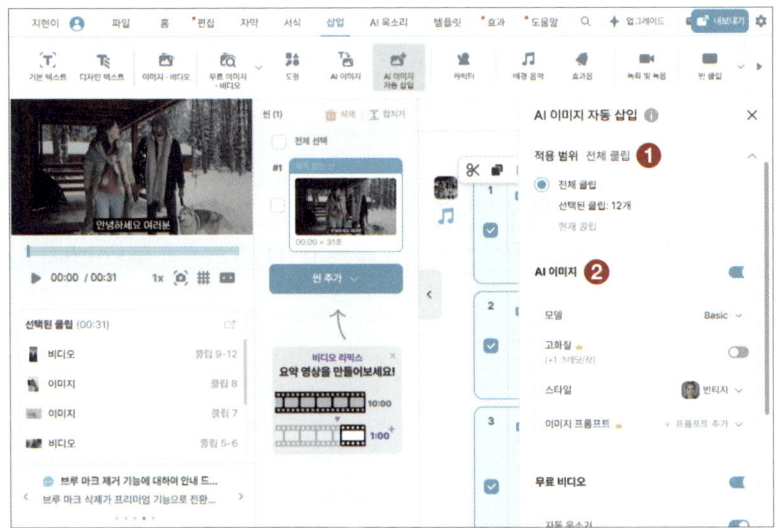

> **TIP** 개별 클립에 인공지능 이미지나 비디오를 삽입하고 싶다면 해당 클립에서 마우스 오른쪽 버튼을 클릭한 후 [AI 이미지 자동 삽입] 메뉴를 선택합니다. 이때, 메뉴 오른쪽에 있는 기어 모양의 [설정] 아이콘을 클릭하면 위와 같은 패널이 열립니다.

03 각 클립의 자막 내용에 맞춰서 빈티지 스타일의 이미지나 비디오 애셋이 추가된 것을 확인할 수 있습니다.

▲ AI 이미지 자동 삽입 결과

LESSON 02
인공지능 목소리로 영상 제작하기

영상을 직접 촬영하거나 사용자가 직접 녹음하지 않더라도 텍스트를 입력한 후 인공지능 목소리를 활용하고, 이미지, 비디오 애셋 등을 추가하여 새로운 영상을 완성할 수 있습니다.

🎬 AI 목소리로 프로젝트 시작하기

입력한 텍스트를 읽어 주는 인공지능 목소리를 활용해 영상을 제작할 수 있습니다.

01 ❶[파일] 탭에서 [새로 만들기]를 클릭한 후 ❷새로 만들기 창이 열리면 [AI 목소리로 시작하기]를 클릭합니다.

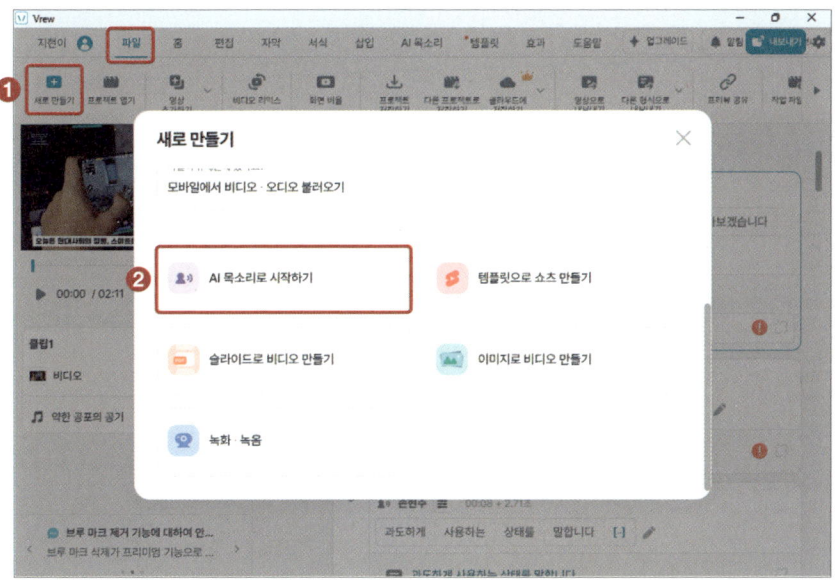

LESSON 02 인공지능 목소리로 영상 제작하기 **171**

02 하나의 클립만 배치된 편집 화면이 시작되면 ❶다음과 같이 영상의 대본을 입력하고, ❷인공지능 목소리를 선택하기 위해 **[목소리 설정]** 아이콘을 클릭합니다.

> 건강하게 살고 싶다면 이 3가지만 기억하세요! Shift + Enter
> 첫 번째, 매일 30분씩 가벼운 운동하기 Shift + Enter
> 두 번째, 과일, 채소, 고기 골고루 먹기 Shift + Enter
> 세 번째, 하루에 7시간 이상 수면하기

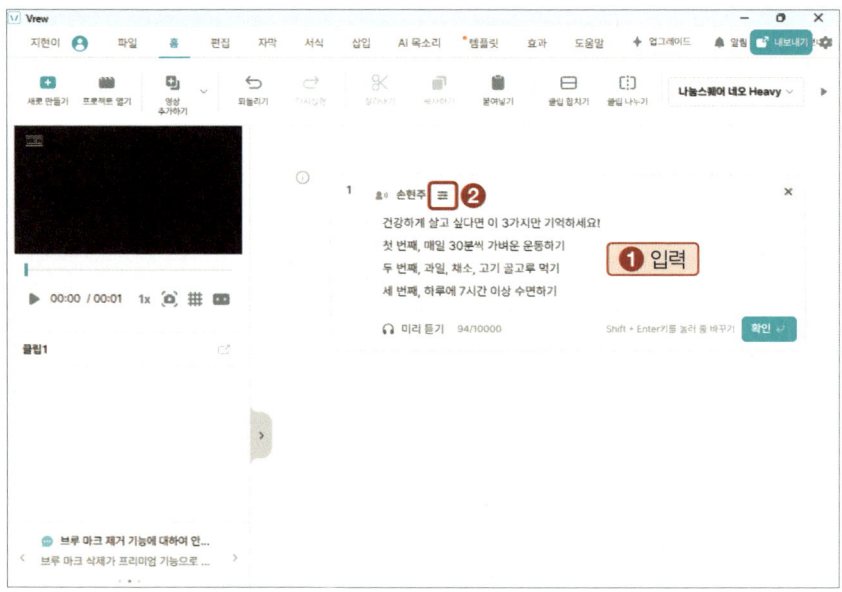

> **TIP** 자막을 여러 줄로 입력하려면 위와 같이 Shift + Enter 를 눌러서 줄을 바꿉니다. 만약 Enter 를 누르면 곧바로 AI 목소리 생성으로 넘어갑니다.

03 AI 목소리 설정 창이 열리면 ❶원하는 목소리를 선택하고 ❷[확인] 버튼을 클릭합니다. 추천 AI 목소리 목록에서 사용할 목소리로 마우스 커서를 옮긴 후 헤드셋 모양의 아이콘을 클릭하면 목소리를 미리 들어 볼 수 있습니다.

04 목소리 선택이 끝나자 입력한 대본의 각 줄이 별도의 클립으로 생성되었습니다.

05 미리보기 화면에서 [재생] 아이콘을 클릭하여 생성된 목소리를 확인해 보세요. 4번 클립의 [7시간] 워드 부분에서 '일곱시간'이 아닌 '칠시간'으로 읽는 것을 확인할 수 있습니다. ❶ 영상편집 줄에서 [텍스트 수정] 아이콘을 클릭한 후 ❷[7시간]을 [일곱 시간]으로 수정하고, ❸[확인] 버튼을 클릭합니다.

06 각 클립을 선택한 후 ❶[삽입] 탭에서 [무료 이미지·비디오]를 클릭하여 ❷ 적절한 애셋을 삽입합니다. ❸ 삽입한 애셋의 크기 비율이 맞지 않으면 [채우기] 아이콘을 클릭한 후 ❹[잘라서 채우기] 아이콘을 클릭하여 화면 가득 채웁니다. Link 애셋 추가 방법은 71쪽에서 자세히 설명합니다.

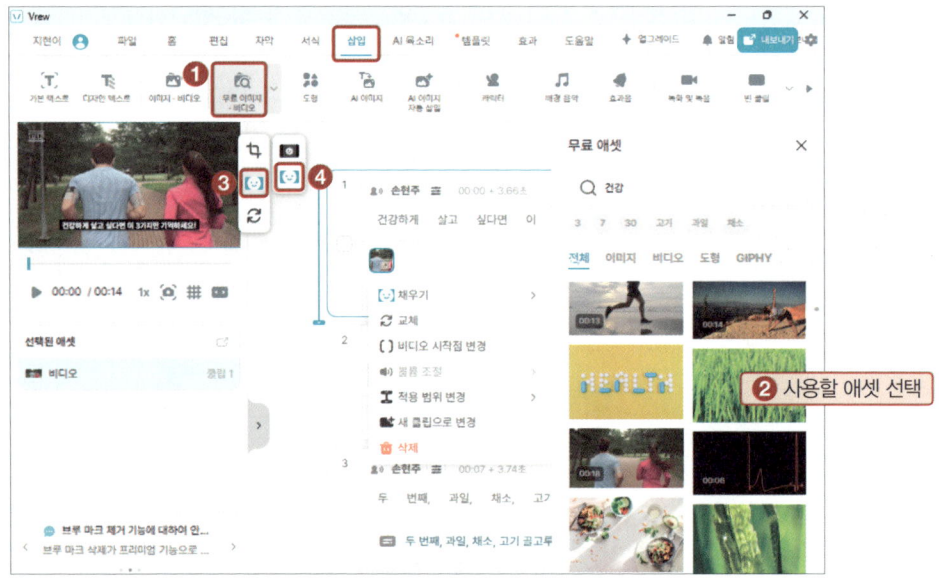

TIP [삽입] 탭에서 [AI 이미지 자동 삽입] 기능을 이용하면 전체 클립에 인공지능 이미지를 자동으로 삽입할 수 있습니다.

 **NOTE** 한 클립에서 워드별로 이미지 추가하기

이미지를 추가할 클립을 선택한 후 ❶[삽입] 탭에서 [무료 이미지·비디오]를 클릭하고 무료 애셋 패널이 열리면 ❷적절한 이미지를 선택하여 추가합니다. 클립에 [이미지 애셋] 아이콘이 추가되면 ❸[적용 범위 변경]을 선택한 후 [워드로 적용]을 선택합니다.

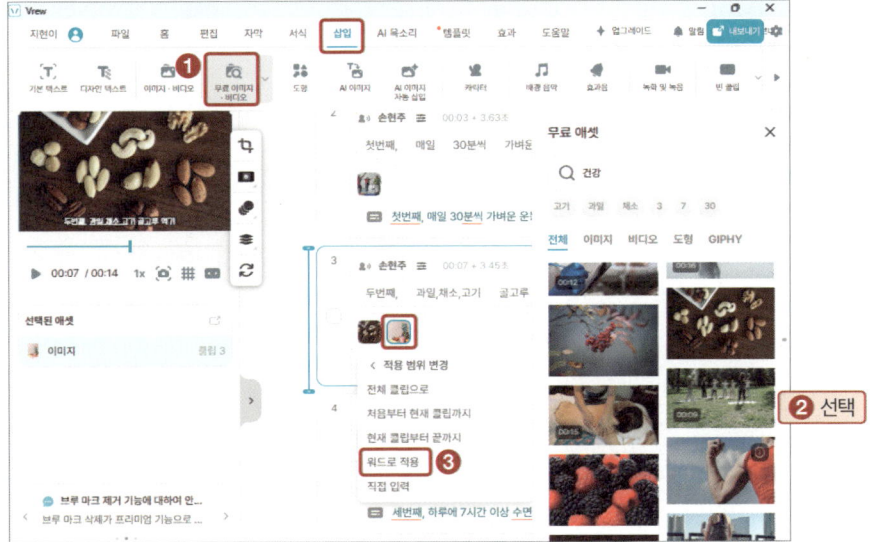

[이미지 애셋] 아이콘이 영상편집 줄로 이동되며, 특정 워드가 선택됩니다. 워드 앞뒤에 있는 핸들을 드래그하여 해당 이미지가 표시될 워드의 범위를 조절할 수 있습니다.

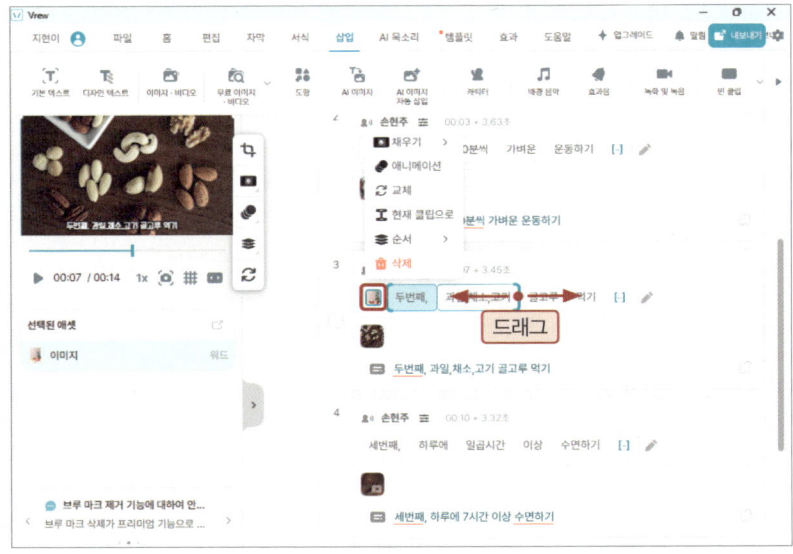

앞서와 같은 방법으로 또 다른 이미지도 적용 범위를 워드로 변경하고, 핸들을 이용하여 이미지가 표시될 워드 범위를 지정하면 한 클립에서 여러 개의 이미지를 워드별로 삽입하여 영상을 더욱 풍성하게 완성할 수 있습니다.

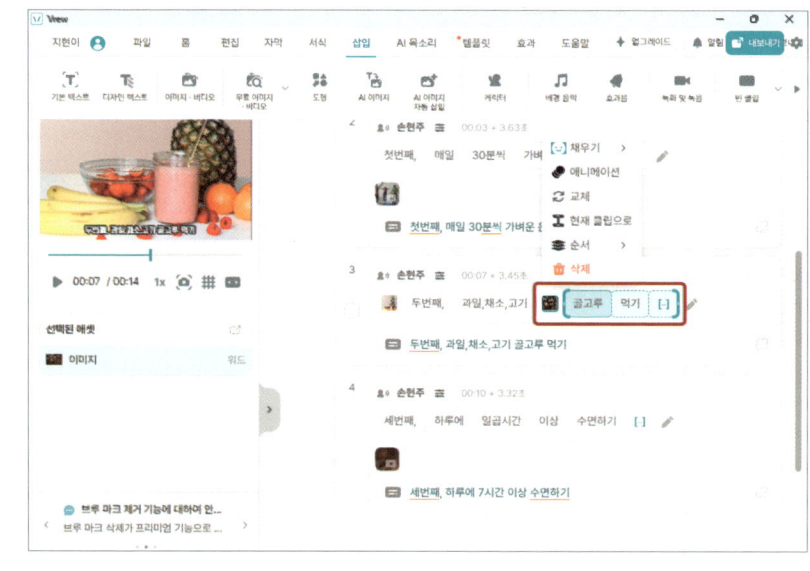

🎬 AI 목소리로 영상에 음성 더빙하기

AI 자막 더빙 기능을 이용하면 사용자가 직접 녹음하지 않더라도 음성을 더빙하거나 내레이션을 추가할 수 있습니다.

01 영상에 AI 목소리로 음성을 더빙하기 위해 ❶[AI 목소리] 탭에서 [AI 자막 더빙]을 클릭한 후 ❷[전체 클립에 더빙하기]를 선택합니다.

02 만약 다음과 같은 안내 창이 열린다면 자막이 입력되어 있지 않아서 AI 목소리를 생성할 수 없는 상태라는 의미입니다. **[확인]** 버튼을 클릭한 후 각 클립의 자막수정 줄에 적절한 자막을 입력하고 다시 01번 과정을 실행합니다.

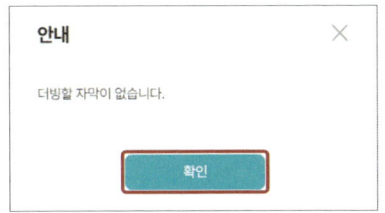

03 AI 목소리 설정 창이 열리면 ❶ 사용할 AI 목소리를 선택하고 ❷ **[확인]** 버튼을 클릭합니다.

04 잠시 AI 목소리 생성 과정이 진행되고, 이어서 원본 영상 음소거 확인 창이 열리면 내용 확인 후 **[예]** 버튼을 클릭합니다.

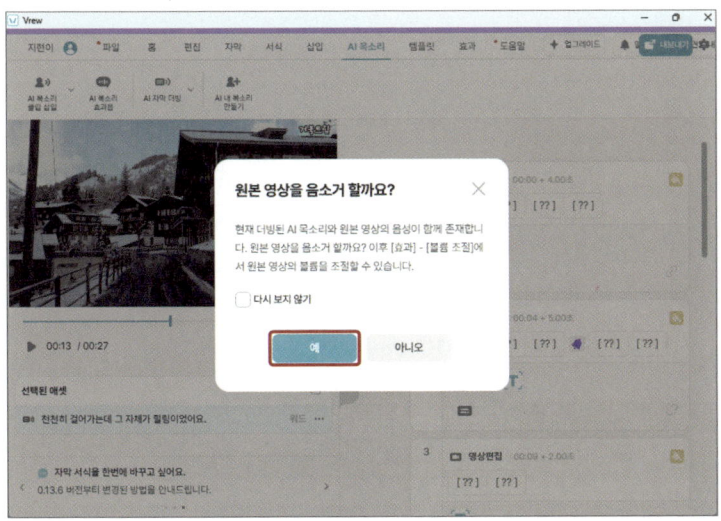

05 클립의 영상편집 줄을 보면 **[AI 목소리 애셋]** 아이콘이 추가된 것을 확인할 수 있습니다. **[AI 목소리 애셋]** 아이콘을 클릭해 보면 AI 목소리가 적용된 범위도 확인할 수 있습니다.

나만의 AI 목소리 만들기

브루에는 다양한 AI 목소리가 내장되어 있어 적절하게 선택해서 사용할 수 있습니다. 또한, 브루에서 제공하는 기본 AI 목소리가 아닌 자신의 목소리를 녹음하여 AI 목소리로 활용할 수도 있습니다. 이러한 내 목소리 만들기 기능은 무료(Free)와 Light 플랜에서는 1개, Standard는 5개, Business는 6개까지 만들 수 있습니다.

01 **[AI 목소리]** 탭에서 **[AI 내 목소리 만들기]**를 클릭합니다.

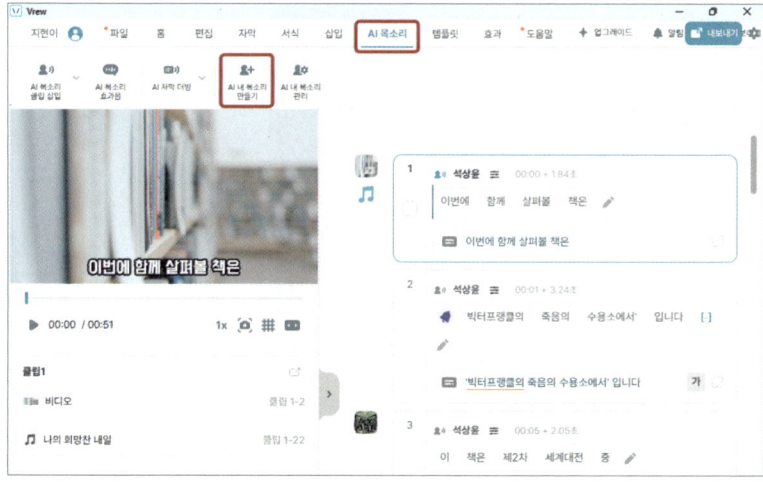

02 AI 내 목소리 만들기 창이 열리면 **[시작하기]** 버튼을 클릭합니다.

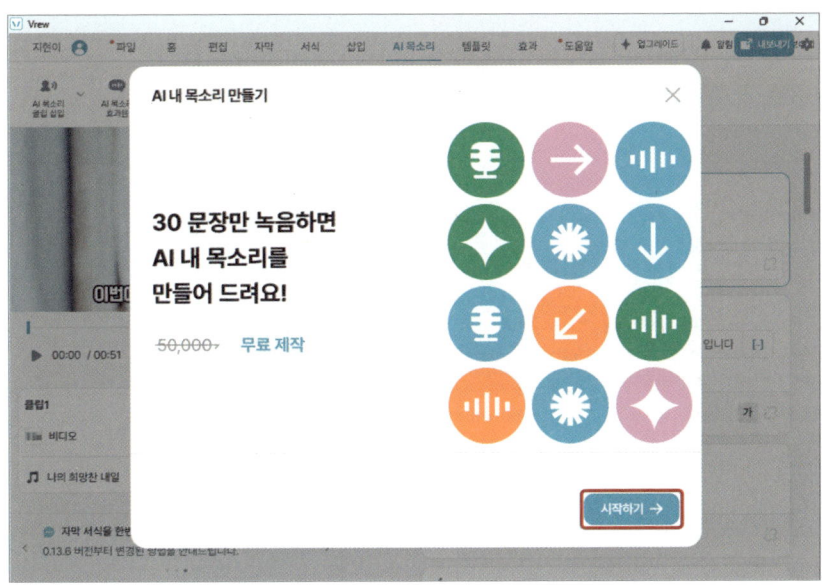

03 AI 내 목소리 만드는 과정에 대한 안내 창이 열립니다. 안내에 따라 조용한 환경에서 원하는 목소리의 톤을 미리 연습해 보고 **[다음]** 버튼을 클릭합니다.

04 계속해서 생성한 AI 내 목소리에 대한 안내 사항이 나타납니다. 내용을 확인한 후 **[다음]** 버튼을 클릭합니다.

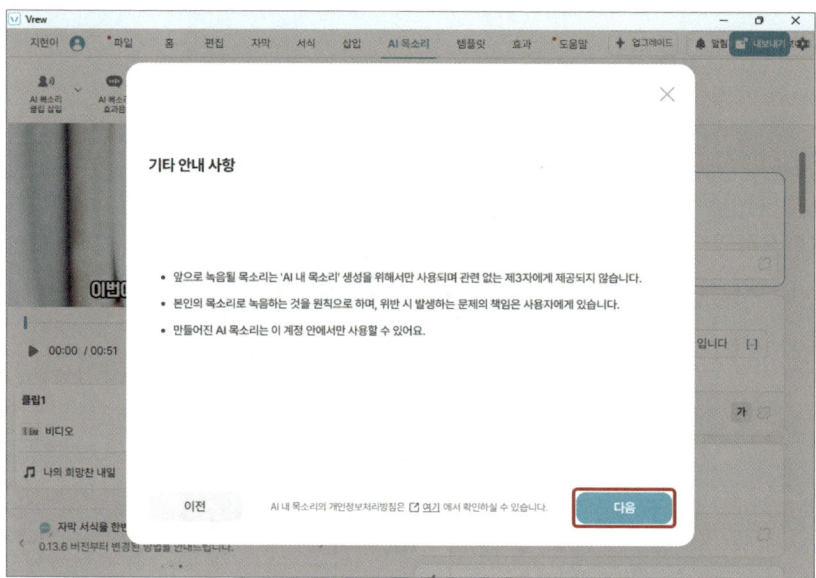

05 마지막으로 컴퓨터에 연결된 마이크 상태를 확인합니다. 창에 '마이크가 잘 작동합니다!' 라는 텍스트가 표시된다면 **[다음]** 버튼을 클릭합니다.

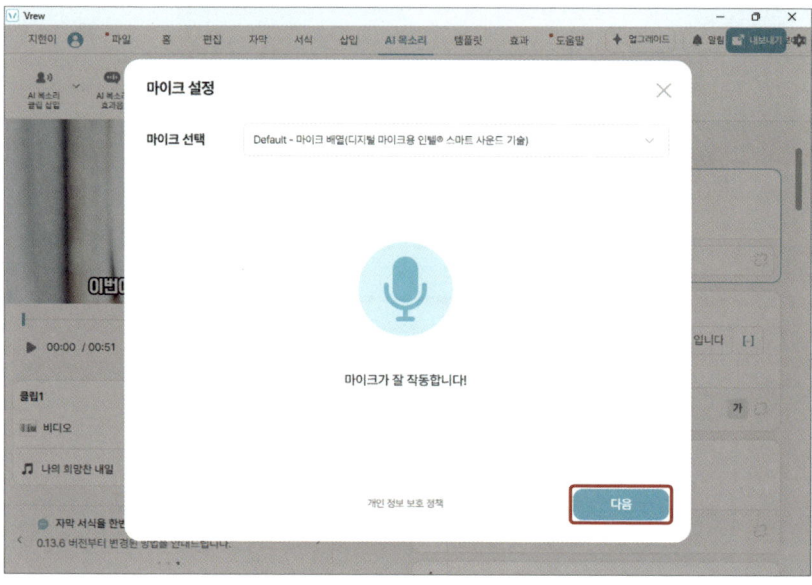

06 이제 본격적으로 AI 목소리 생성을 위한 자신의 목소리 녹음이 시작됩니다. **[녹음하기]** 버튼을 클릭합니다.

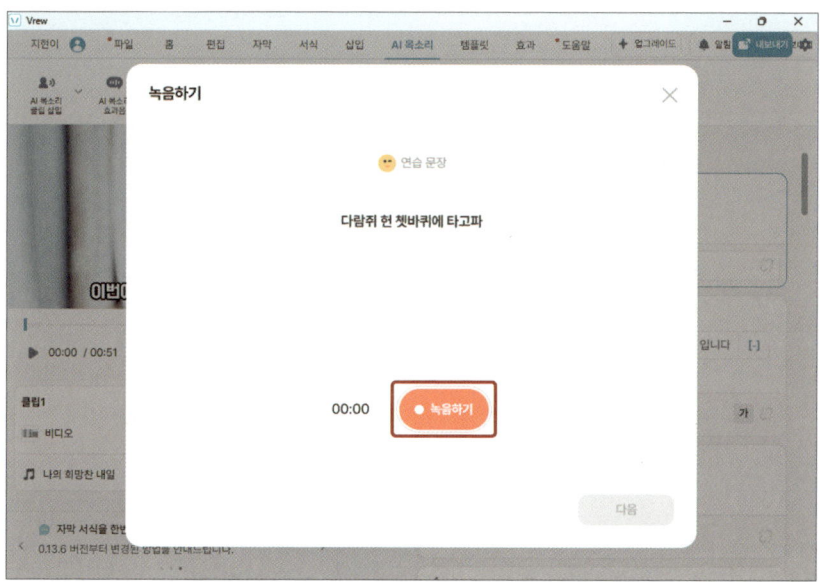

07 처음에는 연습 문장이 표시됩니다. ❶표시된 문장을 정확한 발음으로 또박또박 읽은 후 ❷**[녹음 종료]** 버튼을 클릭합니다.

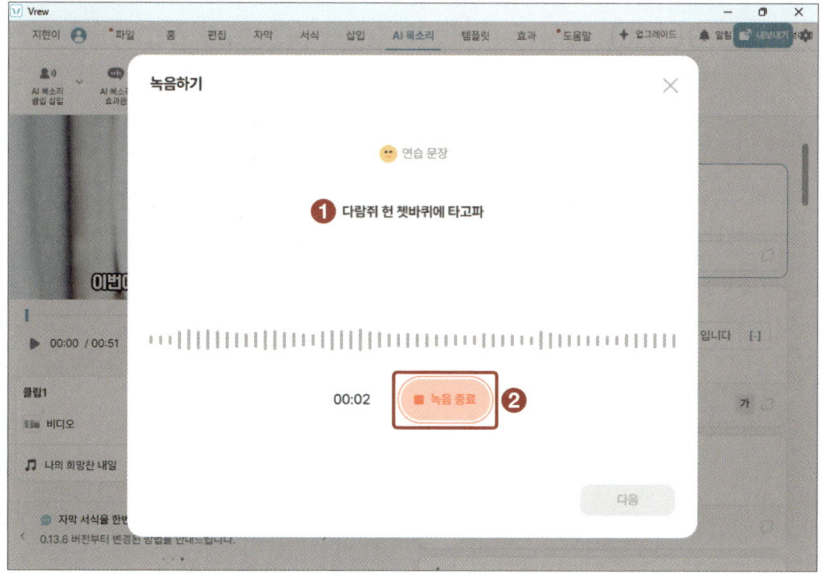

08 이어서 ❶**[들어보기]** 버튼을 클릭하여 녹음 결과를 확인하고, ❷녹음이 잘 되었다면 **[다음]** 버튼을 클릭합니다. 만약 녹음 상태가 좋지 않다면 **[다시 녹음]** 버튼을 클릭하여 다시 녹음하면 됩니다.

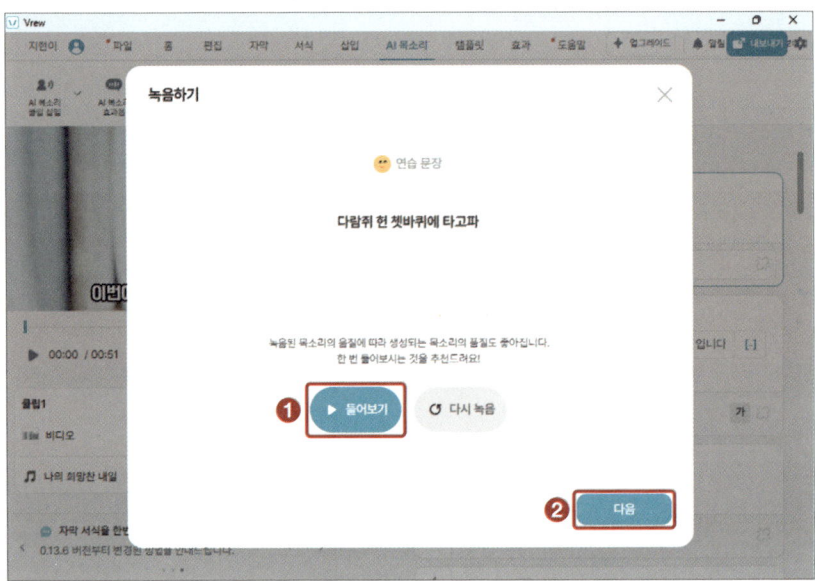

09 연습 문장 녹음이 끝나면 **[녹음하기]** → **[녹음 종료]** → **[다음]** 버튼을 클릭하는 과정을 반복하면서 총 30개의 문장을 녹음합니다.

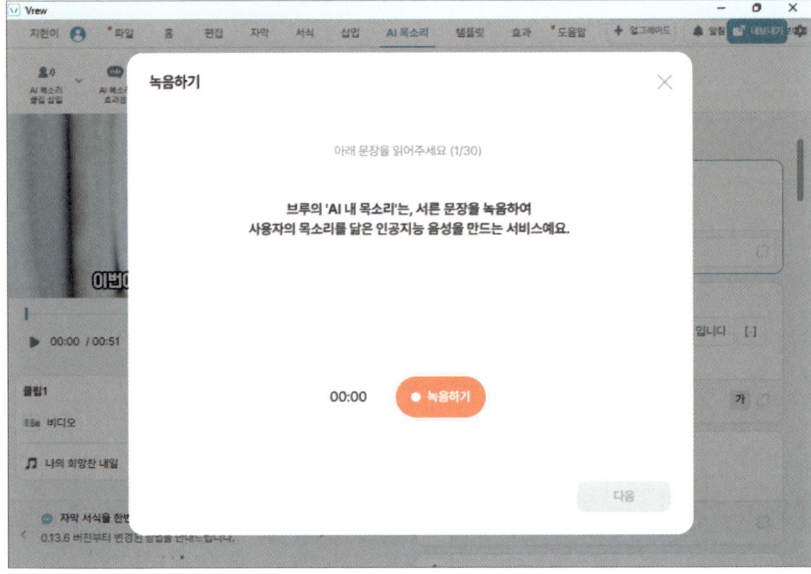

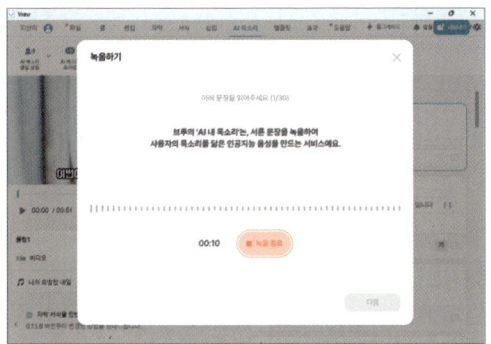 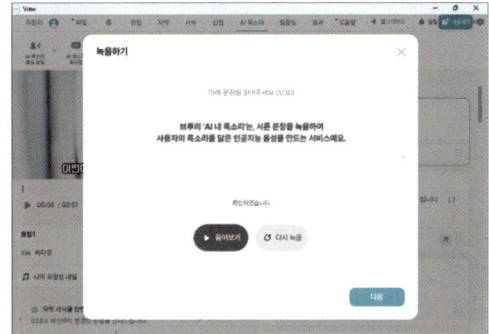

> **TIP** 두 번째로 녹음하는 문장만 예외적으로 **[다음]** 버튼이 아닌 **[동의하고 계속하기]** 버튼이 표시됩니다. 두 번째 문장의 내용은 단순한 녹음이 아니라 여러분이 녹음한 음성을 인공지능 목소리 생성에 사용한다는 동의 여부를 결정하는 과정이기 때문입니다.

10 마지막 문장까지 녹음이 완료되면 ❶**[녹음 완료]** 버튼을 클릭하고, ❷안내 사항을 확인한 후 **[계속하기]** 버튼을 클릭합니다.

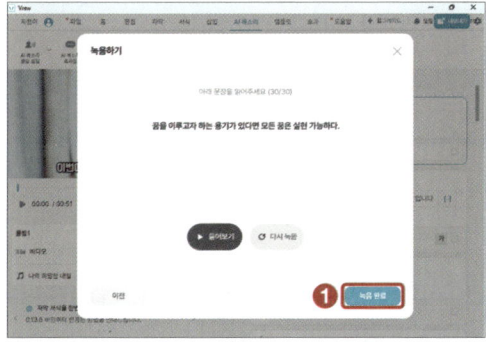 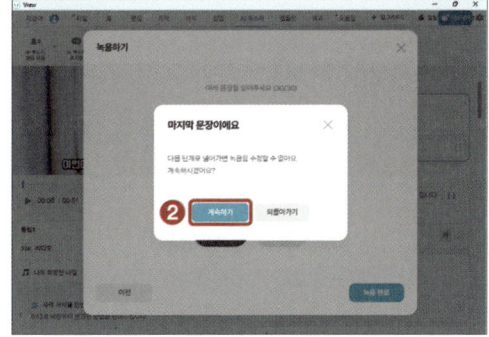

11 ❶저장할 내 목소리의 이름을 입력하고, ❷[제출하기] 버튼을 클릭합니다. AI 목소리 활용 안내 창이 열리면 ❸[완료] 버튼을 클릭합니다.

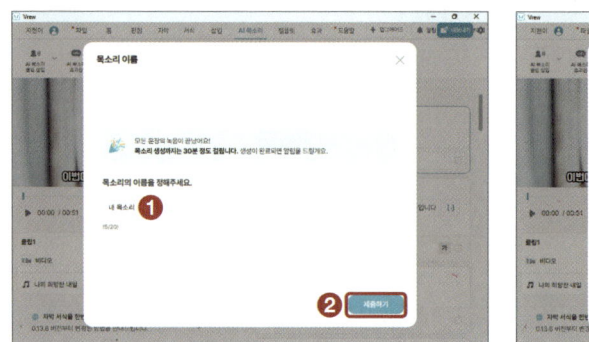 

> **TIP** 목소리 이름은 내가 구별하여 선택하는 용도이므로 자유롭게 작성하면 됩니다.

12 목소리 생성에는 30분 정도 소요되며, 생성이 완료되면 다음과 같이 안내 팝업 창이 열립니다.

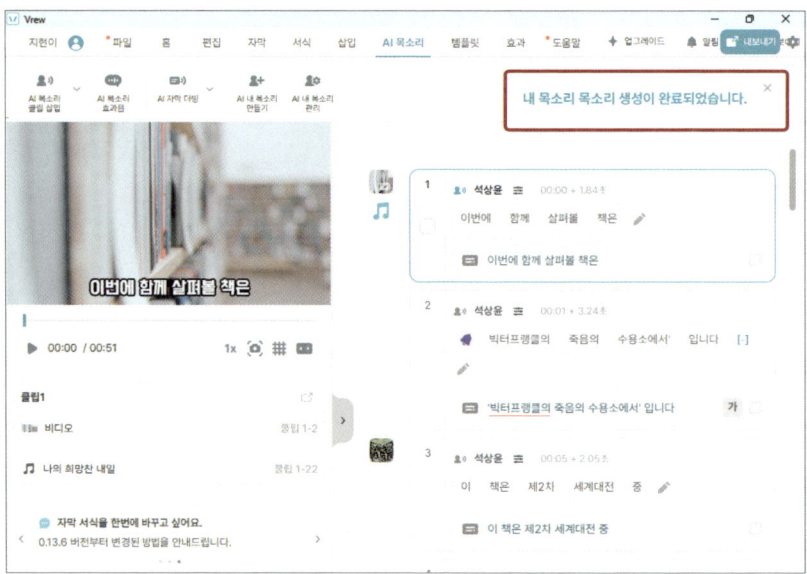

나만의 목소리 사용하기

나만의 목소리를 생성했다면 이제 자유롭게 선택해서 사용하면 됩니다.

01 현재 프로젝트에 임의의 AI 목소리가 적용되어 있다고 가정했을 때 내 목소리로 변경하고 싶다면 ❶[AI 목소리] 탭에서 [AI 목소리 클립 삽입]의 [펼침] 버튼을 클릭한 후 ❷[목소리 수정]을 선택합니다.

> **TIP** 현재 프로젝트에 AI 목소리가 적용되어 있지 않다면 [AI 목소리] 탭에서 [AI 목소리 더빙]을 클릭한 후 다음 과정을 진행하면 됩니다.

02 AI 목소리 설정 창이 열리면 ❶[AI 내 목소리] 탭을 클릭하여 이동합니다. 여기서 저장된 내 AI 목소리를 확인할 수 있습니다. ❷저장된 내 목소리를 선택한 후 ❸[확인] 버튼을 클릭하면 적용되어 있던 AI 목소리가 내 목소리로 변경됩니다.

 **NOTE** 저장된 내 목소리 삭제하기

무료(Free)와 Light 플랜에서는 내 목소리를 1개만 사용할 수 있습니다. 그러므로 새로운 목소리를 추가하고 싶다면 기존에 생성한 내 목소리를 삭제하고 다시 녹음해야 합니다. 저장한 내 목소리 관리는 **[AI 목소리]** 탭에서 **[AI 내 목소리 관리]**를 클릭하면 됩니다.

AI 내 목소리 관리 창이 열리면 현재 저장된 내 목소리 버튼으로 마우스 커서를 옮긴 후 휴지통 모양의 **[삭제]** 아이콘을 클릭합니다. 그런 다음 처음 AI 목소리를 만들 때와 같은 과정으로 새로운 나의 목소리 만들기를 시작합니다.

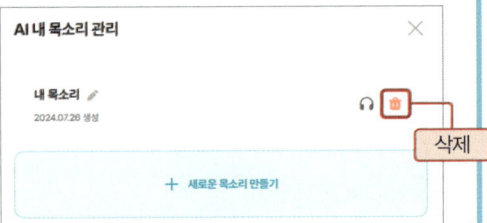

Standard 이상의 요금제를 사용 중이라면 위의 화면에서 **[새로운 목소리 만들기]** 버튼을 클릭하여 여러 개의 목소리를 추가로 생성할 수 있습니다.

LESSON 03
실전 인공지능으로 리뷰 영상 콘텐츠 제작하기

브루에는 GPT가 내장되어 있어 주제를 입력하면 대본을 작성해 줍니다. 이러한 대본을 기반으로 어울리는 영상과 배경 음악까지 자동으로 생성할 수 있습니다. 한 마디로 대본만 잘 작성하면 유튜브 영상도 쉽게 완성할 수 있습니다.

🎬 인공지능으로 대본 및 영상 생성하기

브루의 인공지능 기능을 활용하여 책을 리뷰하는 유튜브 영상을 제작해 보겠습니다.

01 ❶[파일] 탭에서 [새로 만들기]를 클릭합니다. 새로 만들기 창이 열리면 ❷[텍스트로 비디오 만들기]를 클릭합니다.

02 텍스트로 비디오 만들기 과정의 첫 단계로 스타일 고르기 창이 열립니다. 별도의 스타일 없이 영상을 제작하고 싶다면 창 맨 위에 있는 **[스타일 없이 바로 시작하기]** 버튼을 선택하면 됩니다.

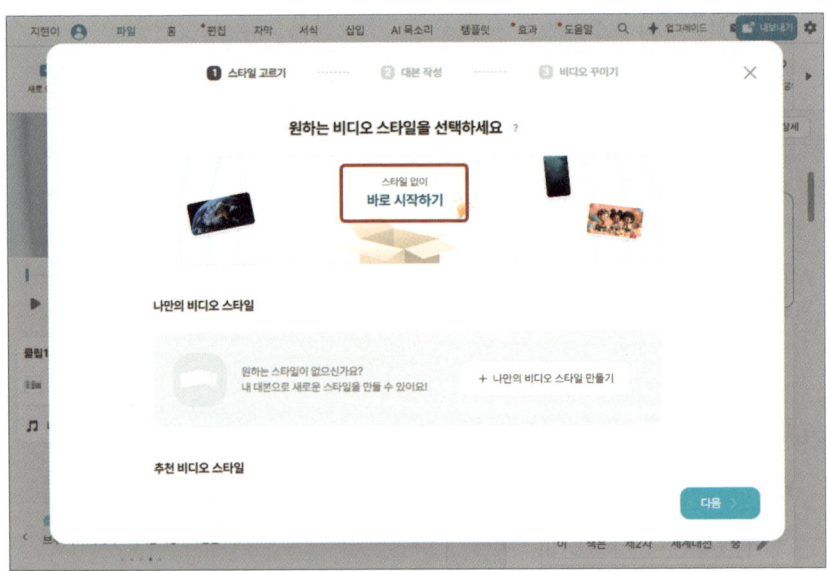

03 여기서는 북 리뷰 영상을 만들 것이므로 추천 비디오 스타일 영역에서 ❶**[제품 소개 스타일]**을 선택하고 ❷**[다음]** 버튼을 클릭합니다.

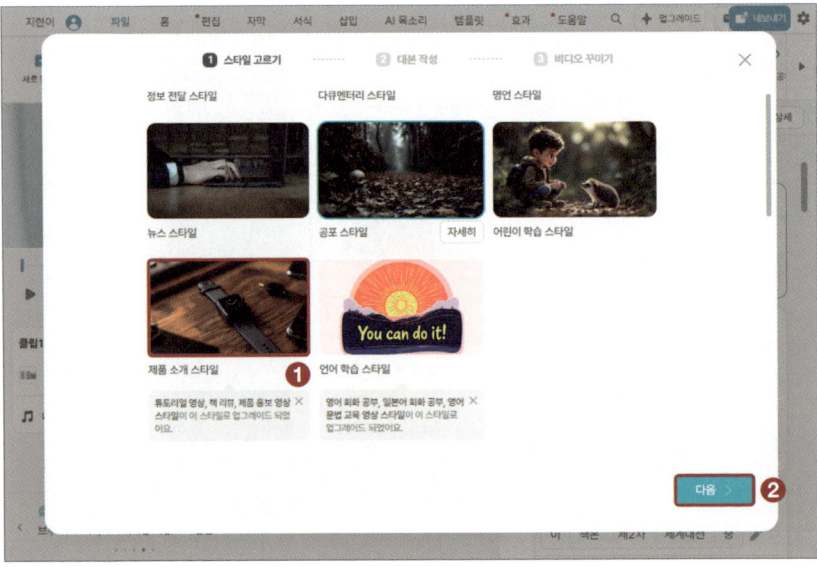

04 2단계로 대본 작성 창이 열립니다. ❶[주제] 입력란에 영상의 주제를 작성하고, ❷[AI 글쓰기] 버튼을 클릭합니다. 여기서는 주제로 [빅터프랭클의 죽음의수용소에서 책 리뷰]라고 입력했습니다. ❸다음과 같이 GPT에서 대본 생성이 진행됩니다.

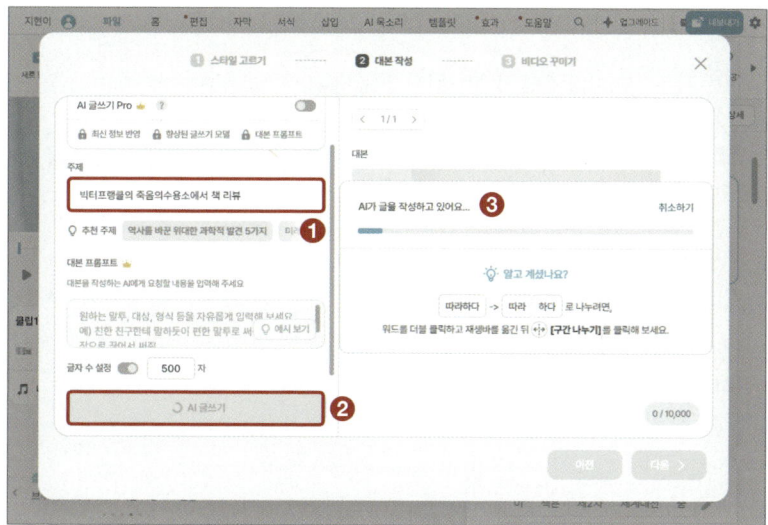

> **TIP** 제작할 영상의 대본이 이미 있다면 인공지능 기능인 [AI 글쓰기]를 이용하지 않고 직접 [대본] 입력란에 내용을 입력한 후 영상을 생성해도 됩니다.

05 GPT를 이용해 자동으로 생성된 대본이 표시되면 ❶전체적으로 내용을 확인한 후 잘못된 부분을 수정하거나 내용을 추가, 삭제하여 최종 대본을 완성합니다. ❷이어서 [다음] 버튼을 클릭합니다.

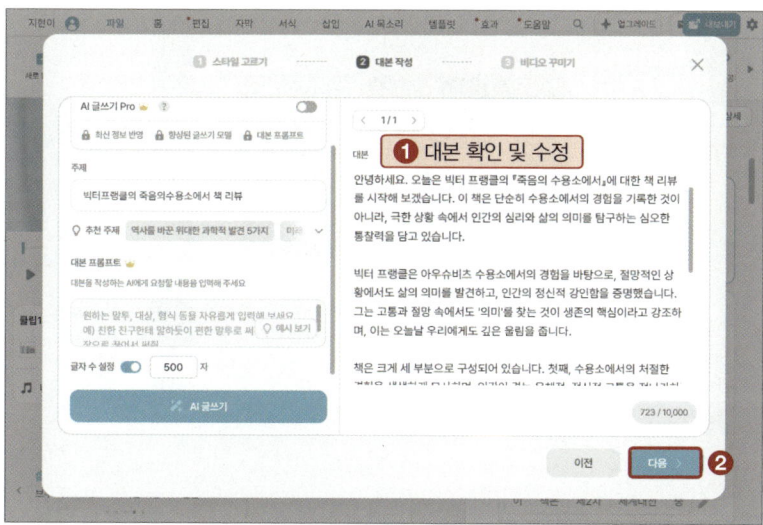

 **NOTE AI 글쓰기 Pro & 대본 프롬프트**

Standard 이상의 유료 버전을 사용 중이라면 대본 작성 과정 중에 AI 글쓰기 Pro와 대본 프롬프트 기능을 사용할 수 있습니다.

AI 글쓰기 Pro: AI 글쓰기 기본 기능보다 성능이 향상된 AI 모델이 적용되어, 더 자연스럽고 정교한 대본을 작성할 수 있습니다. 또한, 인터넷 검색 기능이 포함되어 최신 트렌드나 데이터를 반영할 수도 있으므로 어서 습니다. 예를 들어, '어제 일어난 사건을 바탕으로 뉴스 요약 스크립트를 작성', '오늘 공개된 신제품 리뷰 영상을 최신 정보로 작성' 등의 요청이 가능합니다.

대본 프롬프트: '반말로 친근하게 써줘', '흥미로운 인트로와 함께 시작해줘.'와 같이 말투, 인트로, 분위기까지 내가 원하는 스타일을 정교하게 지정할 수 있습니다.

06 비디오 꾸미기 단계에서는 ❶화면 비율을 **[16:9]**로 선택한 후 ❷원하는 AI 목소리를 선택합니다. 내 목소리를 생성해 두었다면 AI 목소리 선택 창에서 **[AI 내 목소리]** 탭에 있는 자신의 인공지능 목소리를 선택하면 됩니다.

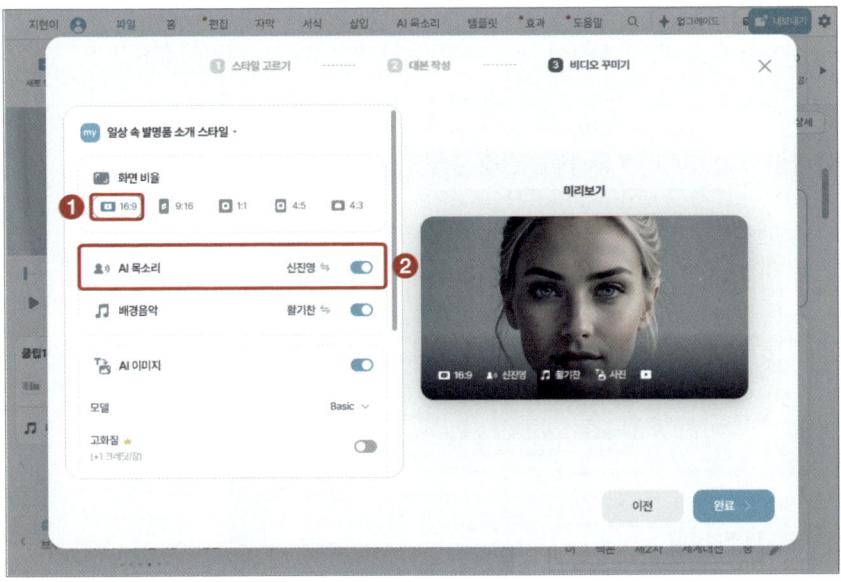

07 계속해서 ❶[배경음악] 옵션 버튼을 클릭한 후 ❷원하는 장르를 선택합니다. 여기서는 [감성적인]을 선택했습니다.

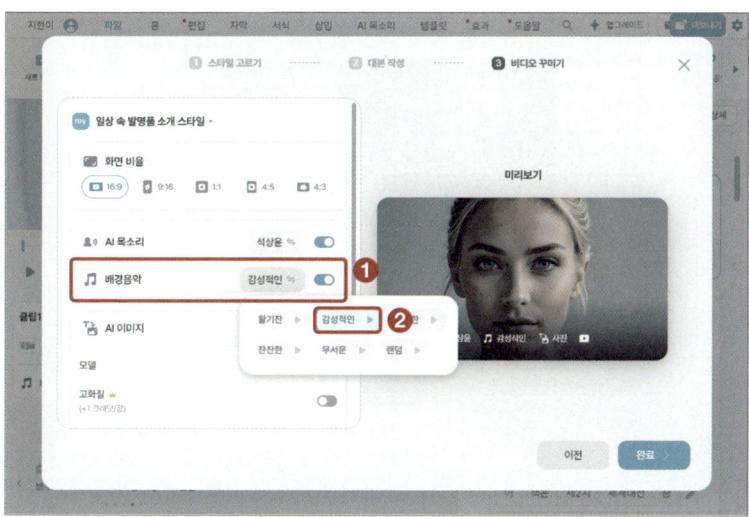

08 자동으로 생성될 영상이나 이미지 설정도 변경하겠습니다. ❶[AI 이미지] 옵션 활성화 상태에서 [스타일]을 [유화]로 설정합니다. ❷[무료 비디오] 옵션 역시 활성화 상태에서 [자동 음소거] 활성화, [잘라서 채우기]를 적용한 후 ❸[완료] 버튼을 클릭합니다.

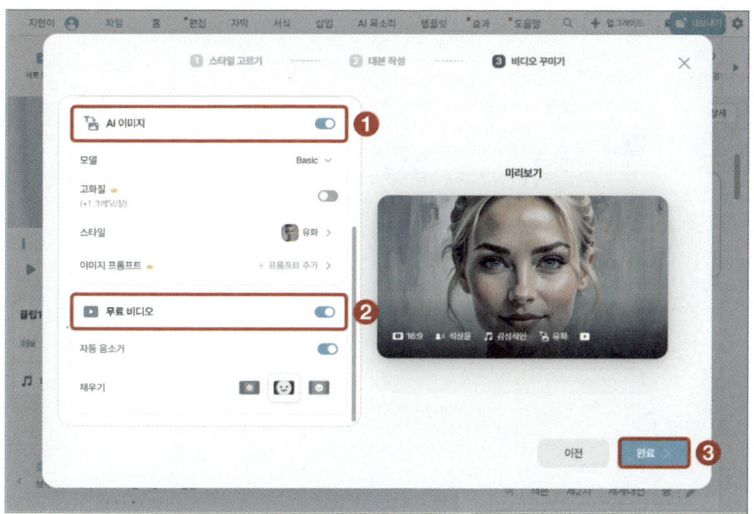

> **TIP** AI 이미지와 무료 비디오는 대본에 따라 인공지능을 이용하여 적절한 이미지와 무료 비디오를 추가할 수 있는 기능입니다. 필요에 따라 각 옵션을 활성화하거나 비활성화해서 사용 여부를 선택하면 됩니다. 참고로 AI 이미지 활성화 상태에서 이미지 생성 개수에 따라 크레딧이 차감됩니다.

09 최종 확인 창이 열리면 그대로 [**확인**] 버튼을 클릭합니다. 브루 인공지능이 대본에 어울리는 이미지 생성 과정을 진행합니다.

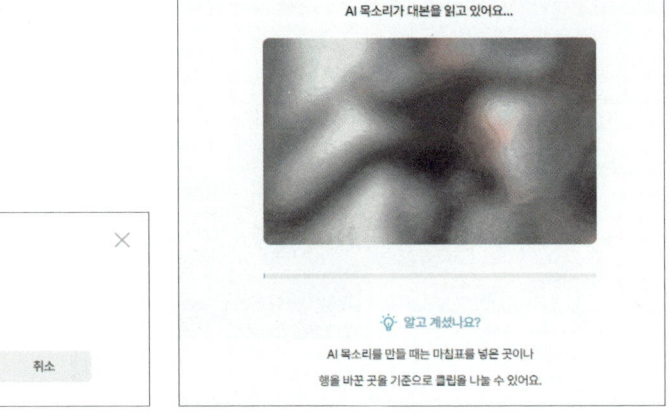

10 주제를 입력하니 대본 작성부터 영상 제작까지 인공지능이 다 처리해 주었습니다. 영상을 확인해 보면 대본에 따라 적절한 무료 이미지나 영상이 추가되어 있으며, 적절한 이미지나 영상이 없을 때는 앞서 설정한 유화 스타일의 이미지가 생성되어 추가됩니다.

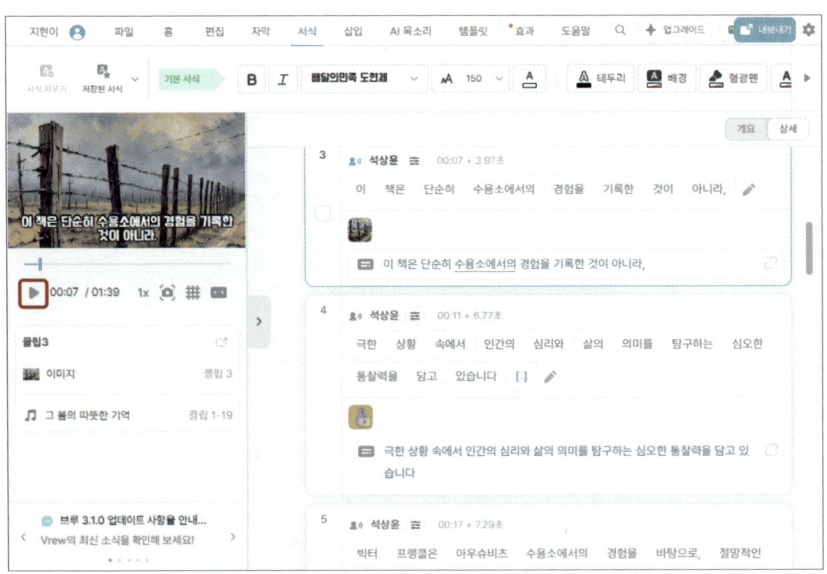

컷 편집 및 애셋 교체하기

이제 전체적으로 점검하면서 어색한 부분을 수정하거나 애셋 등을 추가합니다.

01 우선 컷 편집부터 진행합니다. 예를 들어 1번 클립의 내용이 너무 많으므로, '이번에 함께 살펴볼 책은' 뒤를 클릭한 후 Enter 를 눌러 클립을 2개로 나눕니다.

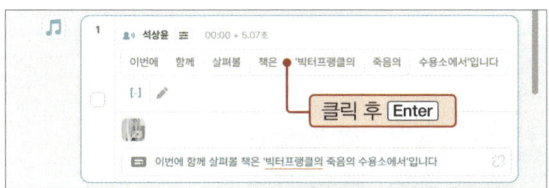

02 클립이 2개로 나눠지고, 1번 클립의 자막수정 줄에 표시되어 있던 **[이미지 애셋]** 아이콘이 1번 클립 바깥으로 옮겨지면서 1번과 2번에 적용됩니다.

03 인공지능으로 생성된 이미지나 비디오를 교체할 수도 있습니다. ❶교체할 이미지나 비디오의 애셋 아이콘을 클릭한 후 ❷**[교체]**를 선택합니다. 미리보기 화면을 클릭한 후 **[교체하기]** 아이콘을 클릭해도 됩니다.

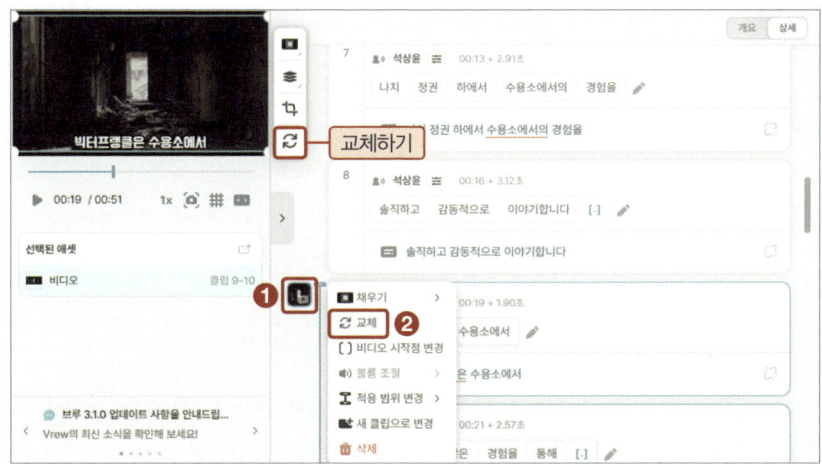

04 AI 이미지 생성하기 창과 유사한 다른 이미지 또는 비디오로 교체하기 창이 열립니다. ①생성할 이미지 수와 ②이미지 묘사를 수정하여 ③[이미지 n장 생성] 버튼을 클릭합니다. ④이미지가 생성되면 [삽입하기] 버튼을 클릭합니다.

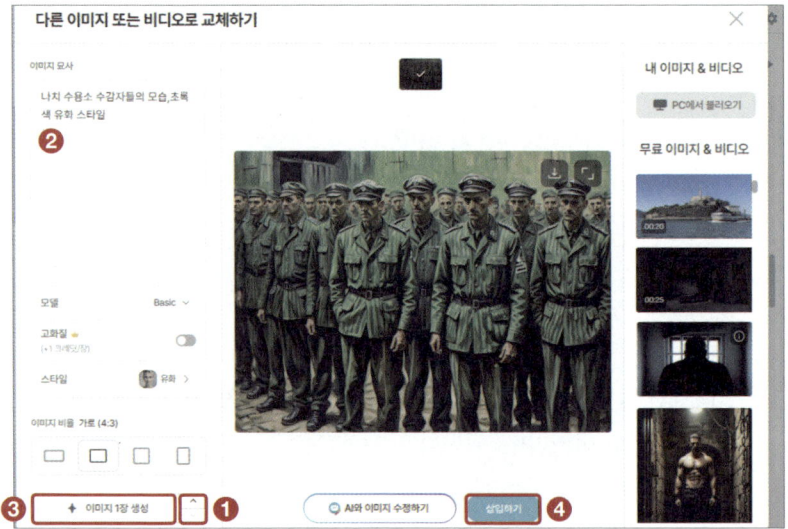

TIP 인공지능으로 생성한 이미지가 아닌 오른쪽에 표시되는 '무료 이미지·비디오' 영역에서 선택하여 변경하거나 [PC에서 불러오기] 버튼을 클릭하여 내가 가지고 있는 이미지 또는 비디오를 선택하여 변경할 수도 있습니다.

05 기존에 적용되어 있던 이미지 애셋이 새로운 인공지능 이미지로 변경됩니다.

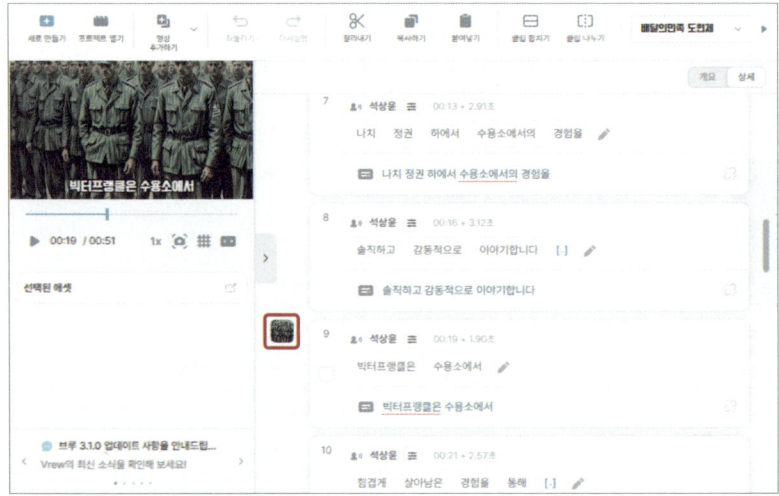

TIP 미리보기 화면에서 이미지를 드래그하여 크기 및 위치를 변경하거나 팝업 도구에서 [자르기]나 [채우기] 등의 아이콘을 이용하여 적절하게 배치합니다.

06 생성된 이미지를 유지한 채 무료로 제공되는 이미지나 비디오를 추가할 수도 있습니다. ❶애셋을 추가할 클립을 선택한 후 ❷**[삽입]** 탭에서 **[무료 이미지·비디오]**를 클릭하여 무료 애셋 패널을 엽니다.

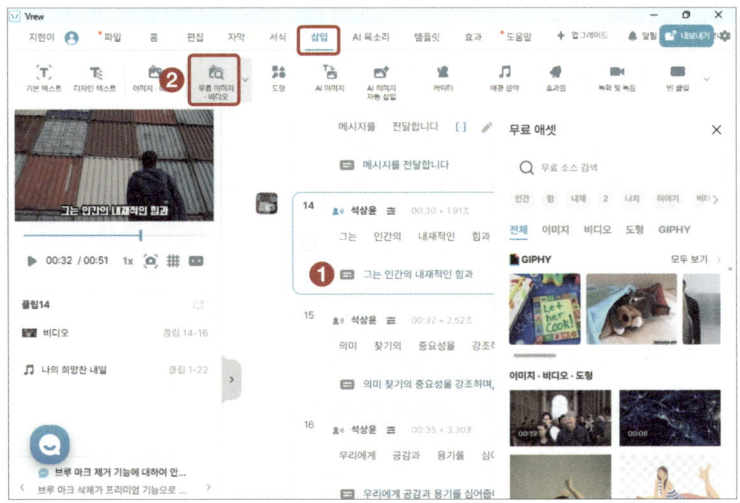

07 여기서는 무료 비디오를 추가하기 위해 ❶'인간'으로 검색한 후 ❷검색 결과에서 저녁 노을 관련 영상을 선택해서 추가했습니다. ❸애셋이 추가되면 **[채우기]** 아이콘을 클릭한 후 ❹**[잘라서 채우기]**를 클릭하여 비디오를 화면 가득 채웁니다.

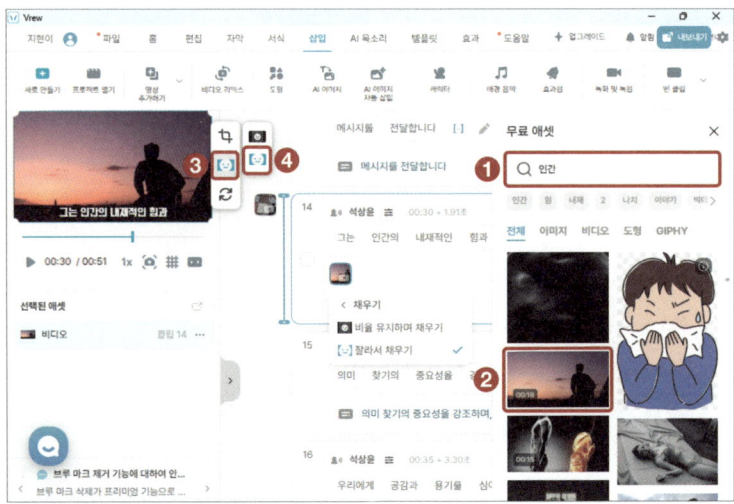

> **TIP** **[비율 유지하며 채우기]**를 선택하면 추가한 애셋의 비율과 프로젝트 영상의 비율이 다를 때 영상의 좌우나 위아래로 빈 여백이 생길 수 있습니다.

08 추가한 비디오의 적용 범위도 변경하기 위해 ①추가한 **[비디오 애셋]** 아이콘을 클릭한 후 ②**[적용 범위 변경]**을 선택합니다.

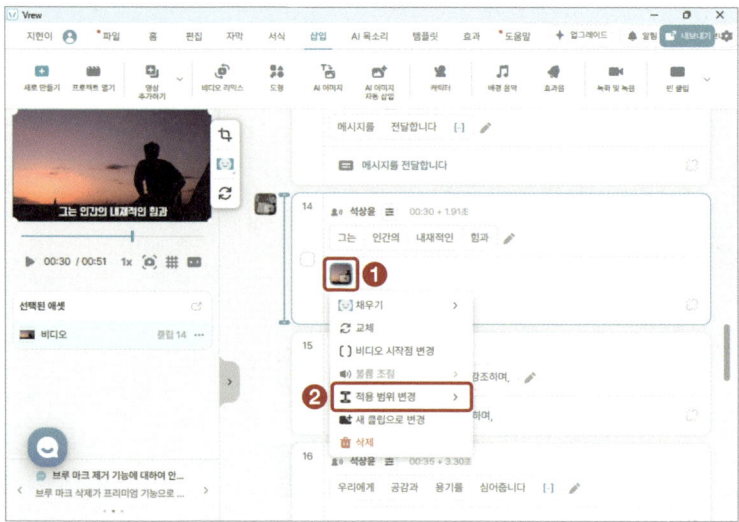

09 적용 범위 변경 메뉴에서 원하는 항목을 선택하면 됩니다. 여기서는 일부 클립에 적용하기 위해 ①**[직접 입력]**을 선택한 후 ②**[14-16]**을 입력하고 ③**[적용]** 버튼을 클릭하여 14번부터 16번 클립까지 적용했습니다.

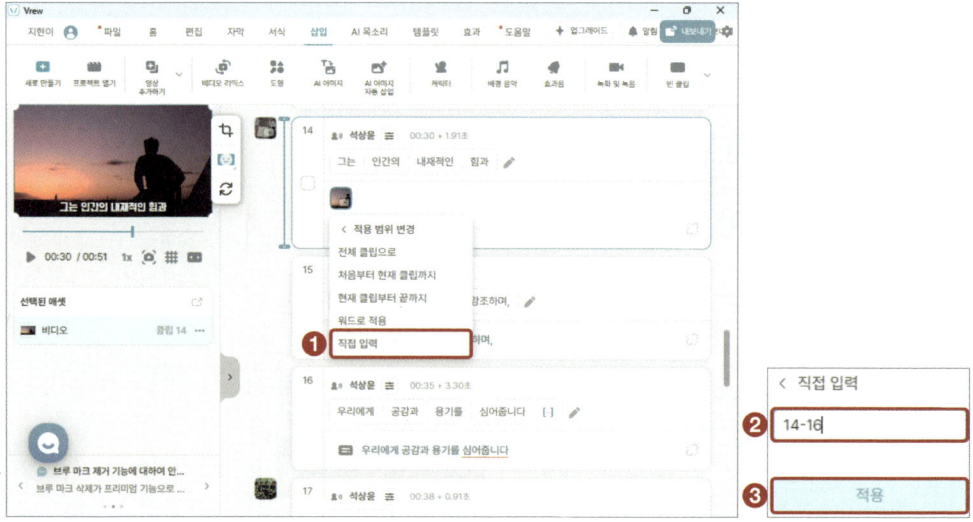

10 마지막으로 더는 필요 없어진 기존 애셋을 삭제해서 정리해 줍니다. ❶ 삭제할 애셋 아이콘을 클릭한 후 ❷ **[삭제]**를 선택하면 됩니다.

애니메이션 설정 및 자막 서식 변경하기

인공지능으로 생성한 이미지를 자세히 살펴보면 위아래로 이동하거나 확대되면서 재생되는 경우가 많습니다. 이러한 애니메이션 설정을 변경하면 다른 느낌을 연출할 수도 있습니다.

01 ❶ **[이미지 애셋]** 아이콘을 클릭한 후 ❷ **[애니메이션]**을 선택하면 ❸ 애니메이션 패널이 열리고 적용된 애니메이션을 확인할 수 있습니다. 예제에서는 **[확대 > 사용자 지정]**으로 설정되어 있습니다. ❹ 설정을 변경하기 위해 **[사용자 지정]**을 클릭합니다.

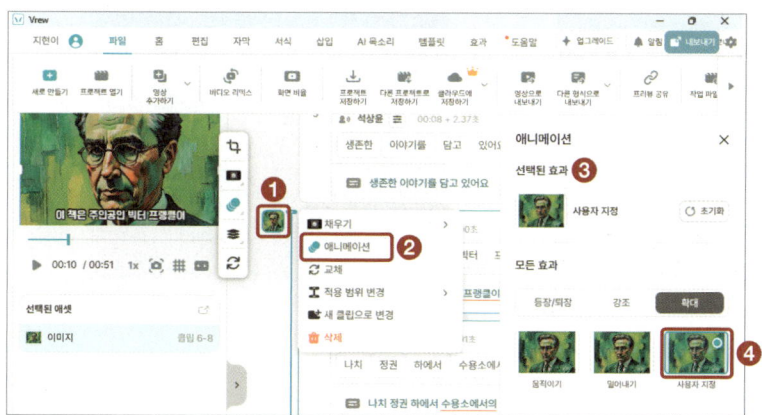

> **TIP** 각 탭에 있는 다른 종류의 애니메이션을 선택해서 변경해도 됩니다.

02 사용자 지정 창이 열립니다. **[시작 장면]**과 **[종료 장면]**을 설정하면 시작 장면에서 종료 장면으로 화면이 이동하면서 장면의 크기에 따라 이미지의 확대/축소까지 동시에 진행됩니다. 시작 장면과 종료 장면을 각각 클릭한 후 위치와 크기를 변경하고 **[적용]** 버튼을 클릭합니다.

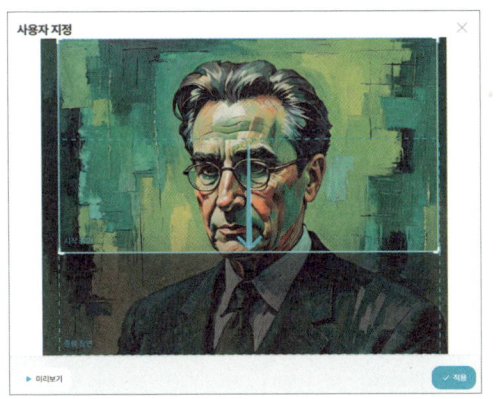 

TIP **[미리보기]** 버튼을 클릭하여 사용자 지정 애니메이션 결과를 미리 확인할 수도 있습니다.

 NOTE 사용자 지정으로 줌인, 줌아웃 표현하기

사용자 지정 애니메이션 창에서 시작 장면과 종료 장면의 크기 설정에 따라 전체 화면에서 특정 부분으로 줌인하거나, 특정 부분에서 전체 이미지가 보이도록 줌아웃되도록 표현할 수 있습니다.

줌인: 예를 들어 아래와 같이 시작 화면은 모든 인물을 포함하도록 넓게 설정하고, 종료 화면은 특정 인물의 얼굴만 포함되도록 설정한다면 다음과 같이 변하는 줌인 영상이 제작됩니다.

▲ 시작 화면   ▲ 종료 화면

▲ 줌인 화면 변화

줌아웃: 반대로 아래와 같이 시작 화면을 테이블 위 일부만 포함하도록 설정하고, 종료 화면을 모든 인물이 포함되도록 넓게 설정한다면 줌아웃 영상이 연출됩니다.

▲ 시작 화면　　　　　　　　　　　　　▲ 종료 화면

▲ 줌아웃 화면 변화

03 마지막으로 특정 자막만 서식을 변경하겠습니다. ①변경할 자막이 있는 클립을 선택한 후 ②미리보기 화면에서 서식을 변경할 텍스트만 드래그해서 선택합니다. ③팝업 도구가 나타나면 **[글자 색깔]** 아이콘을 클릭합니다. 여기서는 책의 제목 부분만 선택했습니다.

04 색상 목록이 나타나면 ①원하는 색을 선택합니다. 자막을 보면 ②드래그해서 선택한 부분만 색이 변경된 것을 확인할 수 있습니다.

 **NOTE 클립 선택 방법에 따른 자막 서식 적용 범위의 차이**

클립을 선택한다고 하면 클립에서 임의의 영역을 클릭합니다. 이렇게 선택하면 해당 클립이 파란색 테두리로 표시됩니다. 하지만 이 방법은 정확하게 말해서 클립을 선택한 것이 아니라 해당 클립 위치로 이동했다고 표현하는 것이 정확합니다. 프리미어 프로와 같은 편집 프로그램에서 재생헤드를 원하는 위치로 옮기는 것과 같다고 이해하면 됩니다.

예를 들어 아래와 같이 4번 클립을 클릭해서 선택했을 때 미리보기 화면에서 아래쪽 재생 바의 형태를 살펴보고 기억해 두세요.

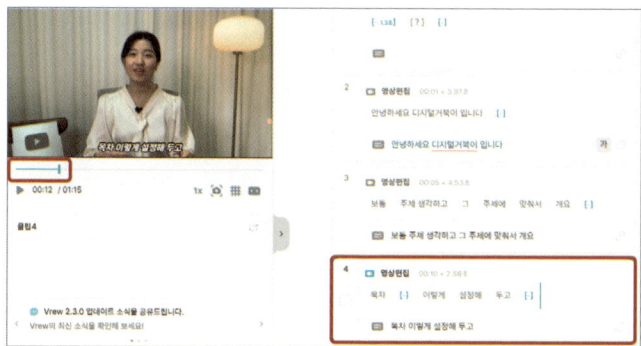

▲ 특정 클립의 위치로 이동하기

이번에는 클립 앞에 있는 체크 박스를 클릭하여 체크 표시해 보세요. 아래 그림을 보면 2번과 4번 클립에 체크했더니 해당 클립 전체가 파란색으로 표시되며, 재생 바를 보면 해당 클립에 해당하는 구간이 각각 파란색 음영으로 표시되는 것을 확인할 수 있습니다.

▲ 특정 클립 선택하기

위의 비교를 통해 특정 클립으로 이동했을 때와 클립을 선택했을 때를 구분하게 되었다면 이제 각각의 상태에서 **[서식]** 탭에 있는 다양한 기능을 이용해 서식을 변경해 보세요.

임의의 클립으로 이동한 상태에서 서식을 변경하면 프로젝트에 있는 모든 자막 서식이 일괄 변경됩니다. 반면, 특정 클립에 체크한 후 서식을 변경하면 체크한 클립의 서식만 변경되는 것을 확인할 수 있습니다.

효과음 추가 후 영상 내보내기

처음 인공지능으로 영상을 생성하면서 원하는 분위기의 배경 음악을 선택하였습니다. 여기에 더해 특정 상황에서 효과음을 추가하면 영상이 더욱 풍성해집니다.

01 ❶효과음을 추가할 위치의 클립을 선택합니다. ❷[삽입] 탭에서 [효과음]을 클릭하여 효과음 패널을 엽니다. ❸[집중용 띵 2]를 검색하거나 찾아 선택하고 ❹[삽입하기] 버튼을 클릭합니다.

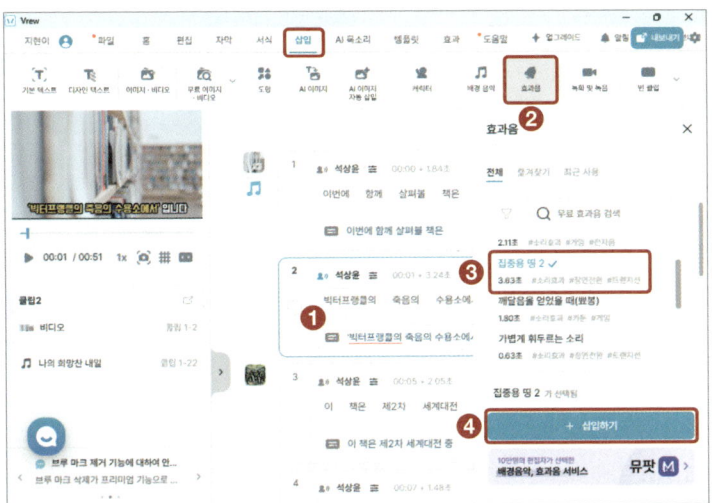

02 해당 클립에 ❶[효과음 애셋] 아이콘이 추가되며, 적용 범위와 팝업 메뉴가 나타납니다. ❷적용 범위(효과음의 길이)를 조절하기 위해 [음원 자르기]를 선택합니다.

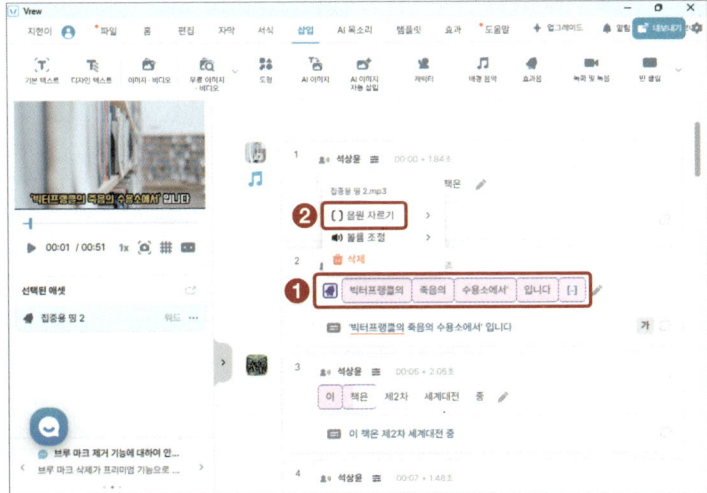

03 음원 자르기 창이 열리면 좌우에 표시되는 조절 핸들을 드래그하여 효과음이 재생되는 구간을 변경합니다. 음원을 자르면 보라색으로 표시되는 적용 범위가 줄어든 것을 확인할 수 있습니다.

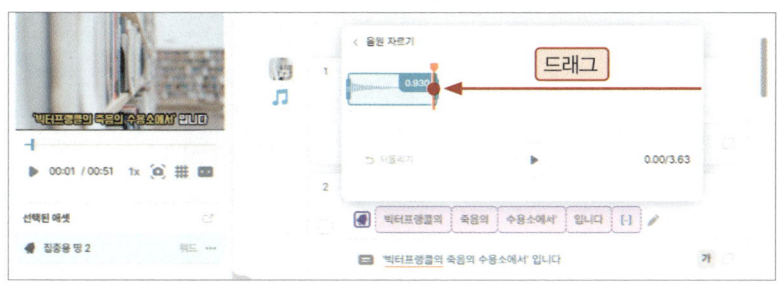

> **TIP** 음원 자르기 창은 임의의 빈 공간을 클릭해서 닫을 수 있습니다. 이 기능은 음원의 재생 속도를 조절하는 것이 아니라 음원에서 특정 부분만 잘라서 길이를 조절하는 방식입니다.

04 이제 모든 편집이 끝났습니다. 완성한 프로젝트를 동영상 파일로 저장하기 위해 ❶오른쪽 위에 있는 **[내보내기]** 버튼을 클릭한 후 ❷**[영상 파일(mp4)]**을 선택합니다.

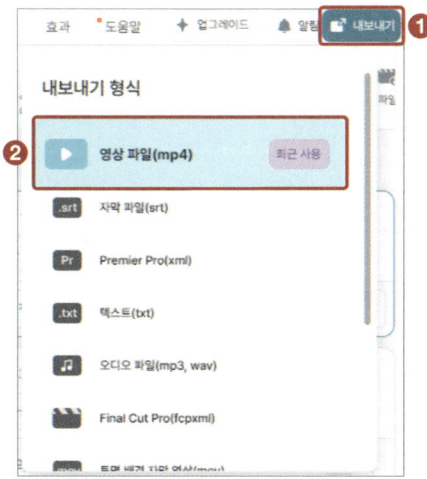

05 동영상 내보내기 창이 열리면 ❶[**해상도**] 옵션을 [**FHD 수준(1920 x 1080)**]으로 변경한 후 ❷[**내보내기**] 버튼을 클릭합니다.

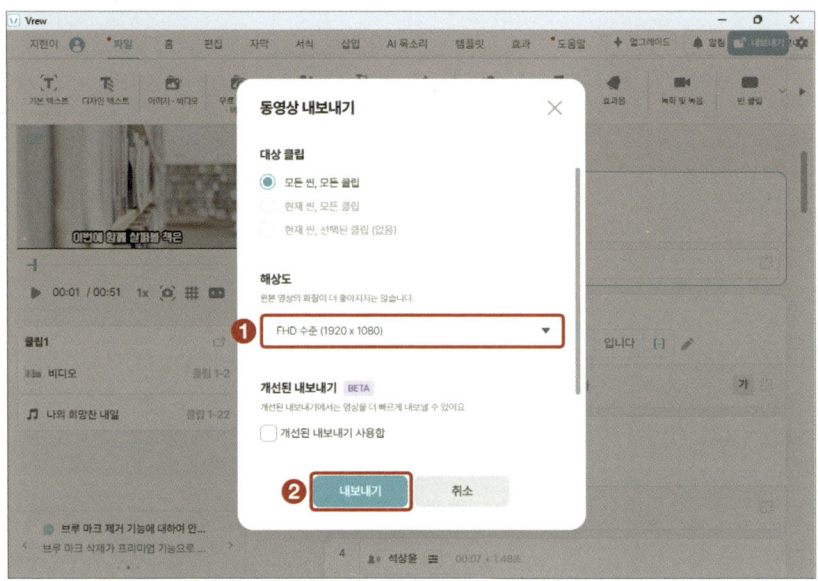

06 ❶동영상 파일을 저장할 경로를 지정하고, ❷[**저장**] 버튼을 클릭합니다. ❸내보내기가 완료되면 확인 창이 열립니다. 여기서 [**폴더 열기**] 버튼을 클릭하면 동영상 파일이 저장된 폴더를 바로 확인할 수 있습니다.

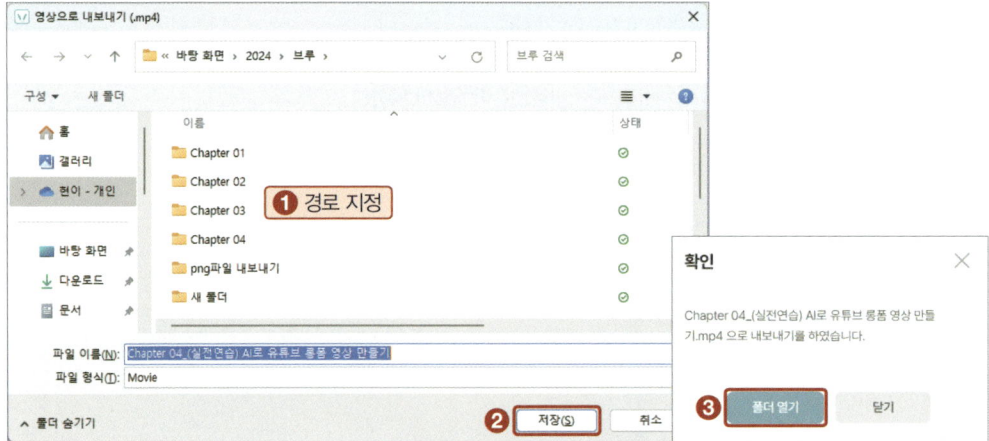

 **NOTE** **브루의 인공지능으로 만드는 다양한 영상 스타일 살펴보기**

[파일] 탭에서 [새로 만들기]를 클릭한 후 [텍스트로 비디오 만들기]를 클릭하면 영상의 크기와 스타일을 선택하여 새로운 영상을 완성할 수 있습니다. 이때 영상의 종류에 따라 적절한 스타일을 선택하는 것이 가장 중요합니다. 대표적인 스타일로 만든 사례를 살펴보겠습니다.

동화 영상: [어린이 학습 스타일]을 선택한 후 '달나라로 간 토끼 동화'와 같은 주제로 입력하면 적절한 대본을 얻을 수 있습니다. [AI 이미지] 옵션에서 [스타일]은 [애니메이션] 또는 [만화책]을 선택합니다. 동화 영상을 만들 때 모두 이미지로만 구성되도록 [무료 비디오]는 비활성화하는 것이 좋습니다.

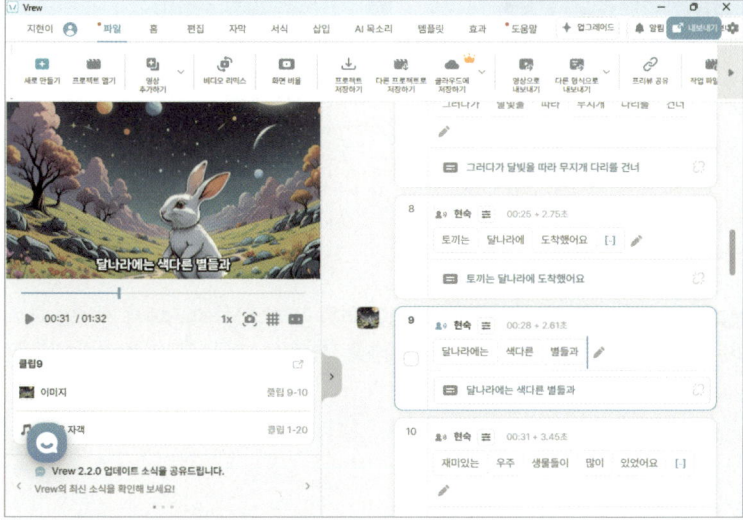
▲ 브루에서 생성해 준 동화 영상 사례

제품 홍보 영상: [제품 소개 스타일]을 선택한 후 '음악을 간편하게 들을 수 있는 무선 이어폰'과 같이 제품명과 특징을 함께 입력합니다. 인공지능으로 작성한 대본에서 실제 홍보할 제품을 입력하면 대본이 완성됩니다.

브루에서 제품 홍보 영상을 생성해 주면 편집 단계에서 실제 제품 이미지나 영상을 추가하여 더욱 완성도 높은 홍보 영상을 완성할 수 있습니다.

▲ 브루에서 생성해 준 제품 홍보 영상 사례

영어 회화 공부 영상: [언어 학습 스타일]을 선택한 후 '영어 회화 공부 영상-식당에서 계산할 때 사용하는 표현들'이라는 주제를 입력하고, 인공지능으로 대본을 작성하면 영어 문장과 번역된 한글 문장이 함께 표시됩니다.

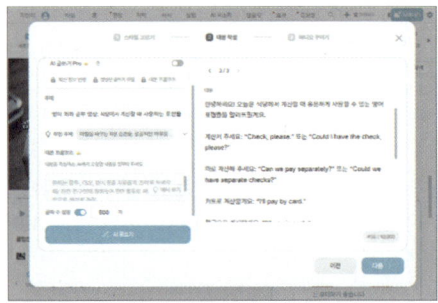

▲ 인공지능이 작성해 준 영어 회화 공부 대본

▲ 브루에서 생성해 준 영어 회화 영상 사례

LESSON 04

[실전] 인공지능으로
여행지 추천 숏폼 만들기

텍스트로 비디오 만들기 프로젝트를 시작한 후 영상 비율을 [쇼츠 9:16]으로 선택하면 숏폼 영상도 쉽고 빠르게 제작할 수 있습니다. 리뷰 영상 콘텐츠 제작과 큰 차이가 없으므로 복습한다는 생각으로 여행지 추천 숏폼을 완성해 보세요.

🎬 인공지능으로 숏폼 영상 생성하기

브루의 텍스트로 비디오 만들기 기능에서는 16:9, 9:16, 4:5, 1:1, 4:5, 4:3 비율의 영상을 만들 수 있습니다. 이 중에서 숏폼은 9:16 비율을 주로 사용합니다.

01 새로운 프로젝트를 시작하기 위해 ❶[파일] 탭에서 [새로 만들기]를 클릭한 후 ❷새로 만들기 창에서 [텍스트로 비디오 만들기]를 클릭합니다.

02 영스타일 고르기 창이 열리면 ❶ '추천 비디오 스타일' 영역에서 [정보 전달 스타일]을 선택하고, ❷[다음] 버튼을 클릭합니다.

03 다음으로 대본 작성 창이 열리면 ❶주제 입력 란에 [대한민국 추천 여행지 Top3]를 입력하고 ❷[글자 수 설정] 옵션을 활성화하여 [300]자로 설정한 후 ❸[AI 글쓰기] 버튼을 클릭합니다.

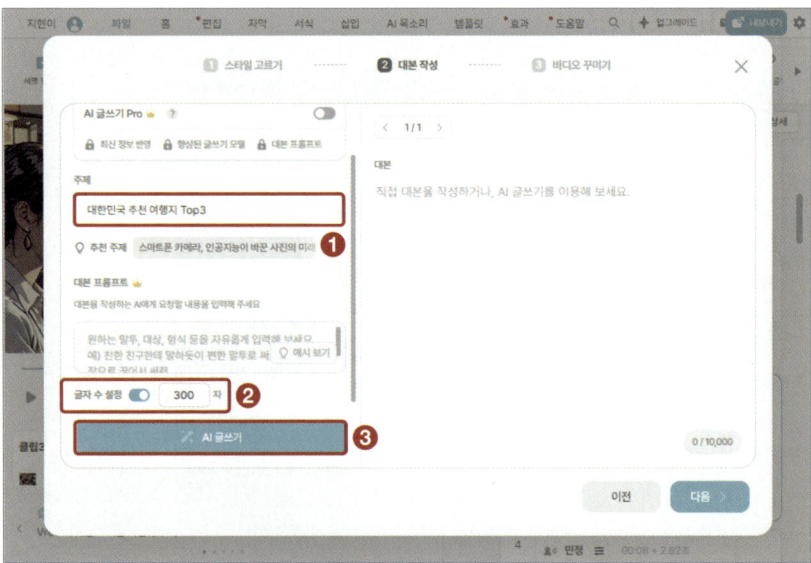

04 AI가 생성한 대본이 나타나면 ❶ 적절하게 수정한 후 ❷ [다음] 버튼을 클릭합니다.

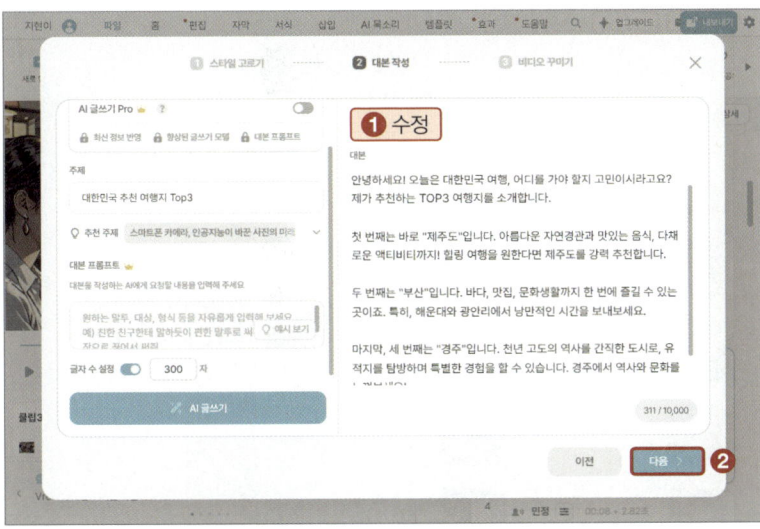

> **TIP** 인공지능이 생성해 준 대본을 그대로 사용하는 것보다는 전체 내용을 확인한 후 어색한 부분을 고치고, 필요에 따라 내용을 추가/삭제합니다. 위 화면의 대본도 인공지능이 생성해 준 대본을 적절하게 수정한 것입니다.

05 비디오 꾸미기 창이 열리면 ❶ 화면 비율을 [9:16]으로 선택하고 ❷ 자막의 [위치], [길이], [자동 애니메이션]의 사용 여부를 설정합니다.

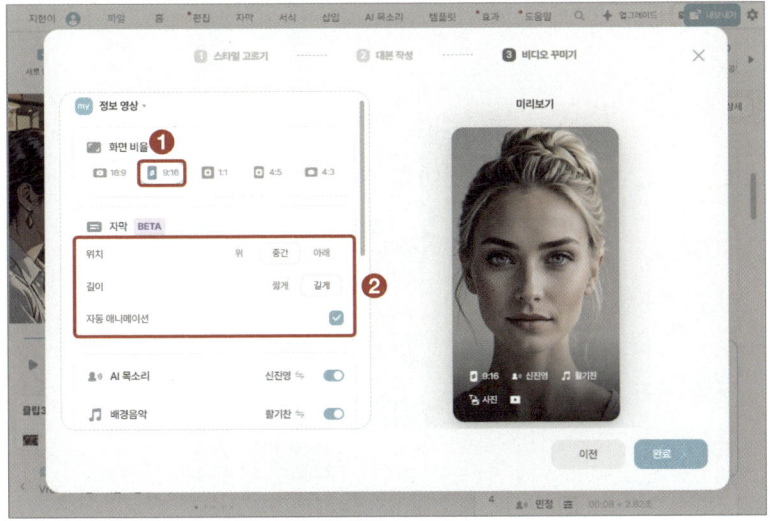

> **TIP** 자막 길이를 짧게 설정하면 텍스트가 짧게 분절되어 오히려 가독성을 떨어트릴 수 있습니다. 또한, 숏폼 영상을 만들 때는 업로드할 플랫폼의 요소들에 가려지지 않도록 자막을 중간에 배치하는 것이 좋습니다.

06 계속해서 **[AI 목소리]** 옵션의 버튼을 클릭하여 다음과 같은 목소리 선택 창이 열리면 ❶원하는 목소리를 선택한 후 ❷**[음량]**, **[속도]**, **[높이]** 등의 세부 옵션을 설정하고 ❸**[확인]** 버튼을 클릭합니다.

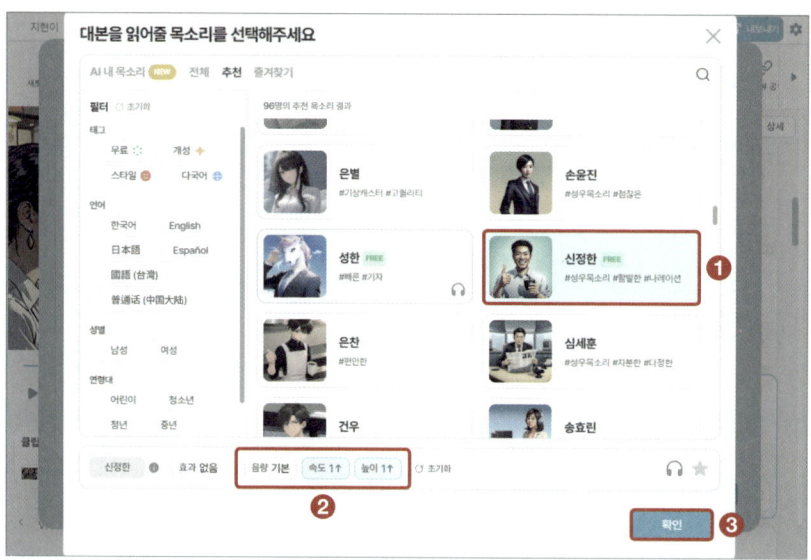

07 끝으로 생성될 이미지 설정을 변경하기 위해 ❶**[AI 이미지]** 옵션에서 **[스타일]**이 **[사진]**인지 확인하고, 다른 설정이라면 클릭하여 **[사진]**으로 변경한 후 ❷**[완료]** 버튼을 클릭합니다.

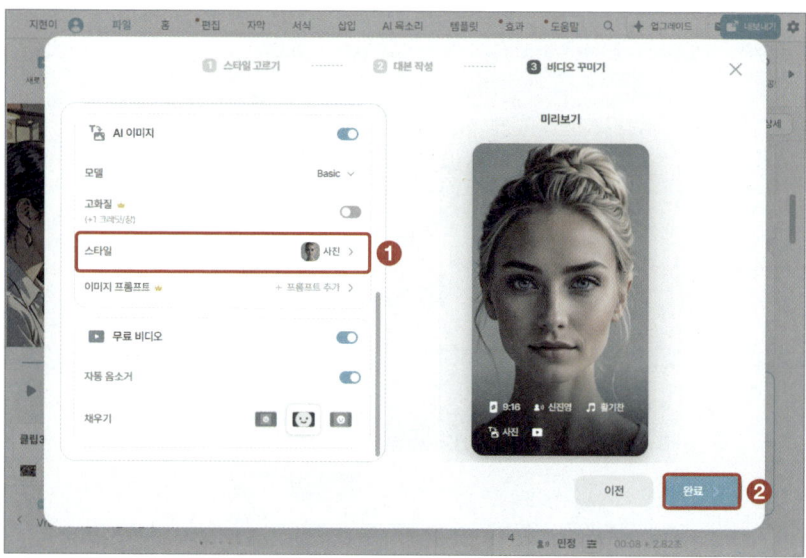

08 최종 확인 창이 열리면 그대로 [**확인**] 버튼을 클릭하여 대본에 어울리는 이미지 생성 과정을 진행합니다.

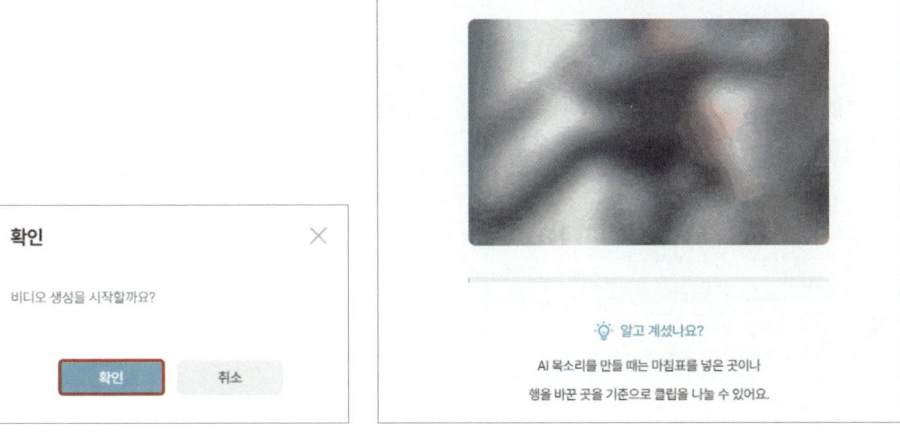

09 이미지 생성 과정이 끝나면 다음과 같이 편집 화면이 열립니다. [**재생**] 아이콘을 클릭하여 전체 영상을 확인해 보세요.

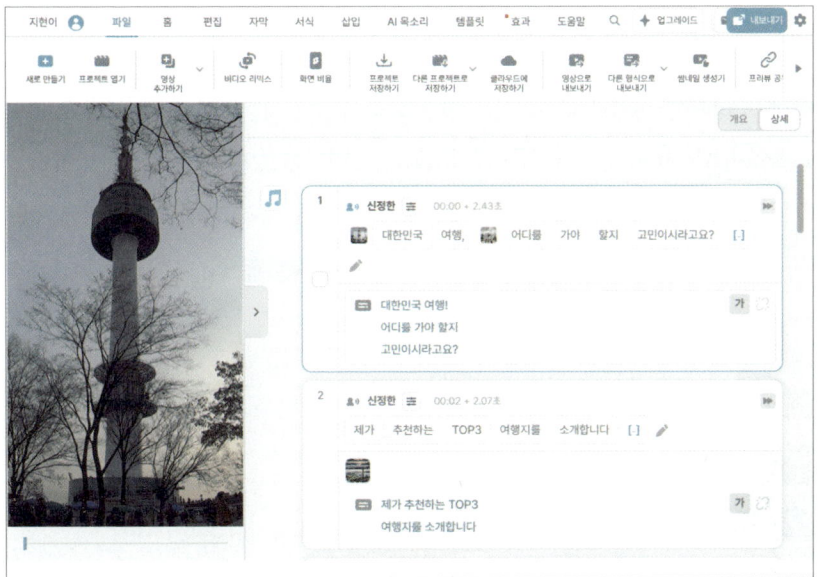

컷 편집 및 자막 서식 변경하기

자동 생성된 영상을 확인했으면 이제 어색하거나 잘못된 부분을 찾아 적절하게 편집하여 영상을 완성합니다.

01 우선 내용이 많은 클립을 찾아 영상편집 줄에서 적당한 위치를 클릭한 후 Enter 를 눌러 클립을 분할합니다.

02 한 클립에서 많은 내용을 유지하되, 자막을 여러 줄로 나누고 싶을 때는 ❶자막수정 줄에서 적절한 위치를 클릭한 후 Enter 를 눌러 줄바꿈합니다. ❷미리보기 화면에서 자막이 줄바꿈되는 것을 확인할 수 있습니다.

03 인공지능이 생성해 준 비디오나 이미지 중 어울리지 않거나 교체하고 싶은 애셋이 있다면 ①해당 클립을 선택한 후 ②**[삽입]** 탭에서 **[무료 이미지·비디오]**를 클릭합니다. ③무료 애셋 패널이 열리면 추천 키워드를 클릭하여 검색합니다. 여기서는 **[제주도]**를 클릭했습니다.

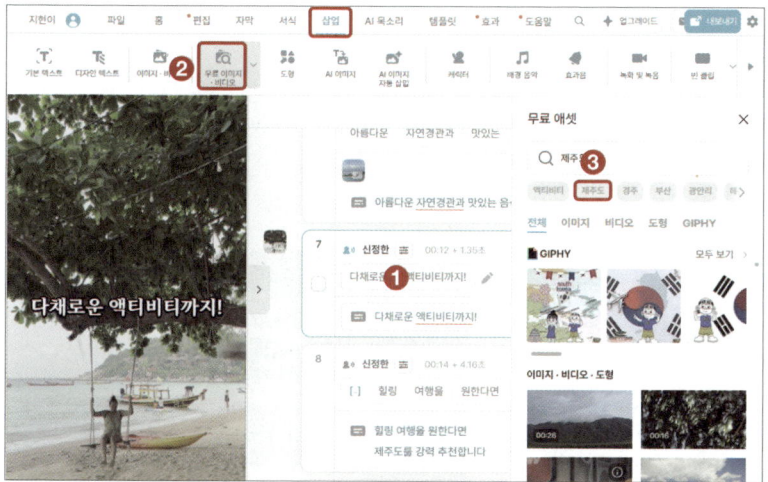

> **TIP** 검색창에 직접 키워드를 입력하여 검색해도 좋습니다.

04 검색 결과에서 ①사용할 이미지 또는 비디오 애셋을 찾아 선택하면 ②곧바로 미리보기 화면에 추가됩니다. ③팝업 도구에서 **[채우기]**를 클릭한 후 ④**[잘라서 채우기]**를 클릭합니다. 추가한 애셋이 화면 가득 채워집니다.

> **TIP** 추가한 이미지와 영상의 비율이 다르므로, **[비율 유지하며 채우기]**를 이용하면 영상에 빈 공간이 생깁니다. 그러므로 **[잘라서 채우기]**를 이용했습니다.

05 새로운 애샷을 추가하면 기존의 이미지나 비디오 애샷은 필요 없어집니다. ❶기존 애샷 아이콘을 클릭한 후 ❷[삭제]를 선택하여 제거하거나, [적용 범위 변경]을 선택하여 해당 애샷이 표시되는 범위를 변경합니다.

06 이제 자막 서식을 변경해 보겠습니다. 모든 클립에 일괄 자막을 변경할 것이므로, [서식] 탭으로 이동한 후 서체, 크기, 테두리 등을 자유롭게 변경합니다.

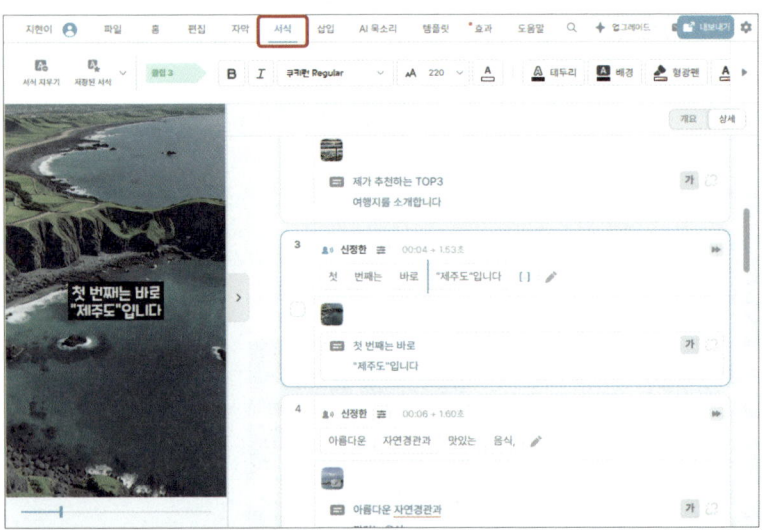

> **TIP** 글자 크기를 변경할 때는 화살표로 선택할 수도 있지만 크기 숫자 부분을 마우스로 클릭하여 직접 입력할 수 있습니다.

속도 조절 및 내보내기

숏폼 영상은 대체로 짧고, 속도감도 빠릅니다. 이런 특성에 따라 최종 완성한 영상의 속도를 조정한 후 동영상 파일로 저장해 보겠습니다.

01 ❶**[효과]** 탭에서 **[배속 효과]**를 클릭하여 배속 효과 패널을 엽니다. ❷**[적용 범위]** 옵션에서 **[전체 클립]**을 선택하고, ❸**[속도]** 옵션을 **[1.5x]**로 변경합니다. ❹**[더 보기]**를 클릭해서 펼치면 속도 변경에 따른 길이 변화를 확인할 수 있습니다.

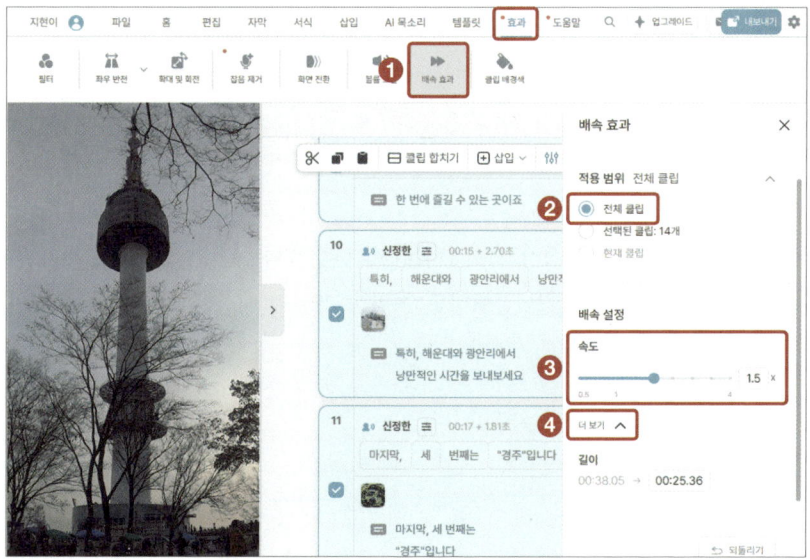

02 숏폼이 완성되었습니다. 이제 ❶**[내보내기]** 버튼을 클릭한 후 **[영상 파일(mp4)]**을 선택합니다. ❷동영상 내보내기 창이 열리면 ❸**[해상도]** 옵션을 **[FHD 수준(1080 x 1920)]**으로 변경한 후 ❹**[내보내기]** 버튼을 클릭합니다.

03 ❶동영상 파일의 저장할 경로를 지정하고, ❷**[저장]** 버튼을 클릭합니다. ❸내보내기가 완료되면 확인 창이 열리고 **[폴더 열기]** 버튼을 클릭하면 동영상 파일이 저장된 폴더를 바로 확인할 수 있습니다.

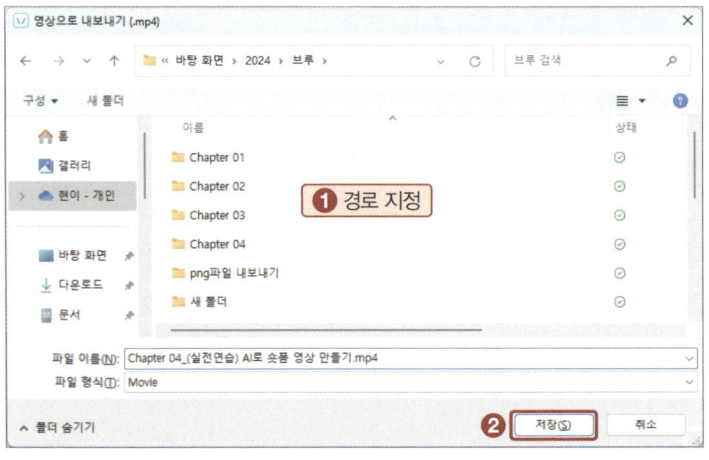

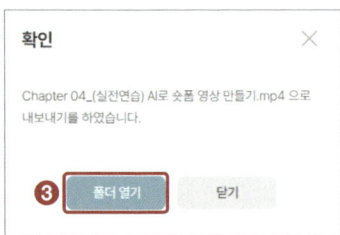

TIP 동영상 파일로 저장한 후 **[파일]** 탭에서 **[프로젝트 저장하기]**를 클릭하여 작업한 프로젝트 파일도 저장해 놓는 것이 좋습니다.

LESSON 05

나만의 비디오 스타일 만들기

인공지능을 활용해 영상을 만들 때 내가 자주 사용하는 스타일이 있다면 저장해 놓고 사용할 수 있습니다. 유튜브와 같은 내 채널에 일관성 있는 영상을 업로드하고 싶다면 나만의 비디오 스타일을 만들어서 활용해 보세요.

01 텍스트로 비디오 만들기 프로젝트를 시작할 때와 같은 방법으로 ❶**[파일]** 탭에서 **[새로 만들기]**를 클릭한 후 ❷**[텍스트로 비디오 만들기]**를 클릭합니다.

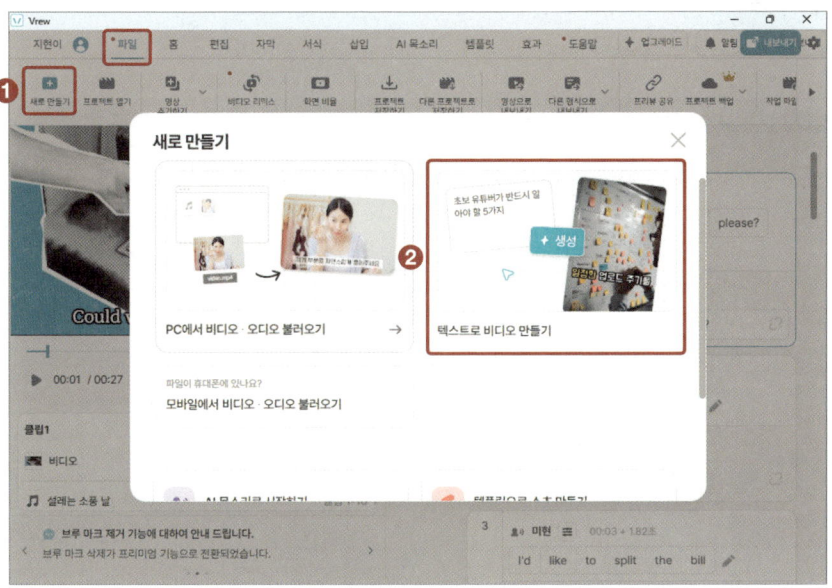

02 스타일 고르기 창이 열리면 ❶ '나만의 비디오 스타일' 영역에서 [**+나만의 비디오 스타일 만들기**] 버튼을 선택하고 ❷[**다음**] 버튼을 클릭합니다.

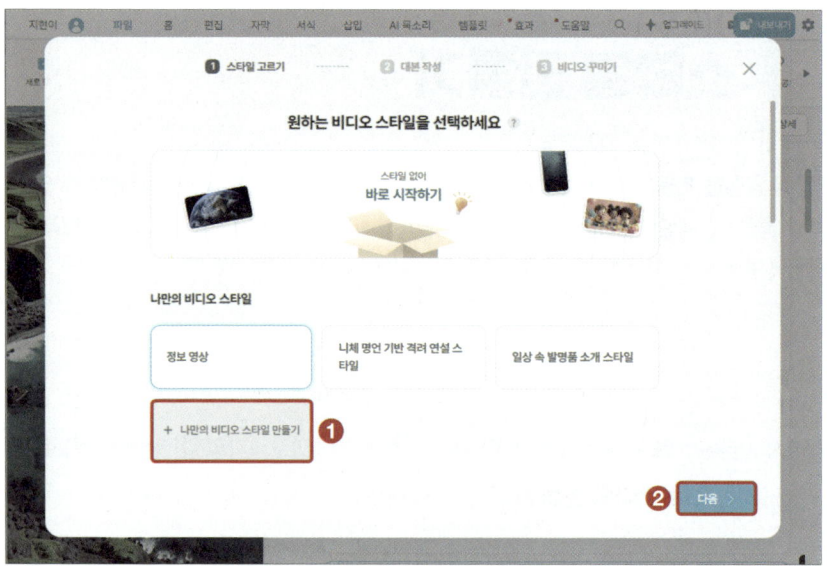

03 팝업 창이 열리고 사용 방법이 안내됩니다. [**다음**] 버튼을 클릭하면서 나만의 비디오 스타일 생성 요령을 확인하세요. 이미 방법을 알고 있다면 [**건너뛰기**] 버튼을 클릭하여 곧바로 시작해도 됩니다.

 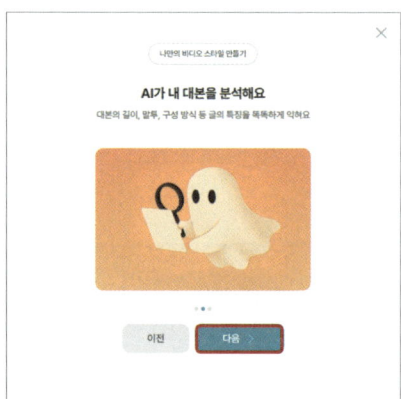

04 **[건너뛰기]** 버튼을 클릭했거나, **[다음]** 버튼을 클릭하면서 나만의 비디오 스타일 만들기 방법을 확인했다면 마지막으로 **[시작하기]** 버튼을 클릭합니다.

 NOTE 대본 없이 직접 만들기

위 팝업 창에서 **[시작하기]** 버튼을 클릭하면 준비된 대본을 입력하는 과정을 진행합니다. 만약 작성해 놓은 대본이 없다면 **[시작하기]** 버튼 아래에 있는 **[대본 없이 직접 만들기]** 링크를 클릭합니다. 다음과 같은 요청 창이 열리면 인공지능이 대본을 작성할 때 참고할 수 있는 스타일을 입력합니다.

사용자가 직접 대본을 입력하면 인공지능이 대본을 참고해 스타일을 파악할 수 있지만, 대본이 없으므로 원하는 스타일을 직접 입력하는 과정입니다. 요청 창 아래쪽에 있는 Tip을 참고하여 말투나 분위기, 글의 흐름이나 구조 등을 미리 요청합니다.

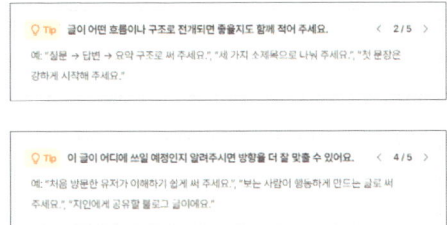

LESSON 05 나만의 비디오 스타일 만들기 **219**

05 나만의 비디오 스타일 만들기가 시작되면 대본 입력 창이 열립니다. ❶아래 예시와 같이 제목과 내용을 구분하여 대본을 입력한 후 ❷[스타일 생성하기] 버튼을 클릭합니다.

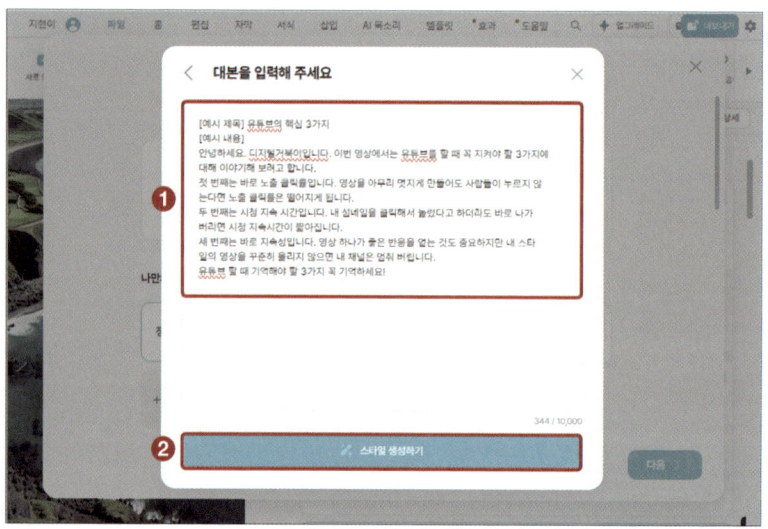

TIP 빈 대본 창에서 [최근 대본 가져오기]를 선택하면 이전에 사용했던 대본이 자동으로 적용됩니다.

[예시 제목] 유튜브의 핵심 3가지

[예시 내용]

안녕하세요. 디지털거북이입니다. 이번 영상에서는 유튜브를 할 때 꼭 지켜야 할 3가지에 대해 이야기해 보려고 합니다.

첫 번째는 바로 노출 클릭률입니다. 영상을 아무리 멋지게 만들어도 사람들이 누르지 않는다면 노출 클릭률은 떨어지게 됩니다.

두 번째는 시청 지속 시간입니다. 내 섬네일을 클릭해서 눌렀다고 하더라도 바로 나가 버리면 시청 지속시간이 짧아집니다.

세 번째는 바로 지속성입니다. 영상 하나가 좋은 반응을 얻는 것도 중요하지만 내 스타일의 영상을 꾸준히 올리지 않으면 내 채널은 멈춰 버립니다.

유튜브 할 때 기억해야 할 3가지 꼭 기억하세요!

06 인공지능이 사용자가 입력한 대본을 분석하여 스타일을 파악합니다. ❶인공지능이 분석한 어조 및 문장, 분위기 및 강점 등의 스타일 확인한 후 ❷[다음] 버튼을 클릭합니다.

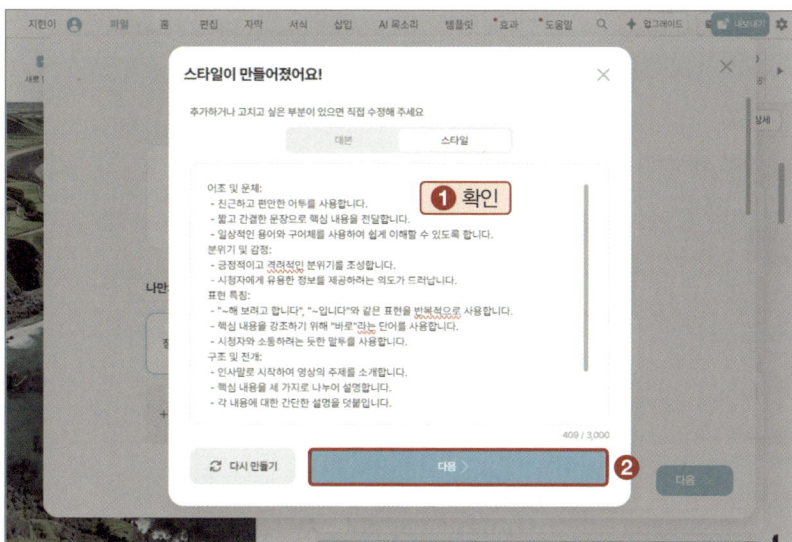

> **TIP** 인공지능이 분석한 스타일을 확인한 후 잘못된 곳이 있다면 해당 부분을 직접 수정하거나, [다시 만들기] 버튼을 클릭하여 재분석을 요청합니다.

07 이어서 ❶나만의 비디오 스타일 이름을 입력하고 ❷[스타일 저장] 버튼을 클릭합니다. 앞서 대본 없이 직접 만들기를 선택했다면 요청 사항을 입력한 후 곧바로 이 과정으로 건너뛸 수 있습니다.

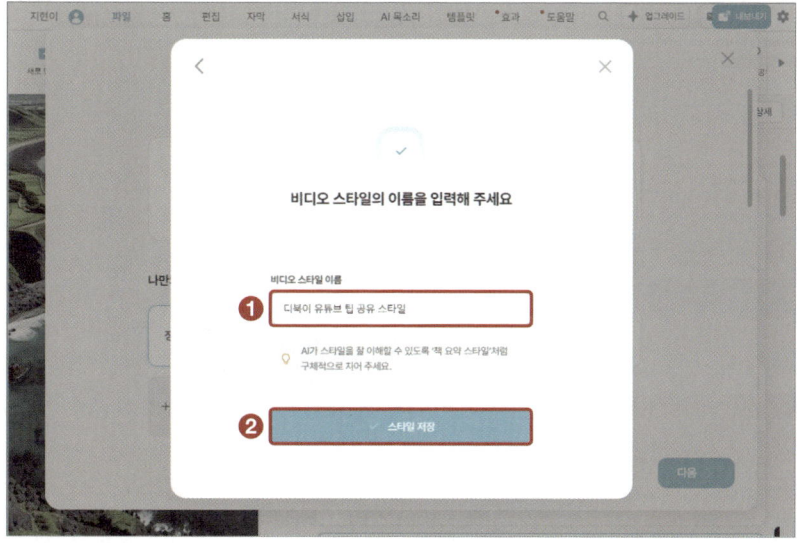

08 새로운 나만의 비디오 스타일 생성이 끝나면 스타일 고르기 창이 열리고 앞서 저장한 이름으로 나만의 비디오 스타일 목록에 추가됩니다. 결과를 확인해 보기 위해 ❶ 추가한 나만의 비디오 스타일을 선택하고 ❷ [다음] 버튼을 클릭합니다.

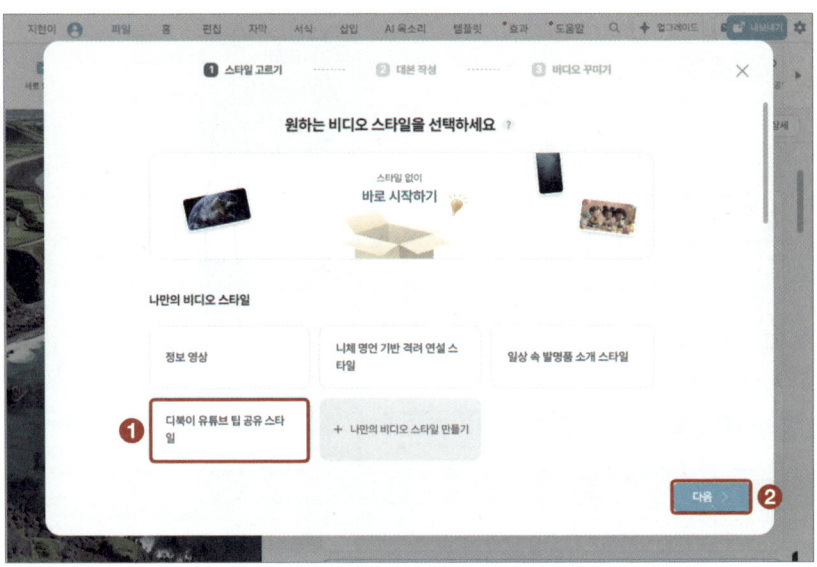

09 대본 작성 창이 열리면 왼쪽 위에 현재 선택한 비디오 스타일 명칭이 표시되며, 클릭해 보면 해당 스타일에 적용된 특징을 확인할 수 있습니다.

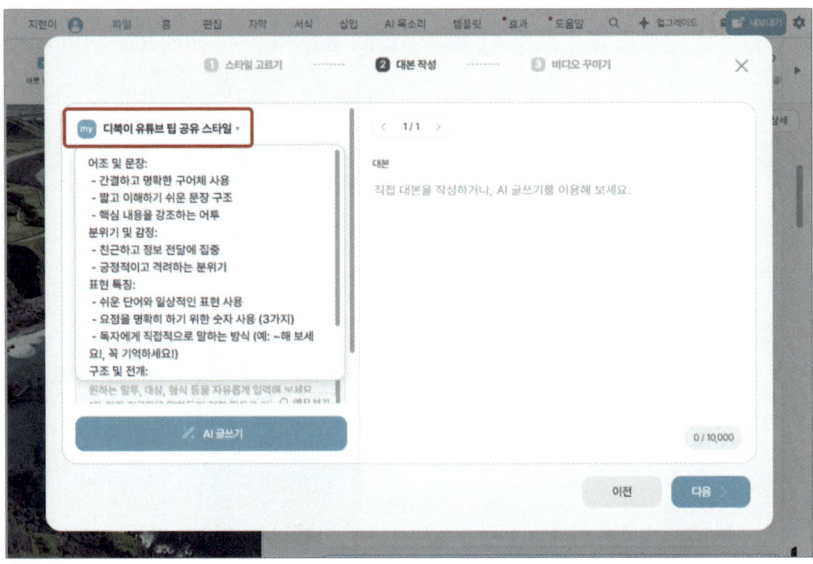

10 이제 해당 스타일이 제대로 반영되는지 확인하기 위해 ❶[**식곤증을 없애는 방법 3가지**]라는 주제를 입력하고 ❷[**AI 글쓰기**] 버튼을 클릭합니다. 잠시 기다리면 나만의 스타일에 맞춘 대본이 작성되는 것을 확인할 수 있습니다.

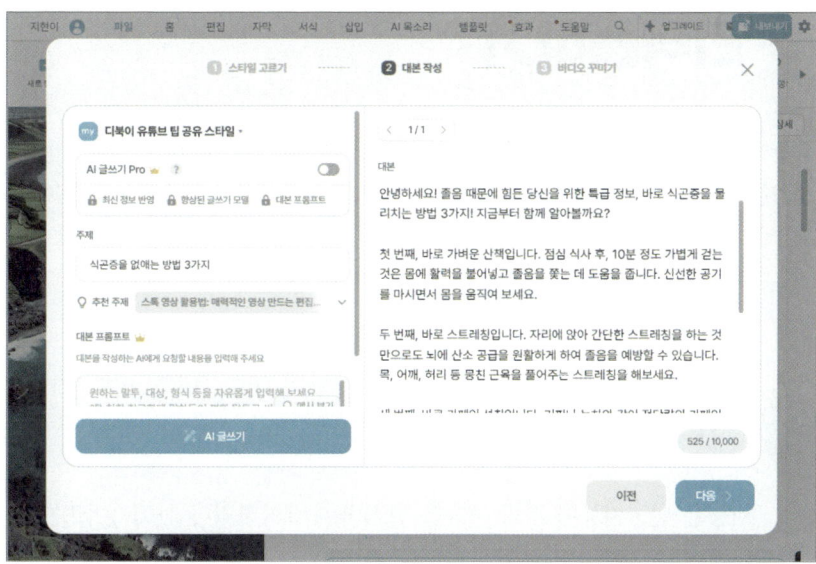

11 이제 언제든 [**텍스트로 비디오 만들기**]를 이용하여 저장한 나만의 비디오 스타일을 사용할 수 있으며, 해당 스타일을 변경하거나 삭제하고 싶을 때는 버튼 오른쪽 위에 있는 [⋯] 아이콘을 클릭한 후 [**수정**] 또는 [**삭제**]를 선택하면 됩니다.

LESSON 06
긴 영상을 짧은 영상으로 리믹스하기

브루에서 영상 프로젝트를 완성했다면 인공지능을 이용하여 해당 영상의 요약 영상이나 하이라이트 영상을 추가로 생성할 수 있습니다. 브루의 비디오 리믹스 기능을 이용하여 요약 영상과 하이라이트 영상을 만들어 보겠습니다.

프로젝트를 요약 영상으로 리믹스하기

브루의 비디오 리믹스 기능은 인공지능이 자막 내용을 분석하여 요약하거나 하이라이트를 생성합니다. 그러므로 반드시 자막이 있는 영상을 사용해야 합니다.

01 ❶[파일] 탭에서 [프로젝트 열기]를 클릭합니다. ❷프로젝트 열기 창이 열리면 [찾아보기]를 클릭합니다.

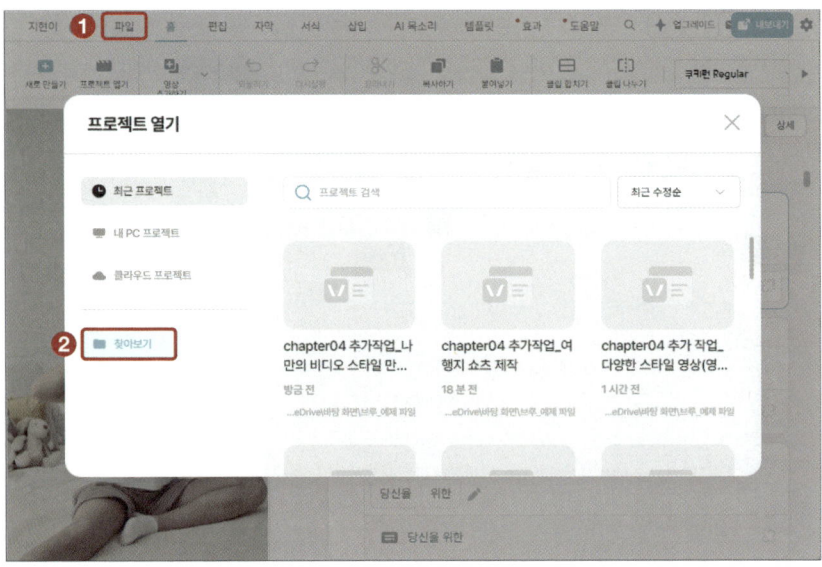

02 프로젝트 열기 창이 열리면 ①예제 파일로 제공하는 **[Chapter 04_비디오 리믹스하기 원본 예시.vrew]** 프로젝트 파일을 찾아 선택하고 ②**[열기]** 버튼을 클릭합니다.

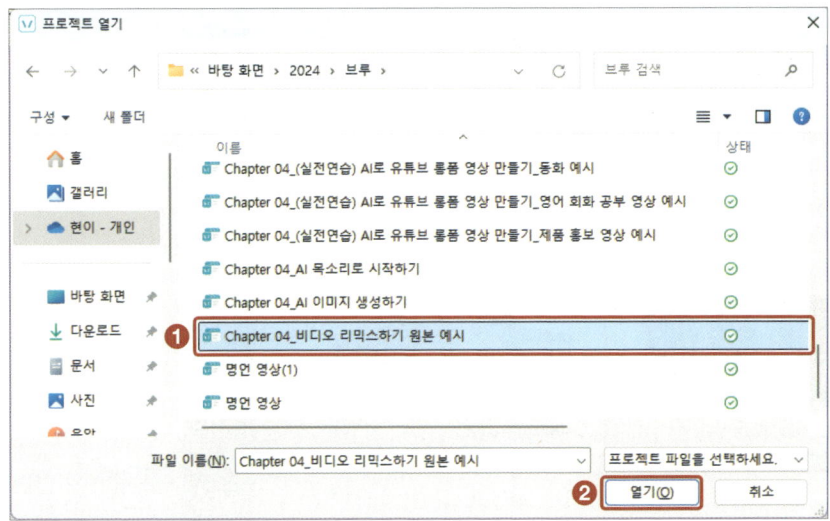

03 불러온 프로젝트를 확인해 보면 ①2분 11초 영상입니다. 전체 영상을 짧게 요약하기 위해 ②**[파일]** 탭에서 **[비디오 리믹스]**를 클릭합니다.

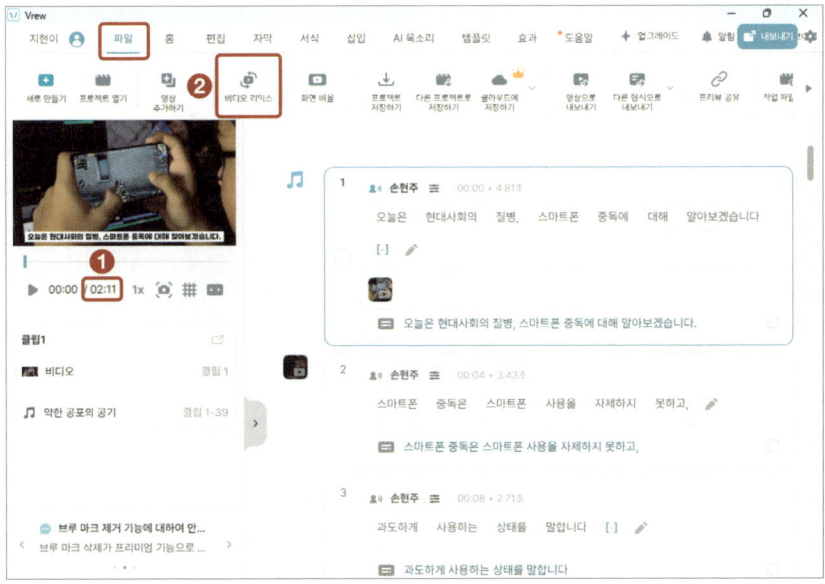

04 어떤 영상을 만들지 선택 창이 열리면 ❶[**요약 영상 만들기**]를 클릭한 후 ❷[**다음**] 버튼을 클릭합니다.

05 요약 영상에서 사용할 AI 목소리 선택 창이 열립니다. ❶사용할 목소리를 선택한 후 ❷[**확인**] 버튼을 클릭합니다.

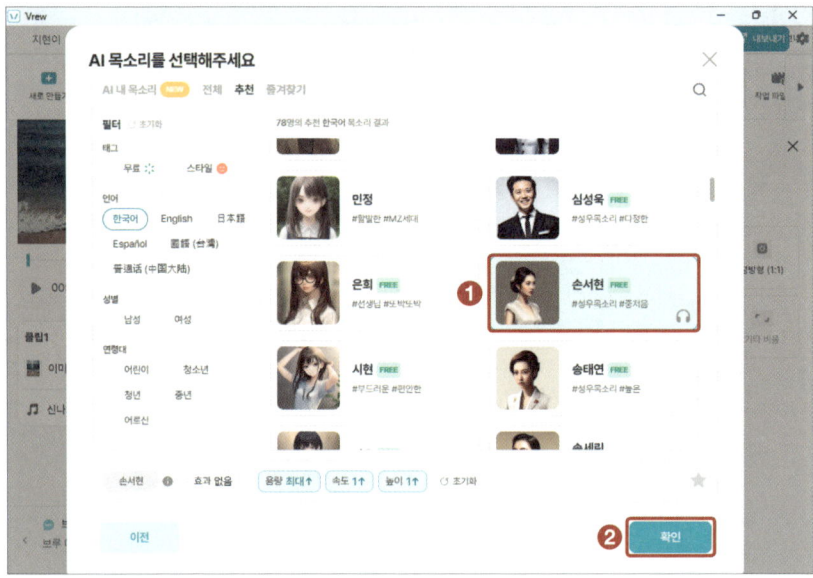

06 ❶영상 요약 과정이 진행되고, 요약이 끝나면 몇 크레딧을 사용했는지 안내 창이 열립니다. ❷[확인] 버튼을 클릭하면 다시 한번 요약 과정이 진행됩니다.

07 요약이 끝나면 씬 목록 창이 열리고, 요약 씬으로 22초로 된 영상이 생성된 것을 확인할 수 있습니다. ❶요약 씬을 선택한 후 ❷영상을 재생해 보세요. 원본의 이미지나 비디오가 아닌 새로운 이미지나 비디오로 요약 영상이 생성된 것을 확인할 수 있습니다.

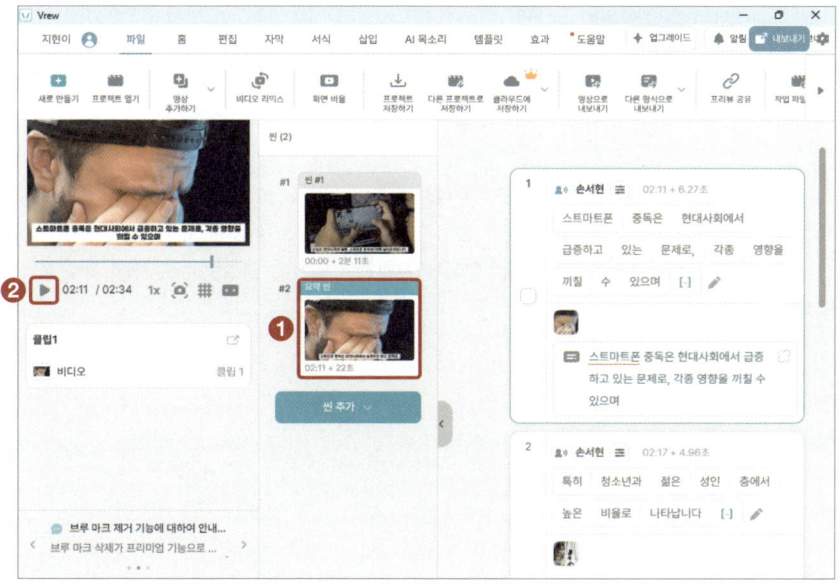

하이라이트 영상 만들기

앞서 요약 영상은 원본 영상의 내용을 참고하여 새로운 이미지와 비디오로 짧은 영상을 생성했습니다. 반면, 하이라이트 영상은 원본 영상에서 일부 구간을 조합하여 짧은 영상을 생성합니다.

01 요약 영상 만들기 실습을 진행했다는 가정 하에 씬 목록에서 ❶[씬 #1](원본 영상)을 선택한 후 ❷[파일] 탭에서 [비디오 리믹스]를 클릭합니다. 씬 목록에서 [씬 추가] 버튼을 클릭한 후 [비디오 리믹스]를 선택해도 됩니다.

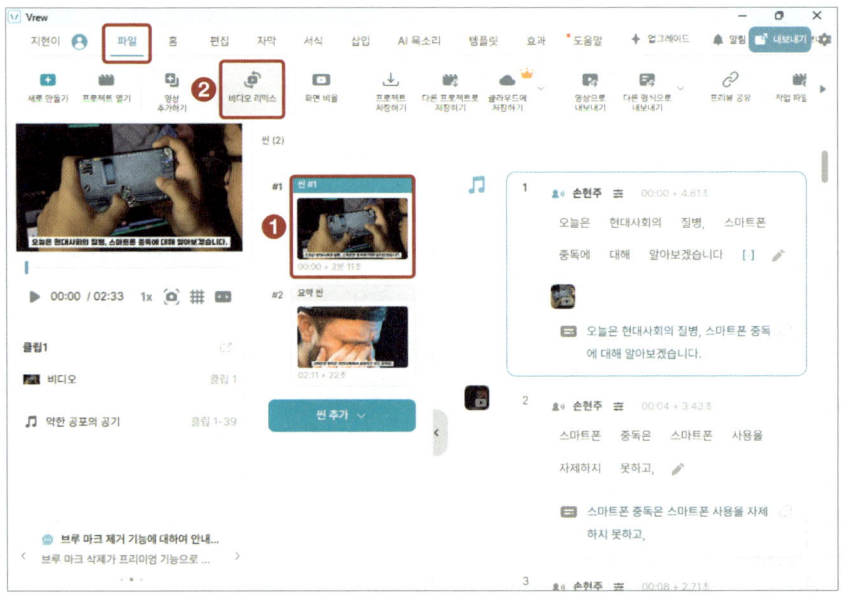

> **TIP** 요약 영상 만들기 실습을 진행하지 않았다면 [파일] 탭에서 [프로젝트 열기]를 클릭하여 프로젝트 파일을 열고, [비디오 리믹스]를 클릭합니다.

02 어떤 영상을 만들지 선택 창이 열리면 ❶[하이라이트 영상 만들기]를 클릭한 후 ❷[확인] 버튼을 클릭합니다.

03 다음과 같이 하이라이트 추출 과정이 진행됩니다.

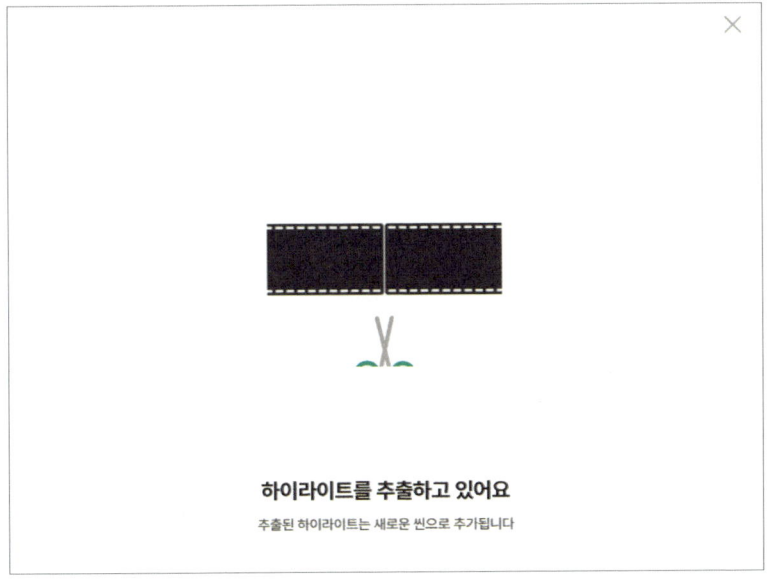

04 추출 과정이 끝나면 ❶씬 목록에 하이라이트 영상이 새로운 씬으로 추가됩니다. ❷하이라이트 영상을 재생해 보고 어색한 부분이 있다면 편집을 진행합니다. ❸끝으로 동영상 파일로 저장하기 위해 [내보내기] 버튼을 클릭한 후 ❹[영상 파일(mp4)]를 선택합니다.

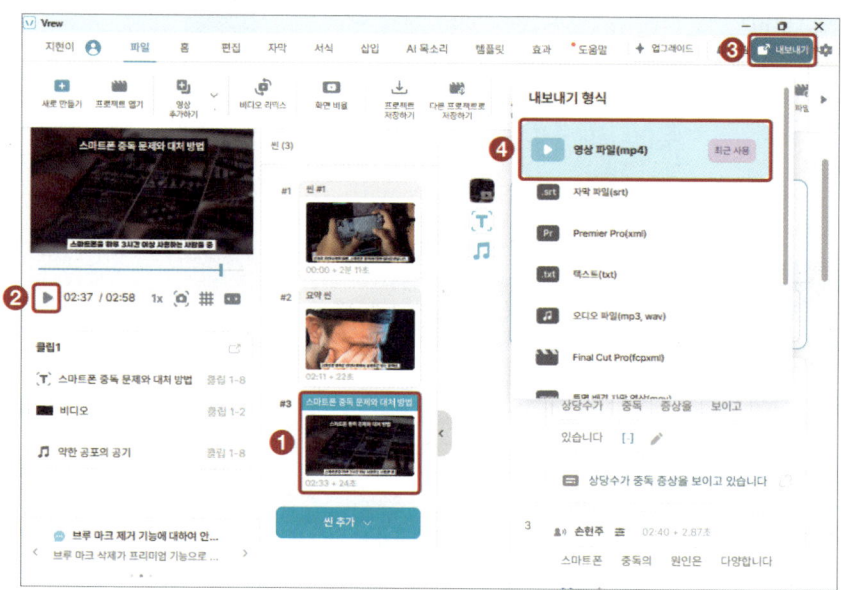

05 동영상 내보내기 창이 열리면 ❶요약 영상만 동영상 파일로 저장하기 위해 [현재 씬, 모든 클립]을 선택한 후 ❷[내보내기] 버튼을 클릭합니다.

APPENDIX

APPENDIX 01 스마트폰에서 브루 활용하기
APPENDIX 02 작업 속도가 빨라지는 브루 단축키

APPENDIX 01

스마트폰에서 브루 활용하기

스마트폰에 브루 앱을 설치하면 간단한 편집 작업을 진행할 수 있습니다. 물론, 컴퓨터에서 사용하는 모든 기능을 사용하기는 어렵지만 영상을 불러와서 자막을 넣거나 편집하는 가벼운 작업을 진행하기에는 충분합니다.

아이폰과 안드로이드 스마트폰의 인터페이스 일부가 다릅니다. 여기서는 아이폰을 기준으로 설명합니다.

모바일 브루의 기본 프로젝트 화면 살펴보기

브루에서 프로젝트를 시작하면 다음과 같은 프로젝트 화면이 열립니다. 크게는 위쪽에 프리뷰 영역, 아래쪽에 영상 편집 영역, 그리고 그 아래쪽에 툴바가 배치되어 있습니다. `Link` 프로젝트 시작 방법은 이후 000쪽부터 자세히 설명합니다.

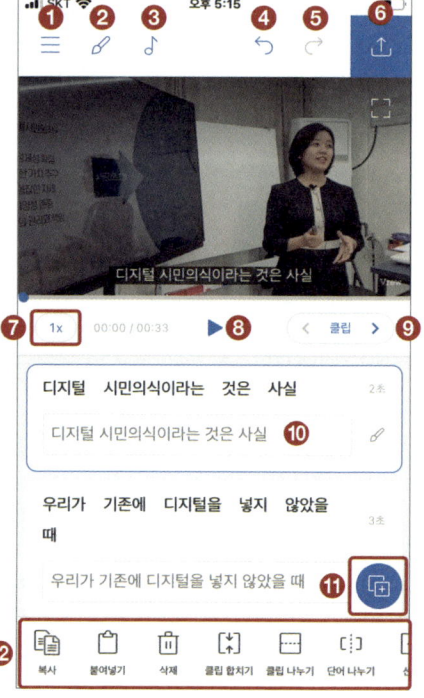

❶ **메뉴:** 모바일 브루의 전체 메뉴를 확인할 수 있습니다. 자막 사용 여부부터, 브루의 워터마크 표시 여부를 설정할 수 있으며, 주로 자막 관련 메뉴들이 포함되어 있습니다.

❷ **자막 스타일 편집:** 영상의 자막 스타일을 변경할 수 있습니다.

❸ **배경 음악:** 배경 음악을 추가하거나 영상의 볼륨을 조절할 수 있습니다.

❹ **작업 취소:** 직전에 실행한 작업을 취소합니다.

❺ **작업 재실행:** 취소한 작업을 다시 실행합니다.

❻ **내보내기:** 완성한 프로젝트를 영상 파일로 저장하거나, 프로젝트 파일로 저장합니다.

❼ **속도 조절:** 미리 보기 화면의 재생 속도를 조절합니다.

❽ **재생:** 프로젝트 영상을 재생해 봅니다.

❾ 선택 중인 클립을 변경합니다.

❿ **클립:** 각 클립의 위쪽은 영상편집 줄, 아래쪽은 자막수정 줄입니다.

⓫ **소스 추가:** 새로운 프로젝트 소스를 추가할 수 있습니다.

⓬ **툴바:** 영상 편집에 필요한 각종 기능이 아이콘으로 배치되어 있습니다.

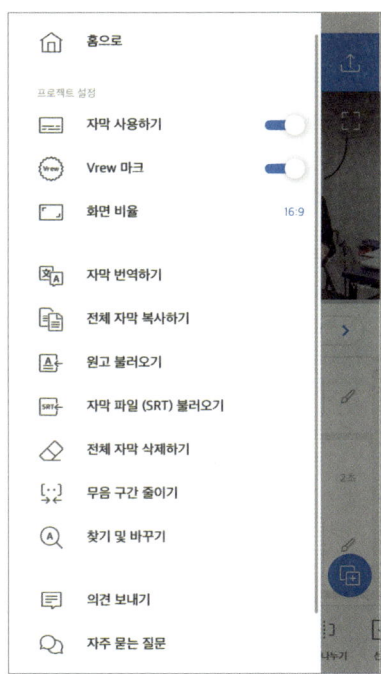

TIP 미리 보기 화면 아래에 있는 속도 조절은 미리 보기 화면의 재생 속도를 조절하는 기능이고, 툴바에 있는 **[속도]**는 실제 프로젝트 영상의 속도를 조절할 때 사용합니다.

▲ 메뉴 화면

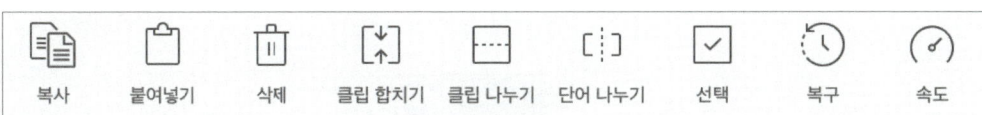

▲ 툴바

모바일 브루 시작하기

01 모바일 브루를 사용하려면 우선 사용 중인 스마트폰의 앱 스토어에서 '브루'로 검색한 후 찾아 설치하고, 설치된 앱을 찾아 실행합니다.

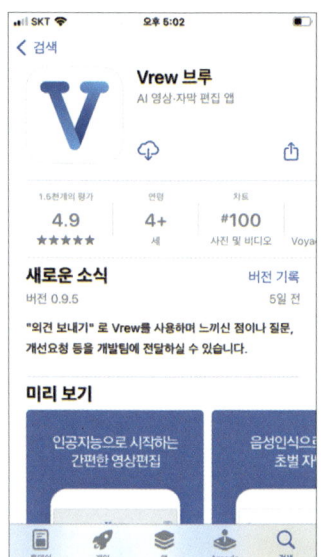

02 브루를 처음 실행했다면 **[로그인]**을 터치한 후 브루 계정으로 로그인하세요. 아직 계정이 없다면 **[회원가입]**을 터치하여 회원가입부터 진행합니다. 모바일 브루에 로그인하면 가장 먼저 프로젝트 생성 화면이 열립니다. **[새 프로젝트]**를 터치해 보세요.

03 스마트폰 접근 허용 관련 창이 열리면 허용을 선택하고, 다음과 같이 갤러리 화면이 열리면 ❶사용할 영상이나 사진을 찾아 선택한 후 ❷[다음] 버튼을 터치합니다. 영상을 선택했다면 음성 인식을 위해 언어 선택 창이 열립니다. ❸영상에 사용된 언어를 선택하면 프로젝트가 시작됩니다.

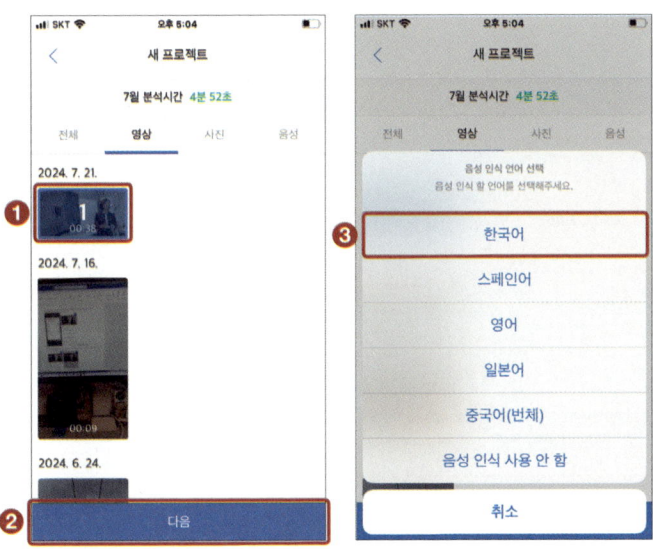

🎬 기본 컷 편집하기

01 ❶선택한 언어에 따라 음성 분석이 시작되고, 분석이 끝나면 모바일 브루의 기본 편집 화면이 열립니다. ❷프로젝트 영상을 재생해 보면서 편집할 구간을 찾습니다. 그런 다음 무음 구간부터 제거하기 위해 ❸메뉴 아이콘을 터치합니다. Link 좀 더 자세한 화면 구성은 232쪽에서 설명합니다.

02 메뉴 창이 열리면 ①**[무음 구간 줄이기]**를 터치하고, 무음 구간 줄이기 화면에서 다음과 같은 ②기본 설정을 유지한 채 **[확인]** 버튼을 터치하여 무음 구간을 제거합니다.

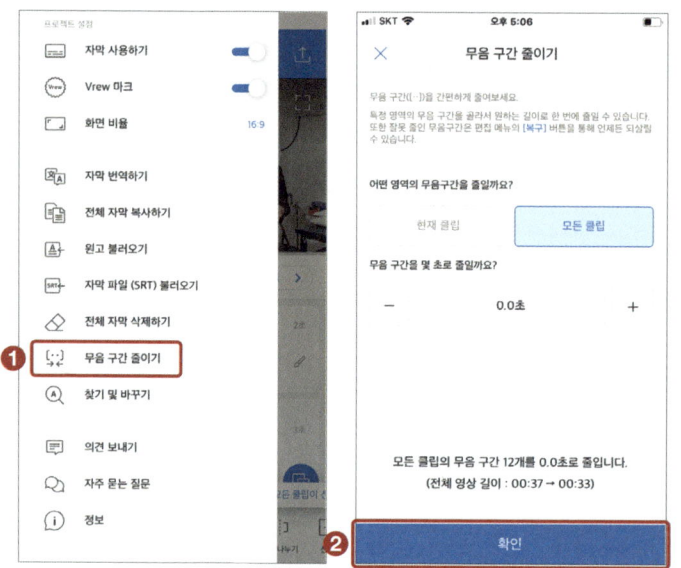

TIP 위 기본 설정은 프로젝트의 모든 클립에 있는 무음 구간을 **[0.0초]**, 즉 제거하는 설정입니다. 안드로이드 스마트폰에서는 아래쪽 툴바에 **[무음 구간 줄이기]** 아이콘이 배치되어 있습니다.

03 프로젝트 영상을 재생해 보면서 편집할 구간을 찾습니다. 우선 ①많은 텍스트가 포함된 클립에서 나눠질 시작 워드를 터치하여 선택한 후 ②**[클립 나누기]**를 터치합니다.

04 다음으로 음성 인식이 잘못되었거나 오탈자를 찾아 수정합니다. 수정할 클립에서 ❶자막 수정 줄을 터치한 후 내용을 변경하고, ❷[확인] 버튼을 터치합니다.

 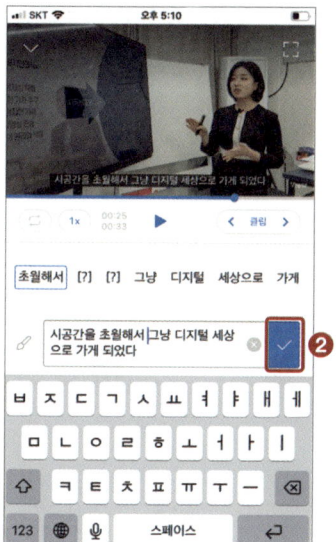

자막 스타일 및 배경 음악 설정

01 기본 컷 편집이 끝난 후 자막 스타일을 변경하기 위해 ❶편집 화면 가장 위, 또는 각 클립의 자막수정 줄 오른쪽에 있는 붓 모양의 [자막] 아이콘을 터치합니다. 자막 화면이 열리면 ❷[즐겨찾기] 탭에서 원하는 자막 스타일을 선택해서 적용합니다.

 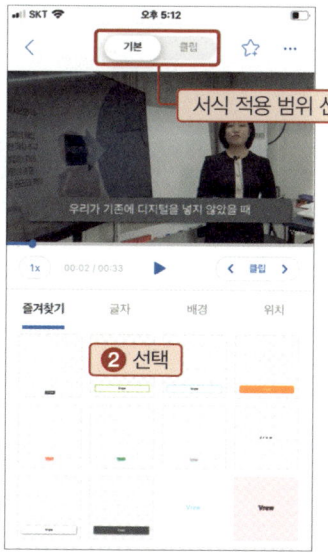

TIP 자막 화면의 가장 위에서 [기본]이 활성화되어 있으면 선택한 자막이 전체 클립에 적용되고, [클립]이 활성화되어 있으면 현재 클립의 자막 스타일만 변경됩니다.

02 자막 스타일을 좀 더 세부적으로 변경하고 싶다면 **[글자]** 탭에서 글꼴 및 크기를, **[배경]** 탭에서 배경색 및 너비를, **[위치]** 탭에서 자막의 위치를 변경할 수 있습니다.

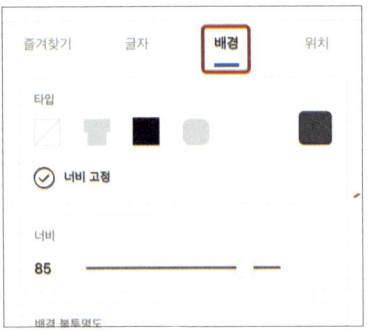

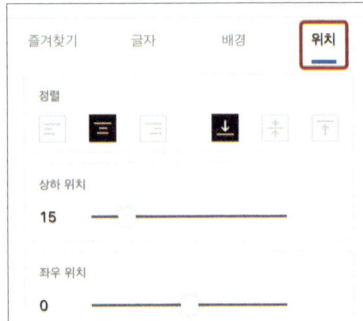

03 자막 스타일 편집이 끝나면 화면 왼쪽 위에 있는 **[<]**를 터치하여 편집 화면으로 돌아옵니다. 이어서 ❶**[배경 음악]** 아이콘을 터치한 후 ❷**[무료 음악]**을 터치하여 사용할 배경 음악을 선택할 수 있습니다. ❸**[<]**를 터치하여 다시 편집 화면으로 돌아온 후 영상 파일로 저장하기 위해 ❹**[내보내기]** 아이콘을 터치합니다.

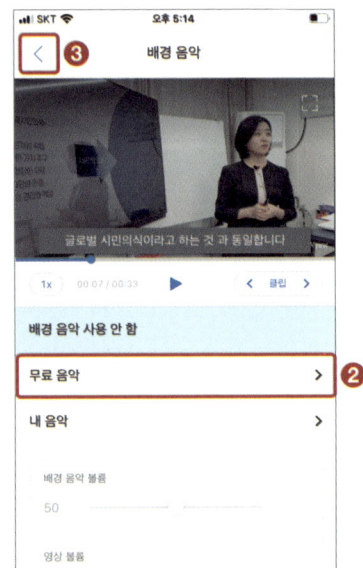

04 내보내기 화면이 열리면 파일 형식부터, 대상 클립, 포맷 등을 설정한 후 **[내보내기]** 버튼을 터치합니다. 저장한 영상 파일은 갤러리(사진 앱)에서 확인할 수 있습니다.

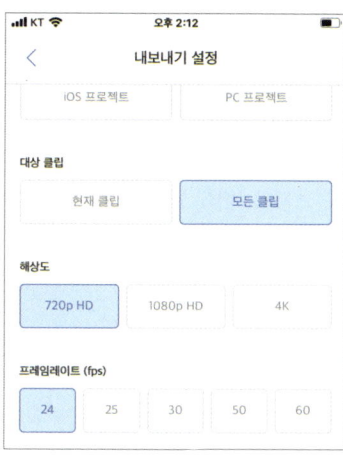 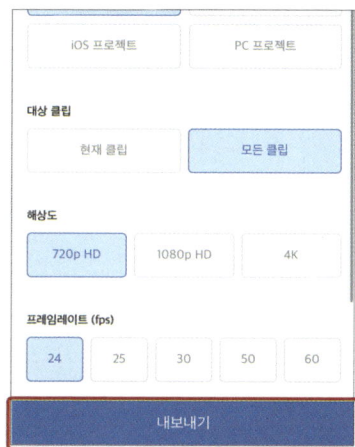

새로운 프로젝트 시작하기

하나의 프로젝트를 완성하고, 새로운 프로젝트를 시작하거나 작업 중이던 다른 프로젝트를 불러오고 싶다면 화면 왼쪽 위에 있는 **[메뉴]** 아이콘을 터치한 후 **[홈으로]**를 선택합니다.

다음과 같이 프로젝트 목록이 표시되며, 여기서 다른 프로젝트를 선택하거나 **[새 프로젝트]** 버튼을 터치하여 새로운 프로젝트를 시작할 수 있습니다.

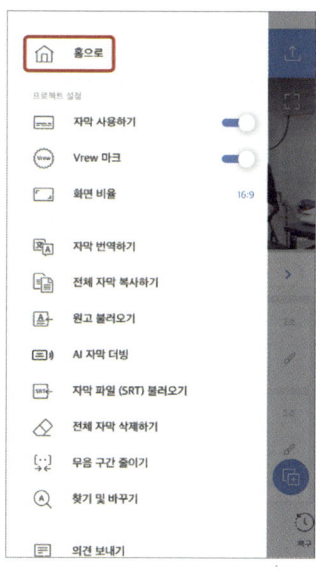 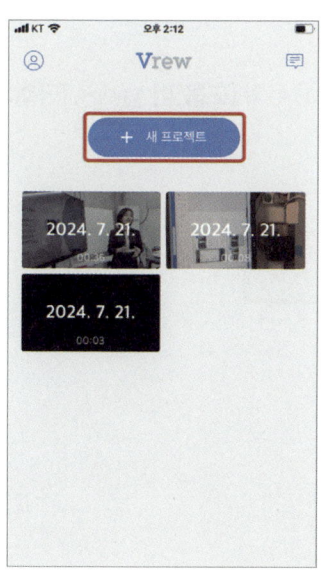

APPENDIX 02

작업 속도가 빨라지는 브루 단축키

브루로 영상 편집을 진행하면서 자주 쓰는 기능은 단축키를 활용해 보세요. 편집 시간을 단축시킬 수 있습니다.

기능	단축키	기능	단축키
모두 선택	Ctrl + A	저장	Ctrl + S
복사	Ctrl + C	전체 재생	F5 / Space bar
잘라내기	Ctrl + X	클립 재생	F4 / Ctrl + P
영상(클립/워드) 삭제	Delete	재생 속도 빠르게	Ctrl + .
클립 나누기	Enter	재생 속도 느리게	Ctrl + ,
붙여넣기	Ctrl + V	AI 목소리 설정	F8
되돌리기	Ctrl + Z	전체 클립에 더빙하기	Ctrl + F7
다시 실행	Ctrl + Shift + Z	현재 클립에 더빙하기	Ctrl + Shift + F7

위와 같은 주요 단축키 이외에도 브루의 **[도움말]** 탭에서 **[단축키]**를 클릭하거나 Ctrl + / 를 누르면 브루의 모든 단축키를 확인할 수 있습니다.

브루의 전체 단축키

파일

기능	단축키
프로젝트 닫기	Ctrl + W
프로젝트 열기	Ctrl + O
다른 프로젝트로 저장	Ctrl + Shift + S
저장	Ctrl + S

재생

기능	단축키
전체 재생	Shift + Tab / F5 / 스페이스바
클립 재생	Tab / F4 / Ctrl + P
재생 속도 빠르게	Ctrl + .
재생 속도 느리게	Ctrl + ,

이동

기능	단축키
라인의 처음으로 이동	Home
영상의 처음으로 이동	Ctrl + Home
클립 바로가기	Ctrl + J
라인의 끝으로 이동	End
영상의 끝으로 이동	Ctrl + End
다음 클립으로 이동	Ctrl + ↓
영상줄/자막줄간 이동	Alt + ↓ / Esc
다음 어절로 이동	Ctrl + →
이전 클립으로 이동	Ctrl + ↑
영상줄/자막줄 이동	Alt + ↑
이전 어절로 이동	Ctrl + ←

선택

기능	단축키
모두 선택	Ctrl + A
선택 영역 확장	Shift + 방향키
선택 해제	Esc

편집

기능	단축키
복사	Ctrl + C
잘라내기	Ctrl + X
영상 삭제 (클립)	Delete
영상 삭제 (워드)	Delete
클립 나누기	Enter
다음 클립에 붙여넣기	Shift + Enter
음성 상세 편집	F2 / Enter
마커 삽입	Ctrl + K
클립 합치기	Ctrl + E
다음 클립과 합치기	Ctrl + E
이전 클립과 합치기	Ctrl + Shift + E
붙여넣기	Ctrl + V
다시 실행	Ctrl + Y / Ctrl + Shift + Z
자막 지우기	Alt + Delete
찾아서 편집하기	Ctrl + F / F3
자막 번역	Ctrl + R
되돌리기	Ctrl + Z

목소리

기능	단축키
텍스트 수정	Ctrl + F8
목소리 수정	F8
새 클립으로 삽입	F7
빈 클립 삽입	Ctrl + B
빈 워드 삽입	Ctrl + Shift + B
기존 클립 위에 삽입	Shift + F7
전체 클립에 더빙하기	Ctrl + Shift + F7
현재 클립에 더빙하기	Ctrl + F7

MEMO

INDEX

숫자
3분할 영상 ········· 96

A
AI 내 목소리 만들기 ········· 178
AI 이미지 ········· 164
AI와 이미지 수정하기 ········· 165

G
GPT ········· 189

M
mp4 ········· 148

S
srt ········· 150

ㄱ
강조 ········· 61
공유 ········· 154
구간 나누기 ········· 43
구독 해지 ········· 23
권장 사양 ········· 14

ㄴ
나만의 비디오 스타일 ········· 218
내보내기 ········· 148
녹화 ········· 129
녹화 · 녹음 ········· 124

ㄷ
단어 강조 ········· 73
단축키 ········· 240
도형 ········· 74
디자인 텍스트 ········· 68

ㄹ
리믹스 ········· 224
릴스 ········· 102

ㅁ
무료 애셋 ········· 71
무음 구간 ········· 45

ㅂ
배경 음악 ········· 78
배경색 ········· 87
배속 ········· 85
버츄얼 ········· 88
복사하기 ········· 40
볼륨 조절 ········· 79
붙여넣기 ········· 40
비디오 리믹스 ········· 225

ㅅ
상세 편집 ········· 43
새로 만들기 ········· 32
색감 ········· 84
서식 ········· 56
서식 저장 ········· 60
설치 파일 ········· 15
속도 조절 ········· 215
쇼츠 ········· 102
숏폼 ········· 102
숏폼 ········· 207
순서 조절 ········· 77
스마트폰 ········· 232
씬 목록 ········· 54

ㅇ
애니메이션 ········· 60
애셋 ········· 62
영상 스타일 ········· 205
영상 파일 추가 ········· 51
영상편집 줄 ········· 26
오디오 파일 ········· 153
요금제 ········· 20
요약 영상 ········· 224
워드 ········· 26
워드 추가 ········· 47
워터마크 ········· 144
원본 보기 ········· 44
음성 더빙 ········· 176
이미지 생성 ········· 164
이미지 파일 ········· 153
인공지능 목소리 ········· 171
입모양 움직이기 ········· 93

ㅈ
자동 삽입 ········· 169
자막 ········· 55
자막 상자 ········· 67
자막 위치 ········· 59
자막수정 줄 ········· 26
잘라내기 ········· 38
저장 ········· 156
정렬 ········· 65
좌우 반전 ········· 86
줌아웃 ········· 198
줌인 ········· 198

INDEX

ㅊ

촬영 · 124
최소 사양 · 14

ㅋ

캐릭터 · 88
캐릭터 생성 · · · · · · · · · · · · · · · · · · 91
컷 편집 · 38
크기 조절 · 76
클라우드 · 159
클립 · 26
클립 나누기 · · · · · · · · · · · · · · · · · · 41
클립 선택 · · · · · · · · · · · · · · · · · · · 201
클립 추가 · 50
클립 합치기 · · · · · · · · · · · · · · · · · · 41

ㅌ

테마 · 28
템플릿 · · · · · · · · · · · · · · · · · 102, 111
템플릿 저장 · · · · · · · · · · · · · · · · · 114

ㅍ

페이드 아웃 · · · · · · · · · · · · · · · · · · 80
페이드 인 · 80
프레젠테이션 · · · · · · · · · · · · · · · · 117
프로젝트 · · · · · · · · · · · · · · · · · · · 156
프리뷰 · 154
필터 · 84

ㅎ

하이라이트 영상 · · · · · · · · · · · · · 228
화면 녹화 · · · · · · · · · · · · · · · · · · · 130
화면 비율 · 96
화면 전환 · 87
확대 및 회전 · · · · · · · · · · · · · · · · · 87
회원가입 · 17
효과음 · 81